JN029274

地方自治講義

伊藤修一郎［著］

東京大学出版会

Lectures on Local Autonomy
Shuichiro ITO
University of Tokyo Press, 2024
ISBN978-4-13-032237-9

目　次

第 1 章　古典にみる自治の理念────────────1
自治体はなぜ必要か①

はじめに　1

1. 自由の擁護：ジョン・スチュアート・ミルの自由論から　2

2. 民主主義の学校：参加の機会提供と市民性の涵養　6

3. 地域の多様性・独自性と政策の実験場　11

4. 日本における規範論：日本国憲法を起点に　13

まとめ：では，地方自治を強化すべきか　17

第 2 章　地方自治の制度と運用────────────19
自治の理念にかなっているか

はじめに　19

1. 日本の地方制度　19

2. 首長の権限と仕事　25

3. 議会の権限と構成，運営　27

4. 首長・議会関係　31

まとめ：制度を変えれば地方自治のあり様は変わるか　35

第 3 章　自治体の選挙と政治────────────37
だれが地方政治家になっているか

はじめに　37

1. 首長の選挙　37

2. 議員の選挙　41

3. 首長選挙における政党の支援連合　47

4. マルチレベルの政治システム：人材供給を中心に　53

まとめ：地方政治の課題をどう解決するか　54

第4章　地域権力構造と都市政治——————————56
統治するのはだれか

はじめに　56

1. 地域権力構造（CPS）論争　56
2. 地域権力構造論争の理論的背景　59
3. 日本の地域権力構造研究　63
4. 都市政治研究への展開　69
まとめ：理論を通すと地方政治の姿はどうみえるか　71

第5章　住民自治を実現する制度——————————74
自治体に住民の声は届くか①

はじめに　74

1. 民主政をめぐる政治理論と地方自治　75
2. 直接民主政的手段　78
3. 代表民主政を前提とした参加　83
4. 政治参加の条件整備と基本ルールの整備　88
まとめ：日本の地方制度は住民の声が届くものとなっているか　91

第6章　公的制度によらない参加——————————93
自治体に住民の声は届くか②

はじめに　93

1. 日本の非制度的な政治参加の現況　93
2. 政治家への働きかけ　95
3. デモと住民運動・市民運動　99
4. 住民運動・市民運動の事例研究　105
まとめ：住民の声は届くのか　110

第7章　公共財の理論と選好の表出——————————112
自治体はなぜ必要か②

はじめに　112

1. 民間か政府か，国か自治体か　112

2. 発言と退出：ハーシュマンの著作から　117

3. 公共財の供給と地方分権　121

4. 退出がもたらすもの　124

まとめ：どちらが現実の自治体の姿か　127

第8章　財政①（歳出）────────────────129
その仕事をなぜ自治体が担うのか

はじめに　129

1. 理論がどこまで当てはまるか：明治初期の地方歳出　129

2. 現代の地方歳出をどうみるか　132

3. 地方財政の目的別歳出　136

4. 予算過程と性質別歳出　139

まとめ：自治体財政に経済理論を当てはめると何がわかるか　143

第9章　財政②（歳入と中央地方関係）────────145
自治体財政は持続可能か

はじめに　145

1. 歳入の概要　146

2. 地方税　148

3. 地方交付税・国庫支出金・地方債　151

4. 地方財政の課題：交付税からみる国・自治体の関係　156

まとめ：日本において量出制入は可能か　162

第10章　政策実施とガバナンス────────────163
自治体の現場はどうなっているか

はじめに　163

1. 政策実施の典型：階統制型ガバナンス　163

2. 自治体効率化の方策：市場型ガバナンス　168

3. 効率化方策の検討　171

4. 公共サービスの多様な担い手：ネットワーク型ガバナンス　175

まとめ：新たなガバナンスは問題解決につながるか　181

第11章　コモンズと自治───────────────────182
自治体はなぜ必要か③

はじめに　182

1. 政策課題の共通構造：コモンズの悲劇と社会的ジレンマ　182

2. 3つの解決策と自治体の役割　186

3. 自治的解決は可能なのか　191

4. コモンズの悲劇と自治体：景観政策を例に　193

まとめ：コモンズ論と自治体の守備範囲　199

第12章　国のかたちと自治の単位───────────────200
住民は自治体をつくれるか

はじめに　200

1. アメリカの地方制度：自治体のない地域と自治体の設立　200

2. 日本の地方制度の歴史　205

3. 市町村合併と分離・独立　209

4. 自治会・町内会の結成と役割　213

まとめ：これからの住民自治はどうなるか　219

第13章　自治の課題と公共哲学───────────────220
自治制度をどう組み立て，動かすか

はじめに　220

1. 政府設立の思想的根拠　221

2. 政府・自治体の守備範囲：自由と平等をめぐって　223

3. コミュニタリアニズム　228

4. 自治の仕組みを機能させるには　232

まとめ　236

索引（人名・事項）　237

第1章 | 古典にみる自治の理念
自治体はなぜ必要か①

10分間リサーチ 居住地，親の実家，部活の合宿地など，ゆかりのある自治体（「ターゲット自治体」と呼ぶ）をひとつ選び，自分が関心をもつ社会問題と組み合わせて，ネット検索する．例えば，{○○市 物価高} {○○市 難民支援} {○○市 マイナンバー} など．これを何回か繰り返して，自治体が関わらない問題があるか探ってみよう．

はじめに

　地方自治に興味をもって学びを続けるには，枝葉にとらわれずに，まずは太い幹を見定めたい．そこで役立つのが，地方自治について論じた古典である．今に通ずる論点を扱って引用され続ける古典をひもとけば，本書で掘り下げるべき問いと，答えの候補が浮かび上がる．

　その問いとは，地方自治または地方自治体はなぜ必要か，である．本章では，この問いに理論面から取り組む．その材料として，政治思想の古典や憲法学の議論を取り上げ，社会のあるべき姿から地方自治体の必要性を論ずる．

　地方自治の意義は，さまざまに語られるが，大きく次の3つにまとめられる．第1に，自由を擁護し自己決定を重視する議論である．個人の自由を守るためには，市民の自由を抑圧しがちな中央政府よりも，地方政府に権限を分散した方がよいというのである．第2に，地方自治が市民に参加の機会を提供することで，市民性が涵養されるというのである．「民主主義の学校」という言葉で表現される．第3は，多様性や独自性の増進に意義を見出す議論である．ここではアメリカ的価値観に基づいた議論を紹介する．

　これらはどの教科書でも取り上げられるが，語句説明程度に端折られてしまうことが多い．それは惜しいので，どこからこうした表現や命題が導かれたの

かを追って出所に遡り，前後の文脈も含めて詳しく紹介しよう．

1. 自由の擁護：ジョン・スチュアート・ミルの自由論から

　手始めに 1859 年にイギリスで刊行された，ミルの『自由論』を取り上げる[1]．なぜミルかというと，地方自治の意義を論ずるときに最も多く引用される政治思想家だからである．ただし，自由論の主題は「社会の中での自由」であり，「個人に対して社会が正当に行使してよい権力の性質と限界」(p. 11) を論ずることが中心にある．この議論から地方自治の意義が付随的に導かれる．

思想と討論の自由と個性の重視

　『自由論』の主題は，社会が個人に，刑罰や世論の形で強制力を行使することの当否を決める唯一の原理を提示することである．それは自由原理といい，ミルの解説書では危害原理と呼ばれるもので，「本人の意向に反して権力を行使しても正当でありうるのは，他の人々への危害を防止するという目的の場合だけである」というものである (p. 27)．言い換えれば，他人に対して危害を加えない限りにおいて，人々は自由に物を考え，意見を表明し，自由に行動できるのであって，そこに権力が介入してくるのは許されないということになる．

　ここから導かれ，『自由論』全体に貫かれているのは，社会の多数派の専制を問題視する姿勢である．権力の介入は，何も専制君主の時代に限らない．為政者が「支配者」から選挙によって国民に指名された代理人に変わっても，国民の多数派が少数派を，集団が個人を抑圧することは起こりうる，とミルは警戒する．また，抑圧の手段としては，法律に基づく刑罰の適用だけでなく，社会が押し付ける行動規範や慣習もありうるとする．

　では，ミルが守ろうとする自由とは何か．それは思想と討論（discussion）の自由である（第2章）．これを侵す言論統制の権限は民衆にも政府にもないとミルは主張する．言論統制は意見表明を沈黙させる弊害を伴うからである．

　ミルによれば，そうした弊害として，誤りに気付かせてくれる反対意見を失

---

1) J. S. ミル，関口正司訳 2020（原著 1859）『自由論』岩波文庫による．一部で斉藤悦則訳 2012 光文社古典新訳文庫も参考にした．

い，異端とされる恐怖が理性の働きをすくませ，真理にたどり着くまで考え抜く力を失わせることがある．少数意見を沈黙させれば，人々は権威にのみ頼るようになり，道徳や信仰も形骸化する．常に反対意見にさらされてこそ，人々は自分の意見を問い続け，緊張感をもって考えるのである．また，多数派の意見の足りない部分を少数意見が補ってくれる．少数意見を沈黙させることは，真理を補う多様な意見を失うことなのだとミルは指摘する．

以上のことから，ミルは支配的意見をもつ多数派こそ抑制的であるべきだと結論する．

このように，ミルは思想と討論の自由を重要視するが，これに加えて，自分の意見に従って行動する自由も重要だと論ずる．上述のように，他人に危害を及ぼさない限りで自由に行動できるということがミルの掲げる原則だが，これに基づいて個性の発揮が推奨される（第3章）．

原初の社会状態では，個人の欲求や衝動の力が問題を引き起こすとされ，それをどう規律し統制するかが課題となった（☞第13章）．しかし，ミルの時代には，もはや社会が個人に優越するようになっており，個人の衝動や好みが過剰であることよりも，むしろ欠如していることが問題となった．それは人間本性の望ましい姿ではないとミルは主張する．

ミルによれば，自由こそが社会の改革をもたらす源泉なのであり，自由な社会では個人の数だけ改革の中心が生まれる．ひとりひとりの個性が失われ，画一化してしまったところから生まれるのは停滞にほかならない．

こうした議論の背景には，当時のイギリスで教育や産業が発展し，世論の支配によって画一化が進む社会状況があった．それがもたらす悪影響をミルは懸念したのである．

権力の限界と地方自治への言及

以上の2つの章における自由に関する議論を踏まえ，「個人に対する社会の権力の限界について」（第4章）というテーマに進んでいく．これは個人に対する社会の権力の限界がどこにあるかを明らかにするものであり，地方自治の意義づけの一歩手前の話である．

まず，他の人々に対する行為に関する3つの原則が示される．それらは第1

に互いに相手の利益を侵害しないこと，第2に社会と構成員を守る労力を公平に分担すること，第3に他人への思いやりを欠いてはならないことである．

　ミルは，これらの原則が守られるよう取り計らうことは社会の権力の範囲内にあるが，それ以上の制限を社会が個人に課すことは認めるべきでないとする．すなわち，私的な関心事の決定は，結果を引き受ける本人に委ねられるべきであって，そうしたことにまで命令したり強制したりする力を社会に持たせてはならないというのだ．これも当時のイギリスの社会状況が背景にある．私生活の自由に対する不当な侵犯が行われている状況を憂慮したのである．

　『自由論』の中で地方自治への言及があるのは第5章である．ミルは本書の主題からは外れると前置きをしたうえで，政府による介入（干渉）について，次の3点から反対論を展開する．ここで「政府」というのは中央政府，中でも巨大な官僚制を意味する．これに対比されるのが一般市民（individuals）であるが，その活動の拠り所となるのが，企業活動や慈善事業などであり，そこに地方自治も含まれる．現代日本において地方自治というと，整備された行政組織による活動を思い浮かべるかもしれない．しかし，ここではむしろ住民自治の活動や住民代表としての公職をイメージすべきである．

　さて，ミルが提起する政府介入への反対論は，第1に政府より個人の取り組みの方がうまくいくということである．この論点は主に政治経済学の問題だとされて，詳しくは扱われない．

　第2の反対論は，市民の資質向上を考慮すると，政府が行うより人々によって物事が進められる方が望ましいという主張である．その方が個人の能力を向上させ，判断力を発揮させ，実務に習熟させるというのである．

　その実践としてミルが念頭におくのは，陪審員制度や自発的結社の生産活動や慈善事業，自由で民主的な地方自治制度である．ミルは，これによって人々が地域における共同の利益を理解し，共通課題の処理に習熟し，公共的な動機に基づいて行動するようになるとして，国民の政治教育としての意義を挙げる．更には，地域住民が地元に特化した事業を営むことは，個性の発展や多様性の増進といった利点につながるとする．翻って国の役割はというと，各地の経験を集積し，その情報を伝え広めることに限定すべきだというのである．

　このことは第3の反対論につながる．それは，政府への必要以上の権力集中

は害悪だというものである．ミルによれば，政府の役割が増えるほど，野心的な人材は政府にすり寄るようになってしまう．仮に公共施設，銀行，大企業，大学などに加え，地方自治体が国の出先機関になってしまえば，給与も出世も国にコントロールされてしまい，自由とは名ばかりの国になる．社会は官僚制ばかりを頼りにするようになり，チェックがきかなくなる．優秀な人材が政府のルーティンに埋没してしまうというのだ．

　これを防ぐ方法は，効率性と両立する仕方での最大限の権力分散である．業務はできるだけ細分化して，地元住民が選出した公職者に担わせるのである．ここでも中央政府の役割は，ある場所で得られた知見を他の場所でも使えるように，情報を集積し，それを周辺部に拡散することだとミルは主張する．

　以上からわかるように，ミルは地方自治の意義を積極的に論じているわけではない．あくまで一般市民の活力や創意の価値を説くところに主眼がある．そして，市民の力が発揮される社会のあり方として，中央政府の役割や権力が分散されていることが望ましいと考える．その受け皿のひとつとして，地方自治を位置づけている．言ってしまえば，企業や慈善団体と同列におかれているのである．おそらく，地方自治制度が地方において企業や住民自治組織，そして住民の自由な活動を制約するような存在であれば，ミルは中央政府の介入に対するのと同様に，反対論を展開するものと思われる．

ミルの議論はどう扱われているか

　ここまでの『自由論』における地方自治の意義づけをまとめると，第1に中央政府より個人の取り組みの方がうまくいく，第2に中央政府が行うより人々によって物事が進められる方が市民の資質向上につながる，第3に中央政府に権力が集中すると人々の活力が失われるので権力を分散すべきである，ということであった．そして，こうした個人の営みの拠り所と権力分散の受け皿として地方自治が位置づけられていた．

　こうした主張は，さまざまなところで引用され，地方自治の意義づけに使われてきたが，検討が必要な論点を含んでいる．それは，何かのために必要だという議論は，便宜的・道具的だという点である．それでは地方自治それ自体を目的とするような倫理的な強い根拠たりえないのである．

　例えば，イギリスの地方自治研究者のジェームズ・チャンドラーは[2]，効率性の観点からのみ地方自治を正当化するのでは，公選の代表を有する民主的制度を維持する必然性に欠け，中央政府が幹部職員を任命する疑似的公共団体や民営化のような，より効率的とされる方法が編み出されれば，代替されかねないと危惧する．そこでチャンドラーは，自由論においてミルが個人について論じていたことを，コミュニティを単位として当てはめ，コミュニティで公選された政府が他者を害さない範囲で自由に行動したいならば，それは認められるべきだと論じる．この論点は，次節で改めて考える．

　なお，『自由論』の中身を振り返ってみると，効率性についてミルは政府介入に対する反対論のひとつとして触れただけで，自由を擁護するために地方自治が役立つという議論を展開していた．これも便宜的といえばいえるかもしれない．しかし，ミルが1861年に刊行した『代議制統治論』において，「地方の代表制を置くそもそもの目的は，同国人全体には共有されていないような共通の利益を，それを共有している人々自身で処理していくことである」と述べ，「どの町にも，それぞれ特有の地元利益がある」ので，「どの町も町議会を持つべきである」と論じた[3]．これを自己決定とか，後述の住民自治に価値を見出す議論とみれば，倫理的論拠を示しているといえる．

2. 民主主義の学校：参加の機会提供と市民性の涵養

　地方自治の意義の2つ目は，参加の機会を提供し，市民性を涵養するというものである．これらは「民主主義の学校」という聞き慣れた言葉で表される．

　まず，参加の機会提供についてだが，大きく2つに分けられる．ひとつは住民にとっての政治教育の場となることである．民主主義の学校に言及したのはブライスやトクヴィルといった，本節で取り上げる政治思想家である．

　もうひとつは，地方の公職の経験が，政治家としての訓練となることである．

---

2) Chandler, J. A. 2009. *Local Government Today*, 4th ed. Manchester: Manchester University Press. 邦語文献では秋月謙吾 2001『行政・地方自治』東京大学出版会 p. 74 が「道具としての地方自治」に言及する．

3) J. S. ミル，関口正司訳 2019（原著1861）『代議制統治論』岩波書店 p. 262.

日本でも地方政治を経験した中央政治家は多い．総理大臣をざっと見渡しても，県会議員出身者には竹下登や村山富市（とみいち）がおり，県知事経験者なら細川護熙（もりひろ），市議会議員なら菅義偉（すがよしひで）がいる．国の政治家が地方政治家より偉いというわけではないが，大きな組織や制度を動かす前に，まず小さなところで訓練するのは理にかなっている．

　次に市民性の涵養については，ブライスやトクヴィルが，地方自治体ではコミュニティにおける一体感や役割意識が醸成されやすいと論じている．以上の論点を民主主義の学校に関して引用される 2 冊の原典から考えてみたい．

ジェームズ・ブライス『近代民主政治』

　まず，ブライス『近代民主政治』である．次に読むトクヴィルより後の刊行で，その影響を受けている．しかし，「民主主義の学校」という言葉をより明確に述べているせいか，こちらが引用されることが多い．

　ブライスは同書全 4 巻中の第 1 巻で，民主主義の起源について論じる．民主主義は小地域の全ての自由民が参加する集会で共同の問題について協議したことに起源があるとし，「人々はこれによって，自由の精神を尚（とうと）び，共同の目的の為めに協力する習慣を与えられた」と述べる [4]．ここでいう全ての自由民が参加する集会とは，ローマやギリシア，時代が下ってイギリスやノルウェー，アイスランド等々の昔の自治的な集会のことを指している．また，いうまでもなくアメリカのニュー・イングランド地方におけるタウンミーティングも挙げられていて，後述のトクヴィルの研究も踏まえたものである．

　ブライスはこのほかに地方自治の効果として，共同の利益と公共的・個人的義務を自覚させ，身近な問題への関心を喚起し，市民的な義務があることを啓発すると論じている．また，他人と一緒に能率的に働くことができるような教育を与えるものだとも述べる．

　以上を受けて，ブライスは「これ等の例は地方自治は民主政治の最良の学校，その成功の最良の保証人なりと云う格言の正しいことを示すものである」（p. 160）と結ぶ．「この格言」というのが何を指すかは不明だが，少なくとも自身

---

[4]　ジェームズ・ブライス，松山武訳 1929（原著 1921）『近代民主政治　第 1 巻』岩波文庫 p. 155．なお，これ以降，旧字・旧仮名は現代表記に改めて引用する．

の前に「民主主義の学校」と述べた者がいることを認めるものである．そのひ
とりが次に紹介するトクヴィルである．

アレクシ・ド・トクヴィル『アメリカのデモクラシー』

トクヴィルは，アメリカを旅行した見聞と調査結果を『アメリカのデモクラ
シー』にまとめた[5]．1835 年に出版された第 1 巻の第 1 部第 5 章が，ここで
のテーマに最も関係する．同書は前節で紹介した J. S. ミルにも影響を与えた．

トクヴィルはブライスの前に，学校になぞらえて地方自治の意義を論じたこ
とでも知られている．その表現を引用すると，次のとおりである．

> 自由な人民の力が住まうのは地域共同体の中なのである．地域自治の制度が
> 自由にとってもつ意味は，学問に対する小学校のそれに当たる．この制度に
> よって自由は人民の手の届くところにおかれる．それによって人民は自由の
> 平穏な行使の味を知り，自由の利用に慣れる．（第 1 巻上 p. 97）

ここで「地域共同体」と訳されているコミューンは，フランスの自治制度で町
村に相当する．英訳のタウンシップ（タウン）も同様である（☞第 12 章）．つ
まり，生徒が小学校で学問を学ぶように，人々は町村（自治体）において自由
について学び，その利用に習熟するということになる．

これに続いてトクヴィルは，ニュー・イングランドのタウンミーティングを
観察し，直接民主制（政）の価値を見出した．行政学者の辻清明は，有権者が
タウンミーティングで徴税人，保安官，書記等々の公職者を直接選んで町の運
営を行わせるというトクヴィルの記述を引いて，小学校でクラス全員がクラス
委員を選ぶようだと解説している[6]．

更にトクヴィルは，アメリカの民主政治そのものについて議論を展開する．
その手掛かりとして州政府や共同体の観察から始める．地方自治の意義を考え

---

5) トクヴィル，松本礼二訳 2005（原著 1835）『アメリカのデモクラシー』第 1 巻（上）
（下）岩波文庫．引用は主に松本訳を用いたが，一部で井伊玄太郎訳 1987『アメリカの
民主政治』（上）（中）（下）講談社学術文庫を用いた．

6) 辻清明 1976『日本の地方自治』岩波新書，第 IV 章．

るときに重要な示唆を与えてくれるので，その幾つかを抜き書きしておく．

「今日ではニュー・イングランドのタウンは州に服属している．しかし，原理において……タウンがその権限を授与されたのではなく，逆にもともともっていた独立性の一部を州に割譲したようなものである」．このためタウンが州に服するのは，「他のタウンと共有する利害が問題になるときだけ」であり，そのタウンにしか関わりのない事柄について州政府に介入の権利を認める住民は一人もいない（上 p. 105）．

これは今のアメリカの地方制度に関する法律的な通説とは異なる．しかし，自治を尊ぶアメリカ人の考え方を示したものであろう．

何より住民の「地域自治の精神」が制度を支え動かしていることをみて取る．そして「住民がタウンに愛着を感じるのは，［単に］そこに生まれたからではなく，これを自らの属する自由で力ある団体とみなし，運営する労を払うに値すると考えるからである」（［ ］内は筆者の補足）と論じた．翻ってヨーロッパでは，為政者が社会の分裂と国家の混乱を恐れるあまり「地域自治体から力と独立を奪う」ので，「そこにはもはや被治者しか認められず，市民はなくなる」ことになるとトクヴィルは批判する（上 p. 107–108）．

地方自治の社会に及ぼす影響

更にトクヴィルは，政治の集権（政治的中央集権）と行政の集権（行政的中央集権）[7] という2つの概念を提示して，アメリカとヨーロッパの違いを論じた．政治の集権とは，全国法の制定や外交のような国民に共通の問題を処理する権限を集中させることである．他方，行政の集権とは，自治体の事業のように国の一部にのみ関わる問題を処理する権限の集中である．

国のレベルで政治の集権が行われるだけならよいが，ここに行政の集権が加わると問題が大きいとトクヴィルは論じる．それが人々に服従する習慣を身につけさせ，孤立させ，ひいては民族を弱体化させるというのである（松本訳，上 p. 137–138，井伊訳，上 p. 175–176）．

トクヴィルは，アメリカにおいては政治の集権が高度になされているが，行

---

7) カッコ内は井伊訳，前掲書．

政の集権がなく，いわば行政の分権が徹底しているとみた．そしてそのことが，中央の政治権力を握る多数派が社会全体を思うがままに従わせることを防ぐ歯止めとなっていると論じた（下 p. 167）．

　そのような分権体制では中央権力が担うほどには行政をうまく処理できないはずだとヨーロッパの集権論者は主張するが，それは誤りで，アメリカのように人民が知識をもち，自らの利害に目覚めているときには，市民の集団的な力の方が社会の福利を生む能力が高いと考察したのである（上 p. 143）．

　トクヴィルによれば，中央権力は人民の生活の細部にまで配慮できず，人々の行為を画一的な形式に従わせて処理しようとする．人々もそれに慣れてしまい，半睡状態となって何もしなくなる．そのような中央集権制は，社会を急激に動かさなければならないときに役に立たないという（上 p. 144）．

　以上のように，トクヴィルは，地方自治による民主主義への貢献，タウンが本源的に有する権限，行政の分権の意義などを論ずることによって，ミルの議論に不足していた地方自治の倫理的な根拠を与えているといえるだろう．

　トクヴィルは更に 1840 年に刊行された第2巻で，地方自治が社会にもたらす影響，特に自由と平等の関係がどうなるかについて考察を進めていく [8]．

　革命の時代を経た当時をトクヴィルは「平等の世紀」と呼ぶ．人々の境遇が平等になると，「誰もが他の人と同じになって，群衆の中に姿を没し」，社会だけが巨大に映るようになる．個人は孤立感を深め，中央政府を頼り，更なる平等な処遇や庇護と引き換えに画一的な支配を受け入れる（第2巻下 p. 214-215）．

　こうして中央集権が進むのは自然なことで，個人の独立と地方の自由は常に工夫しないと維持できないとトクヴィルは述べる（下 p. 224）．これができたかが，革命後のヨーロッパとアメリカの分かれ道となった．長らく自由を失ってきたヨーロッパでは平等の広がりとともに権力が政府に集中し，個人の独立心が挫かれて政府への「平和的な隷属状態」が成立した（下 p. 258）．他方，アメリカでは移民が始まった当初から自由が維持され，国家の侵入から人々の独立が守られた．トクヴィルは「自由によって平等が生ぜしめる個人主義と闘い，

8）　トクヴィル，松本礼二訳 2008（原著 1840）『アメリカのデモクラシー』第2巻（上）（下）岩波文庫．この読解には，佐々木毅 2009『政治の精神』岩波新書，第3章を参考にした．

これに打ち克った」と表現するが，具体的には前項の引用にあるように，「地域自治の制度」によって人民が「自由」の利用に習熟した効果が表れたのである．すなわち，地域では大半の公職者を自分たちの中から選挙で選ぶので，誰もが「公共の仕事に関与せざるを得」ず，「個人の利害の世界から引き離され」，周囲との協力の必要性に気づく．そのような政治の場を国土の各部分に作り，「市民が一緒に行動し，相互の依存を日々意識させる機会を限りなく増やす」ような制度設計がされてきた成果だというのである（上 p. 182–183）.

　自由な社会では人間は私的利益に動かされるが，公共の仕事に関わることで「私益が全体の利益と緊密につながっていること」に気づくようになる．「仲間の役に立つことは人間の義務であると同時に自分の利益になるという考えに市民をいつも立ち返らせる」．これがアメリカ人に同胞市民への「奉仕の習慣」を身につけさせる（上 p. 184–187）．これをトクヴィルは「利益の正しい理解」とか「開明された自己愛」と呼ぶ（上 p. 213）.

　更に，孤立し弱体化する人々を結びつける契機として，トクヴィルはアメリカ社会で多数結成される結社にも注目する．宗教，道徳，教育，医療，祭りなど，ありとあらゆる分野の事業に結社がつくられ，「共通の目標の下に多数の人々の努力を集め，しかも誰もを自発的に目標の達成に向かわせる」ことに感銘を受けた（上 p. 189）．この自発的結社は，本書第 13 章で取り上げよう．

3. 地域の多様性・独自性と政策の実験場

　続いて，多様性（diversity）に価値をおく立場からの意義づけをみよう．ミルは，多様な意見が真理を補うとか，自由な社会では個人の数だけ改革の中心が生まれるといった表現で，改革や真理の探究のために多様性が重要であることを論じていた．トクヴィルも行政の集権がもたらす画一化の弊害を論ずることで多様性を支持した．これらは主に個人のレベルの多様性に関する話であり，個性の消失や画一化に反対する議論である．

　地方自治を論ずるとき，これが地域や組織のレベルに引き上げられる．すなわちミルが個人に関して展開したような議論を，地域や地方自治体に適用し，これらが多様であることに価値を見出そうというのである．これは，道具主義

的な地方自治の意義づけを補う，倫理的な論拠となりうる．すなわち，何かの
ために地方自治体が役立つという論理にプラスして，多様な地方と地方自治そ
れ自体に意義を見出すのである．

　まずは多様性そのものに価値を見出す立場である．これは後述のアメリカで
盛んに言われることであり，また SDGs に位置づけられているように，世界
的潮流になっている．この価値観を受け入れるならば，地域が個性的で多様で
あることが望ましく，そのために地域ごとに自律的（autonomous）政府をお
くことが推奨される．この場合の自律的とは，上位・広域の政府に拘束されず
に独自の意思を追求できることである．

　地域の多様性は政策形成の観点からも肯定される．アメリカ州政府に関して，
政策の実験場という表現が使われる．政策策定機関が各地域にあり，地域の多
様な個性が発揮されると，その分だけ多くのアイディアが地域から出てくるこ
とになる．州政府が政策アイディアの源泉となり，多くの新アイディアが政策
化され，実践される．あたかも新政策の実験場のように，うまくいったものが
中央（連邦）政府に採用され，全国に適用される．これは州に限らず自治体に
も当てはまり，ミルも言及していた考え方である．

　確かにイノベーションとは，常識にとらわれない新たな発想に基づくもので
あるから，そこに行き着くために，多様な視点や価値観は欠かせない．逆に，
自分たちの考えに合わないからという理由で中央政府が異質な考えを排除して
いては，画一化されるばかりで新たな発想は生まれてこない．こうした狭い視
野で統制をかければ，それが国のためだと信じていても，かえってイノベーシ
ョンを阻害し国力を弱める．

　これは日本にも当てはまるし，都道府県と市町村との関係にも同様のことが
いえる．一方で，地域の個性や多様性を認めることは，地域間の違いを認める
ことである．その中に公共サービスの水準も含まれるとしたら，人々は違いを
容認するか，更には民主的運営の度合いに違いがあることまで容認するのか．
議論が必要になる．本章のまとめで考えよう．

4. 日本における規範論：日本国憲法を起点に

　日本において地方自治の意義はどのように論じられてきたか．まずはミルやトクヴィルがどう受け入れられたかを紹介し，続いて戦後の法律学・行政学の通説的な議論をみる．

戦前期の海外理論の受容

　ここまで紹介してきたミルやトクヴィルの著作は，明治政府が地方制度の整備に着手した 1870 年代には，すでに日本の指導者層に広く読まれていた．例えば，統治機構の整備を主導した伊藤博文はトクヴィルを愛読し，津田梅子に『アメリカのデモクラシー』を薦めたという[9]．また，福沢諭吉がミルやトクヴィルの所論に学んだことは，様々なところで指摘される[10]．

　福沢は 1877 年に出版した『分権論』で幾度もトクヴィルに言及し，抄訳が出て間もない『アメリカのデモクラシー』から，公共精神に関する箇所を長々と引用した[11]．そしてトクヴィルの「政治の集権」「行政の集権」に想を得て[12]，国家が行うべき仕事（国権）を，立法，軍事，外交等の「政権（government）」と，警察，土木，教育，衛生等の「治権（administration）」に区別し，政権を中央政府にとどめて国を強くする一方で，治権は地方に移譲し人々を公共の事柄に参与させ，自治の精神を涵養することを求めた．そのうえで「地方分権は外国交際の調練」（p. 88）と評して，その意義を強調した．

　こうした思想が明治期の地方制度にそのまま反映されたわけではない．府県は議会の権限が限定され，行政官庁の性格が強かった．国の官吏である知事と

9) 瀧井一博 2010『伊藤博文：知の政治家』中公新書.
10) 例えば，丸山眞男 1995「福沢諭吉選集第 4 巻　解題」『丸山眞男集　第 5 巻』岩波書店.
11) 寺崎修編 2003『福沢諭吉著作集　第 7 巻　通俗民権論　通俗国権論』慶應義塾大学出版会．引用は同書による．なお，本文は当時の文体で書かれているが，語注を手がかりにするとよい.
12) このことは『分権論』本文に書かれているが，丸山，前掲論文，安西敏三 2007『福沢諭吉と自由主義：個人・自治・国体』慶應義塾大学出版会などでも指摘される.

行政幹部が，地域における国の事務を処理するための機関と位置づけられたのである．市町村は国から独立した法人格をもつ自治体とされたが，府県知事や国の機関である郡長の厳しい監督を受けていた（☞第12章）．

　こうした制度設計に影響のあった所説を2,3紹介しておく．まず，内閣法律顧問としてドイツ（プロイセン）から招聘されたアルベルト・モッセである．地方制度の整備を憲法制定や国会開設に先行させるよう進言したのだが，その意図は，いきなり国会を開いては，当時の社会状況からして人々が権利を主張し義務を免れようとすることは目に見えているから，まず自治制を設けて国民を公務に習熟させ，党派に偏らない公共心を養わしめ，中央政府の責任軽減や代議士候補の養成を図り，もって国家の基礎を固めるところにあった．

　地方制度の導入を主導した内務大臣山県有朋は，モッセの提言に加えて，資産家や大地主を優遇する選挙制度によって既存の社会秩序を重んずる地方有力者が政治経験を積み，近く開設される帝国議会の議席を占めて，政府と対立する民権派を一掃することを期待した[13]．

　伊藤博文も「政治」と「自治」を区別し，地方では村落の有力者が協同して物事を進めるべきで，中央の政争を及ぼすべきでないと論じた[14]．

　これらには，本章で扱った地方自治の理念も読み取れるが[15]，その主眼は中央の政治と地方の行政を切り離して，統治を安定させることにあった[16]．ただし現実には，地方の政治熱が収まることはなかった．

　明治末期から大正デモクラシー期にかけては，府県の法人化，府県会議員の直接選挙，町村を監督していた郡の廃止など，自治権が拡大した．また，選挙権の拡大による労働者・小作層の地方議会への進出があり，政党が知事公選制を主張した（☞第12章）．

　この時期で注目すべき分権論者に石橋湛山がいる．石橋はジャーナリストとして自由主義を掲げて論陣を張り，戦後は政界に転じて日本国憲法下で5人目

---

13)　モッセや山県の所論は，亀卦川浩1967『明治地方制度成立史』柏書房に詳しい引用がある．

14)　瀧井，前掲書 p. 182.

15)　安西，前掲書 p. 127 は，トクヴィル等の所説の影響が当時の指導者層に広く及んでいたことを指摘する．

16)　御厨貴2007『明治国家をつくる：地方経営と首都計画』藤原書店.

の内閣総理大臣となった．日本全体が戦争に向かい軍部の統制が強まる中でも自由と国民主権を説き続けたことは，ミルの思想の実践者といってもよい．

石橋の大正期の論説では，役人が国民を画一主義的に指導し支配に至る中央集権的な官僚政治に反対し，社会の有能な人材が力を発揮できる分権主義を主張した．そのために国から市町村に税源を移譲し，補助金制度を通じた国および府県の干渉を排して，真の自治を興し，独立の財源で地方の産業を振興して，自治心を涵養することを提案した．その際，ミルを引用しながら，地方自治の意義は「国民の公共心と聡明とを増進する実際教育の役目をなす点」にあると述べた[17]．

戦後の規範的論議：地方自治の本旨をめぐって

戦後になると，日本国憲法のもとで統治機構の民主化が進められた．新憲法は「地方自治の本旨」という語を用いて地方自治を保障したが，それが何を意味するかを示していなかった．そこで，この解釈が日本の地方自治論議の起点となった．

法解釈としては，**住民自治**と**団体自治**の2つが相まって，地方自治の本旨が実現すると解されている．住民自治とは，「地方行政を中央政府の干渉を排してその地方の住民の意思で自主的に処理させること」である．団体自治とは，「国から独立した法人格をもつ地域団体を設け，この地域団体をして地方行政にあたらせること」である[18]．こうした解釈は，憲法制定後の法の運用と，住民及び自治体の活動の積み重ねを裏付けとして定着してきた．

これらの概念を使うと，本章で紹介したトクヴィルの所説は，主に住民自治に関わるものだといえる．また，近年日本でも注目される**補完性原理**は，団体自治の保障に関わるものと位置づけられる．補完性原理とはヨーロッパ統合の

---

17) 『東洋経済新報』1924年（大正13年）9月6日号，社説「行政改革の根本主義：中央集権から分権主義へ」，1925年6月6日，20日，7月4日号，社説「市町村に地租営業税を移譲すべし」．引用は松尾尊兊編1984『石橋湛山評論集』岩波文庫 p. 145．なお，湛山には鎌倉町町会議員の経験がある．『自由論』の引用（思想と言論の自由）は，1933年1月28日号社説にもある（船橋洋一2015『湛山読本：いまこそ，自由主義，再興せよ』東洋経済新報社）．

18) 原田尚彦2005『地方自治の法としくみ　新版改訂版』学陽書房 p. 5．

際の立憲原理となった理念で，より大きな集団は，より小さな集団が自ら目的を達成できるときには介入してはならず，達成できないときには介入しなければならないとする原則である．これが日本にも徐々に浸透し，分権推進，住民活動の助成やNGO・NPO支援の理論的支柱となり，1990年代後半の地方分権改革で追加された地方自治法第1条の2第2項（国・自治体の役割分担☞第2章）にも，この理念が読み取れる．

　さて，地方自治の本旨の解釈は，上にみたように中央政府との関係を問うものだった．このため，戦後日本の地方自治に関する法律学や行政学の議論は，中央政府との関係で自治体の存立根拠を中心に交わされた．それらは大きく固有権説と伝来説に分けられる．

　固有権説とは，地方自治体に人権と並ぶような固有の権利が備わっているとみる立場である．これに従うと，固有の権利を侵すような国家権力の介入に制限を設けることが正当化される．例えば，国が地方自治体を廃して，国の思いどおりになる出先機関に再編することは許されない．国の意に沿わない自治体の政策を国が中止・修正させることにも，一定の歯止めがかけられる．

　伝来説は，地方自治体の存立が国家の意思に基礎づけられると考える．すなわち自治権の基礎は国家から与えられたものだとみる．これを突き詰めれば，国家は地方自治を廃止することもできる．こうした立場は戦前にはあったが，現代日本ではとられていない．日本国憲法に，自治を認める国家の意思が示されているからである．そして，この現実を踏まえた学説が，地方自治は日本国憲法によって確立された公法上の制度だとみる**制度的保障説**である．法律学や地方自治のテキスト，政府の審議会の多くで採用されている．

　もちろん，憲法が自治の唯一の根拠だとすると，憲法を改正すれば地方自治は廃止できることになる．第1節で触れたように，単に中央政府より地方自治体で事務を処理した方が効率的だという意義づけだけなら，自治体より効率的な方法が出てくれば，地方自治の意義は失われる．地方が中央の指示に従わないから，多少不便になっても地方自治はやめてしまおうという動きも起こりうる．現実に，完全な廃止ではないが，知事を戦前のような国の任命制に戻す案が提起されたり，東京都特別区の長の公選制が廃止となったり（自治権拡充運動により復活）したことはある．こうした主張に対抗するには，より積極的で

倫理的な意義づけに依拠し，憲法はその表れだと論ずることが必要となる．

　前出の辻清明は『日本の地方自治』の中で，トクヴィルの議論から固有権説を読み取り，地方自治の「抑制の機能」と呼んで，地域の個性化や権力分散を擁護した．その一方で，国と自治体の関係，全体の利益と地方の利害は緊張をはらむものであり，重要な論点であり続けていると指摘する．すなわち，「デモクラシーは全体に対する平等の原理を目指すため，分権と独立を基盤とする地方自治の原理」とは相いれないと考える立場がある一方，民主主義は代表が全体の利益を決定するだけでは足りず，決定過程での討論や世論形成が不可欠で，そこに地方自治が寄与し，民主主義の訓練の場としての役割を果たすという反論もあって，論争となっているというのだ[19]．

まとめ：では，地方自治を強化すべきか

　ここまで政治思想の古典を手がかりに，地方自治の意義を論じてきた．これが，地方自治はなぜ必要かという冒頭の問いに対する答えのひとつである．

　本章冒頭では，簡単なリサーチとして，自治体と社会問題の関連をネット検索してもらった．多くの問題に，何らかの形で自治体が対応している（しようとしている）ことを感じてもらえたのではないかと思う．このことの理由づけとして，本章で示した答えは納得のいくものだっただろうか．これ以外の答えもありうる．それらは第2章以下で順次紹介していく．

　それでは，本章で示した意義づけを実践して，地方自治をどの程度まで強化すべきか，それは実行可能かを考えることでまとめとしよう．

　まず，自由の擁護や個性の重視である．権力を分散し個人への制約を弱めるための受け皿としての意義が地方自治に見出された．これを推し進めれば，住民の個性が発揮され，地域の違いが大きくなっていく．そのこと自体が地域の多様性として評価されるべきことであった．しかし，日本において地域の違い

19）　辻，前掲書 p. 105. 辻が言及した論争は，第2回世界政治学会議（1952年）におけるもので，『都市問題』45巻11号（1954年）に掲載された G. ラングロッド，平松好敬・日比野登訳「地方自治と民主主義」，K. パンターブリック，高木鉦作訳「地方自治と民主主義：ラングロッド教授への反駁」を参照．

は，どこまで許容されるか．教育，医療，福祉といった行政サービスに目に見える差がついたらどうだろう．サービス水準が低い分，税金や保険料の負担が軽いとしても，これを地域の選択として許容できるだろうか．違いよりも，全国一律のサービスと負担を好むのではないか．

　同様に，経済的格差をどこまで認めるか．今でも地域格差は存在するが，どこまでの格差を許容するかという論点である．例えば，経済的に東京が一人勝ちしてもそれは地域に委ねた結果であるからやむを得ないと考えるか．東京の税収を地方に再分配して格差を小さくするか．これらは第 8 章や第 9 章，更に第 13 章で改めて検討する．

　これに関連して，地域が独自の道を行って失敗したら自己責任かという論点もある．2000 年代に起きた北海道夕張市の財政破綻とそれを引き起こした行政による放漫財政を見逃した議会や住民に対する見せしめのような国の対応は，自治体関係者に衝撃を与えた．住民の無関心が招いた結果ではあるが，責任をどこまで住民に負わせるべきか．何もかも救済すればモラルハザードになるが，すべて自己責任ではチャレンジしなくなる．

　地方自治の意義には，民主主義の学校というものもあった．これが成り立つためには，地方自治の現場が民主的である必要がある．民主的な地域運営を学べるフィールドでなければならないのだ．現実は果たしてそうなっているか．第 2 章以下でみていくことにしよう．

第2章 地方自治の制度と運用
自治の理念にかなっているか

10分間リサーチ　ターゲット自治体のHPで以下の項目を調べてみよう.
1. 人口と議員数（または議員定数）.
2. 首長の動静のページをみてみよう（なければ「市長の一日」で検索）.
3. 本会議の（あれば委員会も）中継録画をみてみよう.

はじめに

　本章では現代日本の地方自治の制度を概観し，それがどのように運用されているかをみる．現行制度が戦前と異なる点は，日本国憲法に地方自治を保障する規定がおかれ，自治体の長の直接選挙が定められたことである．これによって生まれた地方制度は，地方自治にどのような効果をもたらしたか．第1章で検討した自由の擁護，民主主義の学校，多様性の尊重といった理念にかなっているか．こうした問いを本章で考える.

1. 日本の地方制度

　日本国憲法第8章の地方自治に関する規定は簡潔で，地方公共団体の組織及び運営は法律で定めることとされる．「地方公共団体」は本書の地方自治体とほぼ同義，「法律」の中核となるのは地方自治法である．同法は都道府県と市町村を**普通地方公共団体**，東京都の特別区，複数自治体が共同して事務を処理する組合，財産区（☞第11章）などを**特別地方公共団体**と呼ぶ.

法令上の自治体の仕事

地方自治法は国・地方の役割分担を定める．地方自治体は「住民の福祉の増進を図ることを基本として，地域における行政を自主的かつ総合的に実施する役割を広く担う」（1条の2）．国の役割は，外交，防衛，通貨などの国家存立にかかわる事務，社会的規制や生活保護基準など統一して定めるべき基本準則に関する事務，全国的な規模・視点で行われるべき施策・事業である．住民に身近な行政は，できる限り地方自治体に委ねることとされる．

地方自治体の仕事は，「地域における事務及びその他の事務で法律又はこれに基づく政令により処理することとされるもの」（2条）と規定される．「地域における事務」には，住民生活に関わる課題全般が含まれる．

問題は法律や政令で義務づけられた「その他の事務」である．この量が極めて多く，自治体が創意をもって行うべき仕事を圧迫している．

かつて中央省庁が国の仕事を全国一律のやり方で自治体に行わせるのに便利な制度として，**機関委任事務**があった．委任を受けた機関（主に自治体の長）は，国の機関として扱われ，事務処理に際して省庁の指揮監督に従わなければならなかった．それが地域の実情に配慮せずに省庁の都合を押し付けるものだと批判され，地方分権改革によって廃止された．

それらの大半は，本来国の役割で国が適正な処理を確保すべき事務である**法定受託事務**と，それ以外の自治体の事務すべてを指す**自治事務**に振り分けられ，国の関与は減じられた．しかし，どちらの事務類型にも法律で定められた事務が多く含まれる．第1章で取り上げたトクヴィルの言葉を借りれば，明治期にできた行政の集権が今も続いていて，地方自治の障害となり，地方における創意の発揮を妨げているといえる．

都道府県と市町村からなる**二層制**における役割分担は，都道府県が広域事務（大規模道路や警察など），連絡調整事務，一般の市町村が実施困難な事務（高校など）を担い，これ以外は市町村が担当するとされる．重複する分野では，市町村が直接住民と接し，都道府県は市町村への財政補助や支援に回る．

以上が一般原則だが，大都市には2つの特例がある．第1は東京都制である．1943年に戦時下の首都防衛が必要となって導入された．都の内部団体として特別区を設け，その役割を限定，その分を都が一体として担った．近年は特別

区の役割も拡大し，市町村に近づいた．市町村と特別区は住民に身近な事務を担うので，**基礎的自治体**（法令用語は「基礎的な地方公共団体」）と呼ばれる．第2は道府県の権限を一定規模の市に移譲する制度で，次項で説明する．

市町村の制度

市町村の数は，1999年度末で3232あったが，合併で大きく数を減らし，2023年度末で1718である．その内訳は市792，町743，村183である[1]．

市と町村は人口5万人（合併時は3万人）で線引きされる．ほかに市となる要件には，中心市街地の戸数6割以上，都市的業態人口6割以上などがある．

都市には人口規模に応じて2種の特例がある．第1が**政令指定都市**だ．人口50万人以上（今の運用では70万人以上）の市を，国の政令で指定する．2023年度末現在20市ある．福祉，都市計画，国道・河川管理，保健衛生，環境保全など，幅広い都道府県事務が移譲され，そのための財源の増額がある．また，**行政区**を設置できることなど，組織編成権も一般の市より大きい．なお，行政区は都の特別区と混同されやすいが，自治体ではない．区長は市長が任命し，議会もない．

第2が**中核市**である．3大都市圏外の拠点都市形成を図るため1994年に導入された．その後，人口20万人以上の市が申し出ることが要件となり，2023年4月で62市ある（旧制度の名残の施行時特例市23）．福祉（保育所，特養ホームの設置認可等），都市計画（開発許可，屋外広告物規制等），保健衛生（保健所設置等），環境保全などにおける一部の都道府県事務が移譲される．

市となる要件を満たさないものが町村である．普通地方公共団体として，法令が定める仕事は市とほぼ同じである．ただし，町村には議会の代わりに「選挙権を有する者の総会」（**町村総会**）を置くことが認められ，他にも組織や議会の運営などに関して，市が求められる水準から若干緩和されている．

町となる要件は，都道府県の条例で定める．人口要件は3000人（富山県など）から1万5000人（栃木県）まで様々だが，5000人とする府県が多い．ほかに市街化や産業などの要件が付される．町にならないものが村だが，地方自

---

1) 最新の数字は，総務省ウェブサイト「本日の市町村数」で確認できる．

治法上は権限や組織が町と変わらないこと，住民の手間や村のアイデンティティなどを考慮して，人口約 4 万 1000 人の沖縄県中頭郡読谷村や人口約 3 万 8000 人の茨城県那珂郡東海村など，要件を満たしても町へ「昇格」しない村もある[2]．なお，町や村を｛ちょう，まち｝｛そん，むら｝のどちらで読むかは慣習的に地域で異なる．

　いったん町になれば人口が減っても村に戻る必要はないため，人口要件を大きく下回る町は多い．同様に，市が町村になることもない．その結果，人口最多の横浜市の 370 万人超と最少の北海道歌志内市の約 3100 人の間には 1000 倍の差がある．その間には約 37 万人の長野市，約 3 万 7000 人の千葉県いすみ市など 10 倍刻みの市もある．これだけ差がある自治体が，若干の特例を除いて画一的な仕組みでよいか，本節末尾の画一主義に関する項で検討する．

　1718 市町村のうち，人口 5000 人未満の市町村は 277，市の要件を満たさない 5 万人未満の市町村は 1208 もあり，地方で人口が減り続けている．人口が減れば事務の執行が困難になる．その対策として 3 つの制度が 2014 年の地方自治法改正で導入された．第 1 は**事務の代替執行**である．離島・山間地域の市町村の事務を都道府県が代行したり，近隣市町村間で代行し合ったりできる．しかし，利用件数は少ない．第 2 が**連携協約**で，自治体が連携して事務を処理するための基本方針及び役割分担を定める．2021 年 7 月現在で 400 件超の利用がある．第 3 が**事務の委託**で，住民票の写し交付などの事務を他の自治体に委ねるものである．都市部での利用も多く，7000 件近い利用がある．

二元代表制

　日本国憲法は国民主権をうたう．この原則が地方自治にも貫かれている．議事機関として議会を設置し，自治体の長，議員，「法律の定めるその他の吏員」を選挙で住民が選ぶことを定める．特に長の直接公選については，知事に内務官僚が任命され，市町村長を議会が選挙（または市会推薦候補の中から国が任命）するといった，戦前の地方制度からの大きな変化であった．

　都道府県知事，市町村長など，自治体の長を首長と呼び慣らわす．首長は自

---

2)　本章の人口には，第 9 章の決算年度に合わせて，2020 年住民基本台帳に基づく人口調査を用いた．

治体の仕事を実行する独任制の執行機関である．独任制とは，一人で行政機関を構成する仕組みだが，もちろん首長一人がすべての事務を処理するわけではない．副首長（副知事・副市町村長）の補佐を受けて，首長部局の多くの職員を指揮し，事務を遂行する．一方，議会は複数の議員が議論して自治体の意思決定を行う合議制の機関である．

　首長と議会を住民が直接選挙で選び，権力の抑制と均衡を図る制度を**二元代表制**と呼ぶ．二元代表制のもとで重視される議会の役割は，執行機関の活動を監視することである．そのために調査権などの権限が与えられている．いわゆる**チェック・アンド・バランス**である．日本の二元代表制は，アメリカ連邦政府のような大統領制と日本の国政の議院内閣制の折衷的なものだといわれる．前者は首長の直接公選や再議付託権（再議権，いわゆる拒否権）に，後者は首長の予算・条例提出権，議会の首長不信任議決権と首長の議会解散権などに表れている．大統領制との違いを意識して，**首長制**と呼ぶこともある．

執行機関多元主義と画一主義

　首長以外の執行機関として，**行政委員会**と監査委員がある．行政委員会は教育，選挙管理，職員採用・処遇（人事委員会）などの分野に設けられ，都道府県のみの設置分野に警察（公安委員会），労働，土地収用，漁業権など，市町村には農地利用（農業委員会），固定資産税などがある．

　これらの分野の行政には，公平性や中立性が求められることから，独任制の機関に委ねるのではなく，合議制の委員会によって慎重に処理することが選択された．また，首長に権限が集中するのを避けて，複数の執行機関に権力の分散を図ろうという意図もあった．こうした制度設計が**執行機関多元主義**である．

　行政委員会は首長から独立して職務を遂行するため，規則制定権，ときに準司法機能をもつ．しかし，委員は首長が議会の同意を得て任命し，予算は首長が提案する．つまり，人事と予算の面から一定の統制はできるのである．

　首長や議会からの独立性を徹底させるなら，住民の直接選挙で選ぶべきではないか．憲法には「その他の吏員」の選挙が定められ，戦後の一時期，教育委員に適用され，直接選挙が実施された．しかし，選挙を通じて政治対立や地域利害が教育委員会に持ち込まれたという理由で 1956 年に廃止された [3]．

憲法の定めを実行しなくてよいのか. 政府の見解は,（長及び議員と違い）その他吏員は法律に委ねられているので問題ないとする[4]. 他方で, 住民自治の縮減, 憲法の空文化とみて問題視する説があり[5], 廃止後に準公選制を導入した中野区の例もある. 第1章でみたミルやトクヴィルの主張に鑑みれば, 住民が公職に就いて公共問題に習熟する機会は多いほどよい. 政治的対立を理由に1回実施しただけで廃止するのは早計であり[6], 対立を調整する経験こそ有用だという議論もできる. ただし, 議員でさえ担い手不足となる現時点で復活させるとしたら, ふさわしい人材が立候補するかが問われよう.

　二元代表制や行政委員会といった組織設計を法律で定めて一律に適用する方式が**画一主義（普遍主義）**である. 日本の自治制度の特徴なのだが, その是非をめぐって議論が交わされてきた. 画一主義への批判は, 自治体の多様性や自己決定を認めないことに向けられる. 例えば, 二元代表制が一律に義務づけられていては, 議会が行政運営の専門家をシティ・マネジャー（市支配人☞第12章）に任命するような仕組みを自治体が選べないというのである. 自治の理念にも関わる主張だ. また, 行政委員会の設置義務づけが小さな町村の負担になっているといった実際的な批判もある.

　他方で擁護論もある. 特に直接公選の画一的適用は, 戦後の民主化に際して国民主権を旨とした統治機構へ転換するために不可欠で, 今でも地方自治の本旨が求めるところから後退しないための歯止めとなっているというのである.

　かつて憲法は二層制を求めているわけではないと解して, 都道府県に代えて複数県をまとめた「地方」を置いて,「地方長」は国の任命制とする案も検討された[7]. 要するに, 戦前の府県の拡大版である. 画一主義への批判論は, そのような戦前回帰の中央集権強化ではなく, 自治権の拡張を意図したものでは

3）　礒崎初仁・金井利之・伊藤正次 2014『ホーンブック地方自治　第3版』北樹出版.
4）　直接公選の吏員が一人もいなくなるのは憲法が空文化する点で違憲ではないかと問われた際の鳩山一郎内閣総理大臣の答弁（浅野善治ほか 2003『憲法答弁集 1947-1999』信山社 p. 498-499）. 松本英昭 2018『要説地方自治法：新地方自治制度の全容　第10次改訂版』ぎょうせいも参照.
5）　浦部法穂・大久保史郎・森英樹 1997『現代憲法講義1〔講義編〕　第2版』法律文化社.
6）　宇田川宏編 1991『教育委員を住民の手で：中野区準公選制が教えるもの』岩波ブックレット.
7）　第4次地方制度調査会答申（1957年）.

ある．しかし，制度設計の意図どおりに人々が動くとはかぎらない．

　例えば，議会が住民の特定の層を過剰に代表するような偏りがあれば，それに対峙する首長の直接公選をやめることは，住民の選択を狭めることになる．また，議会が執行機関を選ぶことの難しさは，特別区の長の公選制が廃止されていた時期（1952～1975 年）の経験から学ぶことができる．政治的対立で議会多数派が分裂するなどして，区長不在の期間が生じたりしたのだ[8]．

2. 首長の権限と仕事

　二元代表制の一翼を担うのが首長である．首長は執行機関として広範な権限をもつ．地方自治法は，議会への議案提出権，予算の提出権と執行権，規則制定権，人事権・組織編成権などを列挙した後に，これら以外にも「当該普通地方公共団体の事務を執行する」（149 条）と定める．この規定方法は**概括例示主義**と呼ばれ，首長は包括的に自治体の仕事を実施する権限をもつと解される．複雑化・多様化した現代社会の要請に応えるために不可欠であるとはいえ，後述の制限列挙主義で規定される議会の権限とは大きな違いがある．

　議会との関係で鍵となる権限は 2 つある．ひとつは**再議制度**で，議会の議決に対する拒否権である．これを議会が覆すには条例・予算で 3 分の 2，それ以外の議案では 2 分の 1 の賛成を得て再議決する必要がある．もうひとつは**専決処分**で，議会が議決すべき事件について必要な議決をしないときに首長が議会に代わって決定できる，緊急避難的な権限である．過去に乱用して問題となった首長がおり，歯止めをかける改正がなされた．

　こうした権限はどのように行使されるのか．首長の仕事ぶりはどのようなものか．今やミルやトクヴィルの時代の牧歌的な公職と異なり，多額の予算を用いて行政サービスを提供し，社会問題に対処し，地域の紛争を解決しなければならない．法律に定められた仕事も膨大だ．多くの法律は独任制の首長に向けて「知事は○○する」「市長は△△しなければならない」などと定める．それらの多くは規則や規程で各部局長に委ねられるが，重要案件は首長の決裁が必

---

8)　神原勝 2022『東京・区長準公選運動：区長公選制復活への道程』公人の友社．

要である．委任された事項も首長の判断を仰ぐことは多い．部下の具申どおりに決裁するにしても，起案書を読み，説明を聞かなければならない．

　受け身のままでいれば，事務仕事と後述の面会だけで任期を終えてしまう．選挙公約を実現して有権者の負託に応えるには，職員を差配する組織管理の手腕と，市民の支持や議会の協力を得る政治的能力が必要である．いわば行政の長と政治家の2つの顔が求められる[9]．政治家として対外折衝のみに専念し，実務は行政職員に丸投げしても済むが，政策の執行面で前例踏襲となるか国の言いなりとなって，住民ニーズに応えられない．政権の達成度評価は，政策を執行する行政実務に対する市民の印象が決めるのである．

　一方，中央官僚などの公務員が出馬を求められるのは，行政を動かす能力を見込まれてのことである（☞第3章）．ただし，公務員出身だから行政の長としての顔に重きをおくとも言い切れない．改革派首長としてマスコミを賑わせた，その意味で政治家の顔を見せた官僚も多い．逆に政治家や学者出身で巧みに行政を動かした首長もいた．どちらの面が強いかは，個人によって異なる．

　実際の働き方はどうか．10分間リサーチで，市長が執務時間の多くを庁外のイベントや会合，国・県への要望活動などに費やしていることに気づいた読者がいるのではないか．庁内にいることが多い市長にも，会議や部局との打ち合わせだけでなく，来客に対応している時間が相当にあるはずだ[10]．

　それほど人と会って何をしているのか．単なる儀礼も多いが，要望の吸い上げや実情の把握だ．産業，教育，医療・福祉等々の組織や団体，地域の代表から相談や要望が寄せられる．これは次の選挙にもつながるし，政策の種を仕入れる目的もある．また，自らが推進する政策の関係機関に働きかけ，協力を得る活動もある．ここには政治家の顔がみてとれる．

　こうした庁外（対住民）・庁内（対職員）に向けた活動にも増して重要なのが，議会との関係である．議会は住民に選出された，もう一方の代表である．

9)　礒崎初仁 2017『知事と権力：神奈川から拓く自治体政権の可能性』東信堂．これに外交官の顔を加えるのが佐々木信夫 2011『都知事：権力と都政』中公新書だ．また，中條美和 2017『知事が政治家になるとき』木鐸社も参照．
10)　面談時間の多さを示す事例として，礒崎，前掲書（p. 325）に退任が決まって来客が途絶え手持無沙汰になった知事への周囲の過剰とも思える気遣いの描写がある．

予算案を議会に提出して承認を得ないことには，ほとんどの仕事は実施できない．議会への出席と答弁のための準備，そして「与党」（☞第3章）の幹部との面会が首長の活動の重要な部分を占める．

3. 議会の権限と構成，運営

　二元代表制のもう一翼が，議事機関の議会である．議会はいかなる権限をもち，どう運営されているか．仕事ぶりはいかなるものであろうか．

議会の権限

　議会の権限は，概括例示の首長権限と異なり，**限定列挙（制限列挙）**で定められている．主なものを挙げると，まず団体意思の形成に関わるものとして**議決権**がある．条例の制定・改廃，予算の議決，決算の認定などである．

　なお，議会の議決すべき事件を条例の定めによって追加することができる（地方自治法96条2項）．この点では権限が「限定」されているとはいえないが，活用例は多くない．

　予算提出権は首長にあり，その議決が議会の役割である．従って，議決の際に減額はできるが，首長の権限を侵すほどの増額は認められない．代わりに全体を否決することになる．予算を除く議案は，委員会（後述）が提出するか，議員が定数の12分の1の賛同者を得て提出できる．

　議案とは，議会の審議にかかる予算，決算，条例，意見書，工事請負契約，同意人事等々の案である．条例とは法律の範囲内で制定できる自治立法で，その自治体の法律のようなものと思えばよい．

　二元代表制のもとでのチェック・アンド・バランスに関わるのが，**監視権**である．事務管理の検閲・検査，監査の請求などがある．これらが**決算認定**に際して行使されると効果がある．**決算**とは予算執行の結果を示した計算表であるが，これを首長は分厚い裏付け資料とともに議会に提出し，認定を受ける．不認定となっても支出が無効になることはないが，問題点を追及され政治責任が問われる．**百条調査権**（地方自治法100条に規定された調査権限）も強力で，出頭要請や資料請求ができる．国会の国政調査権に比肩される．

　これらの監視権限の裏付けともなるのが，首長の**不信任議決権**である．議員数の 3 分の 2 以上の出席のもとで，4 分の 3 以上の同意が得られると不信任が成立する．首長は失職か議会解散を選ばなければならない．解散に伴う議員選挙後に開かれた議会で，今度は過半数の同意で再可決されると首長は失職する．失職後の首長選挙に再び出馬することもできるので，対立が解消されないこともありうる．一方の議員は，再選されない可能性もあるので，自分たちの主張の正しさのほかに，残りの任期も勘案しながら提案する．

　このほかの権限には，副首長，出納長，行政委員などの**任命同意権**，議長などの選挙権，関係行政庁への意見書提出権，自主解散権などがある．

議会の組織と運営

　続いて議会がどのように組織され運営されているかをみよう．まず，地方議会の定数である．人口規模別定数や上限枠が地方自治法から順次撤廃されて，2011 年以降は自治体が条例で定めるようになった．その結果，平均でみて町村は 11.8 人，人口 5 万〜10 万の市は 20.6 人，人口 20 万〜30 万の市は 31.0 人などとなった．10 分間リサーチの調査結果と見比べてほしい．住民の求めに応じて定数を削減した結果，かつての法定定数や上限枠を下回る傾向にある．定数削減要求が根強いのは，議会の仕事が住民に伝わっていないからだ．住民の理解を深め，その声を代表するにはどうすべきかを次項で検討する．

　会期は一般に定例会が年 4 回，年間の日数は町村で 50 日弱，市と都道府県で 100 日前後である．予算を審議する 2 月〜3 月の定例会と決算を認定する 9 月定例会が重視される．通年会期も可能となったが，採用数は少ない[11]．

　議会の運営は，都道府県や市においては，**会派**が単位となる．例えば質問時間は会派に割り当てられる．会派とは，政策的志向を共有する議員が組む集団で，政党が基本になるが，複数の政党や無所属議員がひとつの会派を組むこともあれば，ひとつの政党が分かれて複数の会派を組むこともある．町村議会で会派が組まれることは少ない[12]．

---

11)　総務省ウェブサイトの「地方自治制度に関する調査資料等」に様々なデータが掲載されている．各議会の定数は『地方自治月報』，規模別の平均値や会期などは「地方議会の運営の実態」による．

　議会の主な活動の舞台は，本会議と委員会である．まず本会議では，会派の代表者が首長の政治姿勢や議案について質す**代表質問**，議員個人が県（市）政全般について問う**一般質問**，そして委員長報告，議案への質疑，討論，採決などが行われる．町村議会を中心に一般質問のみのところも多い．

　本会議場は国会と似た作りが多い．正面中央のやや高い場所に議長席，その両側に理事者席（首長・副首長や部長などの席）が配置される．それらと向き合って議員席が並ぶ．演壇は議長席の前に置かれる．議員は壇上から議員席に向かって演説し，その中に質問を織り込んでいく形式が一般的だ．一連の質問（演説）が終わると，理事者や執行部と呼ばれる首長や部長らが入れ替わり演壇に登って答弁し，質問者が再び登壇して短い再質問を行って終わる．

　このように質問と答弁は議員と執行部の間で交わされる．質問席を議員席側に設け，執行部と質問者が向き合う議場では，この特徴がより鮮明になる．

　議案に対する賛否が，執行部とのやり取りに終始し，議員同士で論じられないことに，もどかしさを感じる議員もいる[13]．しかし，次の理由でそれは避けられないことではある．ひとつは，議会の役割が執行機関の監視に大きく偏っていることである．いきおい行政の活動状況を問いただすことになる．このため執行部は，法律では求められたときだけのはずが，常に議場に着席していることになる．もうひとつは，予算案をはじめとして議案の多くが首長によって提案されることである．議員提出の議案は極めて少ないが，出されれば議員の間で激論が交わされることがある．

　質問は事前に通告され，答弁者は担当課が事前に用意した原稿や想定問答を読み上げる．事前にすり合わせがなされていることをもって，学芸会などと揶揄されることもあるが，これには理由がある．市長や幹部が答えられずに答弁保留が多すぎては本会議が成り立たない．事実に反する答えは責任を問われる．うっかり政策転換につながる答弁をすれば，行政の現場が混乱する．

　そこで事前通告を待つだけでなく，「質問取り」といって財政課などが議員から質問を聞き取って準備する．これが行き過ぎると議員の質問原稿まで行政職員が書くという，嘆かわしい事態も起こる．他方で，事前の準備を減らした，

いわゆる「ガチンコ議会」を目指す動きも生まれている.

　次に委員会である．建設，文教，総務等々の行政各部（課）に対応した常任委員会が設置される．議案は本会議から内容に応じた委員会に付託される．そこで審議が同時に進むことで効率化が図られる．委員会には実務を担う課長級の行政職員も参加し，一問一答方式での審議によって，踏み込んだ検討がなされる．審議結果は委員長が本会議の議長に報告し，それを踏まえて本会議で議決がなされる．このような**委員会中心主義**が地方議会の運営の主流だが，未だに委員会会議録が作られない議会もあり，議案の審議が細切れになるといった問題も指摘される．そのため**本会議中心主義**へ回帰する提案がなされる．

　このほか，**全員協議会**という，非公式な会合が開かれることがある．重要事項が密室で決定されると，議会の公開の原則に反する．

　議会の運営や議員の活動を支える組織に**議会事務局**がある．実態は人員も予算も貧弱で，首長部局職員の出向が多く，小さな自治体では兼務もある．これでは専門知識が不足し，議員を支援するより首長の顔色を窺いかねない.

議会改革の動向

　前項でみた議員定数削減要求は，現行の議員報酬が登院日数 50〜100 日の働きに見合うのかという疑問が動機である．確かに大都市の議員報酬は高く，生活給化していて，都道府県 80.9 万円，政令市 79.1 万円，一般市 40.7 万円である[14]．都道府県一般行政職の平均給与が 41.4 万円（諸手当含む）であるから，市議会のレベルですでに県職員の平均給与と肩を並べる．しかも，調査研究その他の議員活動のために数万円から数十万円の**政務活動費**が別途支給される.

　一方，町村議会は議員報酬が平均で 21.6 万円という安さだ．これが候補者不足の原因だとする意見も根強い．しかし，町村は財政難が深刻だし，議員報酬を上げれば立候補者が増えるかも見通せない．根本には人口減少と高齢化があるからだ．むしろ選挙が成り立つまで定員を減らせという意見もある.

　立候補をしやすくするため，被選挙権の年齢引き下げや兼業規制の廃止，休職・復職制度の導入が提案される．ドイツの例を参考に，報酬が少額か無給の

14）　総務省「地方公務員給与実態調査」（2021 年 4 月 1 日）.

兼業職にして夜間や休日に議会を開く提案もある[15]．スウェーデンも無給だが，比例代表制のもとで選挙費用は主に政党が負担する．

　こうした提案は日本で実現可能か．現職の議員からは，無給にしたら戦前のように金持ちしか立候補できなくなるという反発がある．しかし，議員が資産をもつ名望家に限定されていたのは，制限選挙だったからである．むしろ，実現を阻むのは日本社会の働き方の問題だ．勤め人や過重労働のフリーランスが，勤務後に議員の務めを果たす姿は想像できない．

　議会が独力で今できることは，議会活動への関心を高める地道な改革しかなさそうだ．例えば，北海道栗山町議会は全国に先駆けて**議会基本条例**を制定した．議会を「議員，町長，町民等の交流と自由な討論の広場」と位置づけ，傍聴者への資料提供，本会議での一問一答方式（分割質問方式）や答弁者の反問権の導入，議員相互間の討議を中心とした運営などを定める．条例は全国に広がりつつあるが，実践が伴わないという悩みも耳にする．長野県飯綱町議会は，政策サポーター制度を設けている．議会が選定した町の課題について，住民を中心とした20人程度のサポーターと議員が議論し，政策提言をまとめる．住民の意見やノウハウを町政へ反映するとともに，住民の議会への関心を高め，サポーターの中から議員のなり手が出てくることを狙った制度である[16]．

4. 首長・議会関係

　ここまで二元代表制の両翼をなす首長と議会を個別にみてきた．両者は選挙制度が異なり，選挙時期もずれてきている．そのため誰を代表し，何を重視するかに違いが生ずる．経済学の影響を受けた最近の政治分析では，政治主体が何を望むか，選択肢のうちのどれを重視するかを**選好**と呼ぶ．首長と議会（多数を握る会派の議員たち）のどちらの選好が政策に反映されるかは，両者の力関係に影響される．権限配分からは**強首長・弱議会**といえるが，本当に首長が強く議会は弱いのか．もう少し検討が必要である．

---

15)　木佐茂男 1996『豊かさを生む地方自治：ドイツを歩いて考える』日本評論社．ロンドン区議会も夜間に開催され，無報酬の議員が1861人いる（佐々木，前掲書）．
16)　相川俊英 2017『地方議会を再生する』集英社新書．

強首長・弱議会の論拠

まず，強首長・弱議会の論拠をみよう [17]．第1に首長優位の権限配分である．これは第2節と第3節で述べた．第2に歴史的経緯である．戦前の府県制度の執行機関優位が戦後に引き継がれた．ただし，かつて議会が推薦・選出した市町村長には弱首長の例も多かった．第3に機関委任事務が増加して議会審議の対象外とされたことだ．委任されて首長が実施する事務は，本来は国の仕事であるから議会は口出しできないという理屈がまかり通るようになったのだ．これは一連の分権改革によって廃止された．一部が法定受託事務へと引き継がれたが，議会の検査や監査請求，調査，議決ができるようになった [18]．

弱議会の裏付けとされる観察結果を3点挙げよう．第1に議員活動の多くが議場外で行われることである．地元住民の相談に乗り，祭りや冠婚葬祭に顔を出し，町内会，消防団，PTA 等々の活動に関わり，支援者に向けた報告会を開催する．そこで得られた要望や困りごとを行政の関連部局に取り次ぎ，ときに議会質問で取り上げる [19]．「住民の要望を把握し，市政に反映させること」は議員自身が最も重要な役割と考えている [20]．

これは住民代表として当然の活動だが，問題は誰の利益を代表しているかだ．議員に聞けば自治体全体の利益だと答えるし，それが無所属議員の多い理由でもある．しかし，政治学者はそうは考えない．少ない票数を取りまとめれば当選できる制度（☞第3章）で選出されるため，地元や一部の業界など狭い範囲の利益を代表しがちだとみる．前段に描いた活動はまさにこれだが，行き過ぎると利益誘導ばかりに忙しいとの批判を生む．そしてこれが議会の力を弱めるのは，地元や業界の要望を実現するために，首長に頼み込んで予算や予算の実施場所を決める個所付けで優遇してもらう必要があるからだ．

弱議会の第2の裏付けとされるのは，立法機関としての実績不足である．図

17) 黒田展之編 1984『現代日本の地方政治家』法律文化社，第4章（橋本信之執筆）p. 98-99 は，この枠組みのもとで諸主体が織りなす政策過程を論じている．
18) 現行の地方自治法第6章第2節を参照されたい．
19) 阿部斉 1999『新訂現代日本の地方自治』放送大学教育振興会 p. 30．辻陽 2019『日本の地方議会：都市のジレンマ，消滅危機の町村』中公新書，第2章．
20) 加藤富子 1985『都市型自治への転換：政策形成と住民参加の新方向』ぎょうせい p. 105-116．北原鉄也 1991『保守王国の政治：愛媛政治批評』創風社出版も参照．

図表 2-1 2021 年 1 月〜12 月の 815 市における議案審議結果

	提出件数	原案可決件数（率）	否決・不同意等件数
市長提案	86,725	86,131（99.3%）	150
議員提案	7,513	6,047（80.5%）	1,001

出所：「市議会の活動に関する実態調査結果」[21) に基づき筆者作成.

表 2-1 は 815 市の議案審議結果である．議員提案は市長提案の 10 分の 1 以下だ．データは略すが，条例の提案・可決も同様である．しかも議員提案条例は議会関連がほとんどで，政策条例は極めて少ない．

　こうしたことから，「立法機関としての役割をまったく放棄して，首長の提案する議案を承認するための『御用機関』となっている」という批判が生まれる[22)．首長提案の可決率が 99.3% という高さから，監視機関としての能力も疑われる．そこで不祥事や閉鎖性が報じられる折には，**議会無能力論**も唱えられる．前述のような質問作成まで行政に依存する姿は，見識や能力の低さの裏付けとされる．しかし，多数の専業の職員に補佐される首長に比して，議員は十分なスタッフをもたず，兼業も多い．政策立案や立法の専門知識で太刀打ちできないのは当然で，そもそも立法機関として設計されていないのである[23)．

　第 3 に，1980 年代に盛んに実施された諸主体の影響力調査（☞第 4 章）で[24)，首長の影響力が強いという結果が出ていることも裏付けとされてきた．

議会の潜在的影響力論

　一方，**潜在的影響力論**とでも呼ぶべき議会像も唱えられている．議会には潜在的な影響力があり，議会優位ではないとしても弱くはないという立場だ．この見解は議会の法的権限は十分にあるとし，それが発揮されないようにみえるのは，その必要がないからだと論じる．例えば，高度経済成長期には，国の補

21)　全国市議会議長会調べ（2022 年）.

22)　五十嵐敬喜・小川明雄 1995『議会：官僚支配を超えて』岩波新書 p. 202.

23)　村松岐夫・伊藤光利 1986『地方議員の研究：「日本的政治風土」の主役たち』日本経済新聞社.

24)　例えば，加藤，前掲書.

助金や大企業の資金を導入して地域経済を発展させることが，保守系の首長と議会多数派の間で共有された目標だった．そのための予算や条例を首長が提案している限り，議会が反対する理由はなかったとする[25]．

　この見解の裏付けとされるのは，行政職員が議会にむやみに気を遣う様子を観察した結果であり，議会審議が政策形成に影響を与えると考える議員の割合が8割を超えるという調査結果である[26]．政策決定における首長や議員の影響力を市区町村・政策分野別に調べた近年の研究でも，78.9% で首長優位だったが，20.4% では首長と議会が同等だと評価された[27]．

　議会に潜在的影響力があるとして，それはどのように発揮されるか．最近の地方政治研究は，首長が予算の提案権をもち議会が議決権（拒否権）をもつ制度を前提に，政策や事業の成否を予測することから分析を始める[28]．

　まず，首長と議会の両方が望む政策は，首長が提案し議会が賛成する．次に首長が望み議会が無関心な政策も議会は賛成する．首長は小選挙区制で選出されるため，自治体全体の利益にかなう政策を追求すると政治学者は考える（☞第3章）．そうした提案にあえて反対して有権者の反発を受けることは，議員にとって得策でない．もちろん誰かを利する政策は，税なり規制なり誰かの負担で実施される．負担を課される集団に支持された議員は反対するが，それが議会多数派に広がらなければ否決できない．

　続いて，首長と議会の両方が望まない政策は，最初から提案されない．以上のような予測は，首長提案がほぼ可決される図表2-1 と矛盾しない．

　問題となるのは，首長・議会のどちらか一方が望み他方は望まない政策である．まず，首長が望み議会多数派が望まない政策は，首長が提案し議会が否決すると予測されそうだ．しかし，実際はそうはならない．否決や修正は首長の失点とみられるので，事前の調整で否決等が見込まれた議案を避け，可決が確

25)　村松・伊藤，前掲書 p. 16-20, 93 などを参照．

26)　村松・伊藤，前掲書．アンケート調査の解釈の当否は第4章で扱う．

27)　辻中豊・伊藤修一郎編 2010『ローカル・ガバナンス：地方政府と市民社会』木鐸社，第8章（濱本真輔執筆）．

28)　砂原庸介 2006『地方政府の民主主義：財政資源の制約と地方政府の政策選択』有斐閣，曽我謙悟・待鳥聡史 2007『日本の地方政治：二元代表制政府の政策選択』名古屋大学出版会などをもとに構成した．

実な議案だけを首長は提出するからである．つまり潜在的影響力は，発揮する
必要がないばかりか，発揮されている様子も表に出てきにくいのだ．

　この裏付けとして，都道府県議会について否決や修正が起こった定例会の回
数を数え挙げた研究がある．戦後 10 年余の時期に否決等は最も多く発生し，
定例会総数の 20% に上った．その後は減少に転じ，1990 年代後半の政界再編
期から再び増加した．また，知事を支持する会派が過半数の場合は，否決等が
あった定例会が 2% にとどまるのに対して，支持会派が過半数に届かない場合
は 11% だった[29]．つまり，制度草創期や政界再編期のように会派構成が不安
定だったり，首長が多数派の支持を得られなかったりして，議会との事前調整
が十分でないときに限って否決が起こりやすくなるのである．

　次に，議会が望み首長が望まないか無関心な政策である．これは首長が提案
せず実現しないのが，制度から予測される帰結である．しかし現実には，何か
の見返りとして，首長が提案することがある．その何かに当たるものの筆頭は，
首長選挙の支援である（☞第3章）．行政運営に長けた行政職員出身の首長でも，
初当選時は支援してくれた議会勢力に配慮せざるをえないとされる[30]．

　当選を重ねるにつれ首長の立場は強くなっていくが，議会対策はどこまでい
っても必要だ．首長肝煎りの提案を通してもらう見返りに，議会の求めに応じ
て首長の関心が低い政策を提案するといった取引である．

　こうしてみると，可決率が高くても首長が望む政策が実現できているとは限
らず，弱議会とされながら議会の望む政策が実現している可能性もある．

まとめ：制度を変えれば地方自治のあり様は変わるか

　ここまで地方自治制度とその運用を概説した．その中心となる首長と議会の
関係を自治の理論に照らして考えてみることで，本章をまとめよう．

　二元代表制におけるチェック・アンド・バランスは，ミルが懸念する多数派

29)　辻陽 2015『戦後日本地方政治史論：二元代表制の立体的分析』木鐸社 p. 242-253．馬
　　　渡剛 2010『戦後日本の地方議会 1955〜2008』ミネルヴァ書房 p. 102-108．
30)　平野浩・河野勝編 2011『アクセス日本政治論　新版』日本経済評論社，第 10 章（河
　　　村和徳執筆）．

の専制の抑止となる．例えばそれが国の政策の姿で降りかかったとき，一方が国の意思を地方に浸透させる役割を担っても，他方がその歯止めとなる．

　どちらが国の代理人となるかは政策や文脈によって異なる．開発や産業振興では議会多数派が国と結びつき，生活環境を重視する首長提案を阻むとみられてきた．一方で首長が実施する国の政策は多い．そこに住民の利害を代表して物申すのは議会の役割となる．首長が地域全体のために提案する政策も，税か規制か何らかの負担を誰かに課すことで実現する．負担を課される集団の利益を守ろうとするのも議員である．それは議会無能力論が批判するような利権への固執かもしれないが，抑圧される少数派の擁護となるかもしれない．

　重要なのは誰の意見が代表されているかである．第 3 章では現行の選挙制度のもとでどのような人物が選抜され，誰を代表しているかをみていこう．

第3章 自治体の選挙と政治
だれが地方政治家になっているか

10分間リサーチ　ターゲット自治体のウェブサイトで以下の項目を調べてみよう.
1. 首長の当選回数，選挙時の推薦・支持政党，わかれば前職も.
2. 議会の各会派の人数（議会のウェブサイト），女性議員の数.
3. 直近の議員選挙の投票率，落選者数，最下位当選者の得票数.

はじめに

　トクヴィルの理想と異なり，日本において選挙で選ばれる地方公職者は，自治体の長と議員に限られる．本章では首長と議員の選挙についてみるが，日本国憲法は住民が直接選挙することを定めるだけで，詳細は公職選挙法が規定する．それによると，知事の被選挙権，すなわち立候補する権利をもつ者は30歳以上，市町村長と都道府県・市町村議会の議員は25歳以上である．これに加えて議員になるには，その選挙権をもつこと，つまり住民であることが必要である．同法は各種選挙の選挙区についても，後述のように規定する.

　こうした選挙制度を通じて，どのような人物が選ばれているのか．それが政策決定や自治体運営にいかなる影響を及ぼしているのか．そして引き続き第2章で立てた問い，日本の現状が自治の理念にかなっているかを考察しよう.

1. 首長の選挙

　知事及び市町村長は自治体全域を1つの選挙区とする**小選挙区制**で選ばれる．首長にはどんな人物がなっているか，まずは経歴を手がかりにみていこう.

首長の経歴

図表 3-1 に知事の職歴を十数年間隔で示した[1]．2022 年 11 月現在，中央官僚出身者が 25 人で過半数を占める（国会議員経験者 4 人を含む）．これに続くのが国会議員の 12 人，地方政治家 9 人だ．中央官僚の天下りを除く地方官僚は 4 人，公職未経験者が 7 人である．官僚出身者が，知名度で優る国会議員や公職未経験者（キャスター，大学教員等）の合計より多いのはなぜか．

戦前の知事には内務官僚が任命された（☞第 2 章）．その遺産が引き継がれたということはある．1947 年に新憲法下で初の首長選挙が実施された際は，中央官僚出身者 27 人（図表 3-1），うち旧制度下の官選知事 25 人が当選した[2]．

戦前の統治構造が温存されたようにみえるが，これらの知事は政党の候補者指名や選挙で敗れて徐々に退場した．代わって進出したのが政治家だった[3]．1967 年には中央官僚から直接出馬した者が 18 人まで減少し，国会議員出身が 19 人で最多になった．ただし，この中には政界に進出した中央官僚 8 人が含まれる．それを合わせると中央官僚出身は 26 人となり，初回公選時に匹敵する．つまり，国政という迂回路ができただけで，中央官僚が知事の人材供給源であることは一貫して変わらないのである．

それでは，新憲法下の中央官僚出身知事は，戦前の官選知事と同じなのか．言うまでもなく，選挙を経るところが決定的に異なる．国の利益の代弁者や上から目線で民を教化しようという「牧民思想」の持主では知事になれない．地元有権者の要求を汲み取って実現してくれそうな者でなければ候補者に選ばれず，選挙での支援も得られないからである．

ただし，2000 年前後の知事に関するデータ分析により，中央官僚出身知事は財政運営に関する国の方針に，他の経歴の知事より応答的であることを示した研究も登場している[4]．中央官僚出身知事を通じた国による地方統制が依然

---

1) 経歴の分類は片岡正昭 1994『知事職をめぐる官僚と政治家：自民党内の候補者選考政治』木鐸社を参照．データは片岡氏提供の知事データ，全国知事会ウェブサイト，歴代知事編纂会編 1991『新編日本の歴代知事』，Wikipedia に拠った．表示年は片岡，前掲書に合わせたが，同書にある革新知事の類型を振り分けるなどしたため，各類型の人数は若干異なる．

2) 官選知事には他府県の知事を含む．このほかに中央官僚以外の官選知事 3 人が当選．

3) 片岡，前掲書 p. 293．高寄昇三 1981『地方政治の保守と革新』勁草書房．

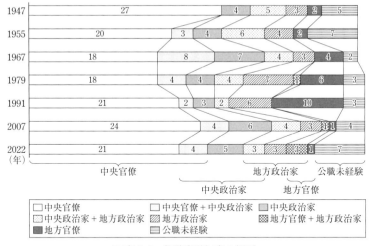

図表 3-1　都道府県知事の経歴

出所：筆者作成．データの出所は注 1 による．

として続いているのか．更なる研究の蓄積が待たれる．

　その後，中央政治家出身者が減少し 1991 年に 7 人で最少となった．それに代わって県職員出身者が 1970 年代後半から増え始め，1991 年には 10 人に達した．戦前の都道府県上級幹部は，人事権をもつ内務省の官僚に独占されていたが，戦後は人事権が都道府県に移り，独自に採用した職員が幹部に育った[5]．その中で副知事にまで昇進するような出世頭が立候補したのだ．しかし，2007 年には中央官僚（5 人）や政治家（4 人）に取って代わられており，定着したとはいえない．2022 年をみると，県職員から地方政治家に転出したのち知事となった 3 人がおり，新たなキャリア・パスとなるか注目される．

　続いて市長である．まず政令指定都市の市長について，2022 年 5 月末現在の政令市長会のウェブサイトから前職を拾い上げると，府県議会議員が 8 人，国会議員が 6 人となっており，政治家が多い．中央官僚 3 人，市職員 2 人，県職員 1 人と公務員は少なく，そのほか，マスコミ，民間がそれぞれ 1 人である（重複あり）．

---

4)　米岡秀眞 2022『知事と政策変化：財政状況がもたらす変容』勁草書房．

5)　片岡，前掲書 p. 104-108．

市長全体でみるとどうか。国の選挙制度改革前と後を比較した研究によると、1991年は政治家出身が40%強、公務員出身は40%弱、民間出身が20%弱だった。それが2011年には政治家55%弱、公務員30%強、民間15%強となり、政治家出身者が公務員出身者を引き離した。内訳をみると、政治家出身の増加に寄与したのは県議出身者だ。15%強から25%強に増え、前職として最多となった。減ったのは市職員で、25%強の第1位から、20%弱の第3位に転落した。第2位は市議出身者で、25%前後を維持してきた[6]。

女性首長は少ない。2021年12月で知事4%、市区長4%、町村長1%だ[7]。首長に限らず女性が選挙に立候補するには困難がある。第2節で説明する。

立候補理由と候補者選抜

首長になるには、本人に立候補の意欲があると同時に、選挙で勝つための支援が必要である。まず知事候補の供給源である中央官僚についてみる。出馬の理由だが、官僚出身知事の半数近くを占める自治（総務）官僚には、知事職を到達点とみる気風が残るとされる。また、他省庁出身者を含め、官僚として政策を立案するだけでは飽き足らず、決定権を望む者が出てくる。国会議員も選択肢だが、当選回数を重ねて政権党の内部で昇進しないと決定権がもてない。そこへいくと一国一城の主である知事は1期目から大きな権限を揮える。

一方で、選挙で勝つには、多くの都道府県議会で多数を占める自由民主党の推薦を得ることが重要である。自民党の候補者選考過程では、行政資源に優れ、中立的で、皆が応援しやすい候補が有利である。官僚はその条件を満たしている[8]。行政資源とは行政の専門家としての経験であり、中央とのパイプである。国への財政依存度が高いほど、それをもたらす官僚が必要とされる[9]。中立性は県連有力者の支持を得るのに役立つ。そればかりか、国政野党と共に推薦や

---

6) 平野淳一 2012「市長の職歴・党派性の変容」『年報行政研究』47号のグラフから割合を読み取り、合併市における旧市町村長当選分を除いて再計算した。データは北村亘・青木栄一・平野淳一 2024『地方自治論：2つの自律性のはざまで　新版』有斐閣 p. 10 図1-3で更新されている。
7) 総務省「地方公共団体の議会の議員及び長の所属党派別人員調」（2021年12月31日）。
8) 片岡、前掲書。
9) 米岡、前掲書。

支持をしやすくなる.

　次に政治家出身者について考えよう. まず, 国会議員出身者である. 政令指定都市の市長でも知事でも 2 番目に多い職歴だった. 国会議員が知事や都市市長を目指す傾向は 1990 年代中盤以降に顕著になった[10]. 地方政治家から国会議員になる方がキャリアアップのようにみえるが, 逆が起こるのはなぜか.

　3 つ理由が挙げられる[11]. 第 1 が地方分権改革で自治体の権限が増え首長職が魅力的になったことだ. これは官僚が知事を目指すことにも通ずる. 第 2 に衆議院選挙が小選挙区制になり, 選挙区が市長選挙と一致する例が多いので出馬しやすくなった. 第 3 に小選挙区制は政党間競争が厳しいので, 当選の見込みが立たなくなった旧民主党国会議員が地方に活路を求めたことがある. 同様に県議出身の市長が増えたのも, 国政進出が難しくなったためだとされる[12].

　最後に市職員出身の市長についてである. 1991 年までは, 市の規模が大きいほど市職員出身が多かったことから, 専門性が求められて市職員が選ばれると説明されてきた[13]. その後, 都市の市長となる県議が増えて, 都市規模と市職員の関連性が失われた. しかし, 専門性が重要であることは変わらない.

2. 議員の選挙

　続いて, 地方議員の選挙はいかなるものかを選挙制度と選挙活動に着目して説明し, 議員の構成について職業, 年齢, 性別に注目してみていく.

議員選挙の仕組み

　都道府県議会議員は, 小選挙区 (定数 1) と中選挙区 (定数 2〜7 程度) が混合した制度で選ばれる. 公職選挙法は, 市単独, 市と隣接町村, 隣接町村を

10) 砂原庸介 2017『分裂と統合の日本政治:統治機構改革と政党システムの変容』千倉書房.
11) 砂原, 前掲書. 曽我謙悟 2019『日本の地方政府:1700 自治体の実態と課題』中公新書.
12) 平野, 前掲論文.
13) 河村和徳 2008『現代日本の地方選挙と住民意識』慶應義塾大学出版会. 敵が多い政治家は都市での選挙に弱いという説もあった (田村秀 2003『市長の履歴書:誰が市長に選ばれるのか』ぎょうせい).

合わせた区域のいずれかを基本にして，選挙区を条例で定めるよう求める（15条）．都市部は中選挙区，町村部（郡部）は小選挙区が多い．

市町村議会議員は，「その市町村の区域において，選挙する」（12条）．つまり，市町村の全域をひとつの選挙区（定数は議員定数）として有権者が1名のみを選ぶ大選挙区制である．政令指定都市では行政区を単位とする選挙区が設けられる．多くは中選挙区である．

大選挙区制では，全有権者のうちのごく一部の票を取れば当選できる[14]．例えば，2022年のいすみ市議会議員選挙（定数18）では，トップ当選者は2009票を得たが，最下位当選者は657票だった．これは投票者数1万8737人（投票率59%）の30分の1強，有権者数3万1472人の50分の1程度にすぎない．何しろ落選は3人だけだ．とはいえ名前を657人に書いてもらうのは簡単ではない．親類縁者と同級生で数十票を見込めても，残りは後援会を組織し，辻立ちで名前を覚えてもらい，選挙公報やビラで政策を訴えて上積みするなどの地道な選挙運動が必要だ．

若さや市民派などのアピール材料があっても，それだけで当選するのは難しい．やはり選挙運動が必要で，人手が欠かせない[15]．そこで通常は，第1に政党の公認を得る．組織が強固な公明党や日本共産党なら，票割りによる得票も期待できる．第2に地元代表として地縁団体の支援を受ける．第3に特定の業界から支持を得るといった戦術をとる[16]．これを裏付ける2002年の調査によると，選挙で最も支持・支援を受けた団体は，自治会・町内会が50%超と他を圧し，趣味関係，政党，商工業団体，農林業団体，青年団・消防団が続く[17]．

---

14) 大選挙区制における当選の仕組みは，曽我，前掲書に手際よく説明されている．

15) 佐藤大吾 2010『"20代，コネなし"が市議会議員になる方法』ダイヤモンド社，寺町みどり 2002『市民派議員になるための本：立候補から再選まで』学陽書房など．

16) 戸桐茂哉 2012『ゼロからの選挙必勝マニュアル：あなたも6ヶ月で議員になれる！』秀和システム p. 120–123．地区推薦については，春日雅司 1996『地域社会と地方政治の社会学』晃洋書房を参照．

17) なお，これは男性議員のデータである．三浦まり編 2016『日本の女性議員：どうすれば増えるのか』朝日選書，第6章（竹安栄子執筆）．

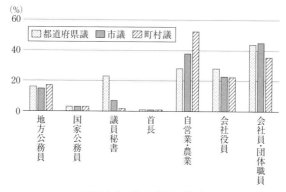

図表 3-2　地方議員の職歴
出所：NHK 地方議員アンケート調査（注 19）に基づき筆者作成.

職業・職歴からみた議会の構成

　続いて議員の人物像を職業面からみよう．各議長会のデータで議員専業の割
合をみると，都道府県議会 53.5%，市議会 47.2%，町村議会 23.8% である．

　この中には，親子など親族間で議員の座を受け継ぐ「家業」とし，個人後援
会を承継する例を含む．例えば京都市議会（定数 67）では，2019 年時点で 21
人いる自民党議員のうち 9 人が親族継承者だったという[18]．全国規模のアン
ケート調査でみると，議員になるきっかけとして家族・親戚に政治家がいると
答えた割合が，都道府県議 33%，市議 22%，町村議 26% となっている[19]．

　議員専業以外の者は，議員をしながら何らかの職業にも就いている．兼業職
として多いのは農林漁業で，都道府県で 8% 超，市で約 11%，町村では約
30% ある．次いで卸売り・小売業，建設業，サービス業が多い[20]．専業が長
く続けば住民感覚とのずれが広がる可能性があるので，兼業は社会とのつなが
りとみることもできる．しかし，住民の多数を占める会社員が少なく，業種に
も偏りがある．また，町村議会で兼業が多いのは，第 2 章でみたように議員報

---

18)　佐藤満編 2020『京都市政治の分析』慈学社出版，第 5 章（鶴谷将彦執筆）.
19)　NHK 地方議員アンケート調査（2019 年実施，調査対象：全国地方議員 3 万 2450 人，
　　有効回答率 59.6%）．NHK スペシャル取材班 2020『地方議員は必要か：3 万 2 千人の大
　　アンケート』文春新書.
20)　全国都道府県議会議長会，全国市議会議長会，全国町村議会議長会調べ（2021 年 7 月
　　1 日）.

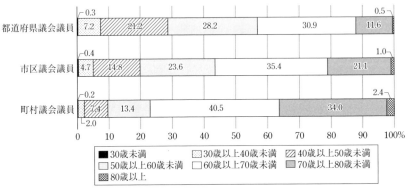

図表 3-3　年齢階層別の議会の構成

出所：総務省作成，第33次地方制度調査会第6回専門小委員会配布資料「地方議会について」p.6（元データは2019〜2021年の各議長会調べ）．

酬が低いので，議員専業では生活が成り立たないという事情がある．議会の会期が短いので自営業者などは兼業が可能なのだが，複雑化した行政活動の監視は兼業では難しいといった問題がある．

　兼業で続けているものも含めて前職を尋ねた結果が図表3-2だ．自営業・農業と会社員・団体職員が拮抗しているが，前者に会社役員を加えると，都道府県議56％，市議61％，町村議75％となる．自分自身で労働時間を管理できる自営・経営者層が過剰に代表され，勤め人が少ない．なぜ自営業や農業，経営者が多いのか．第1に地元にいるので立候補しやすく，地元代表として認知されやすい．第2に同業者の利益代表として支援を受けやすい．第3に兼業しやすく，一時離れても落選したら復帰しやすい．勤め人はそうはいかない．

年齢・性別でみた議会の構成

　続いて年齢と性別をみる．図表3-3は地方議員を年齢階層で区分した．地方議会の中心は60代の議員が占めている．町村議会では70代も多い．20代はほぼゼロと言ってよく，30代も10％に届かない．

　女性議員の割合は，都道府県議会12％，市区議会17％，町村議会12％である[21]．女性議員が少ない理由は様々あるが，出馬の難しさが重要だ．その原因は，女性に偏りがちな家庭生活の負担，特に子育てとの両立の難しさ，家族

の支援の受けにくさ，女性に対する性別役割分業意識からくる世間の理解のな
さである．これに加えて，女性議員が少ない現状によってロールモデルがなく，
立候補するなど思いもよらないこともある[22]．また，郡部の選挙で重要とな
る地区推薦は地元出身者や男性に偏りがちなので，結婚を機に移り住んだ女性
が嫁ぎ先で地区推薦を受けにくいことも立候補の制約になりうる[23]．

　女性議員が増えると地方議会は変わるか．女性議員は男性議員より福祉・医
療・社会保障を重視する割合が高く，地縁組織や利益団体から支援を受ける割
合が低い．そのため，しがらみに囚われずに変化を起こせると期待される．女
性議員の割合が 50% を超えた大阪府島本町と神奈川県大磯町では，生活者目
線からの点検で議会運営の透明性が増し，無駄な経費が削減された．しかし，
財政制約のため予算配分の重点化には至らないという[24]．

　議員が住民の選好を汲み取って権限を行使するには，日常活動で有権者の意
見を聞くだけでなく，議会の構成が有権者の職業，年齢，性別等の人口学的な
分布を反映していることが望ましい．ここまでみてきたような偏りがある議会
は，住民を代表しているといえるだろうか．

議会の党派

　政党が住民の意思を表出させ集約することで，議会構成の年齢，性別，職業
等に関する偏りを補うことはできないか．結論から言うと，日本の政党は地方
においてそうした機能を果たせていないし，政党化も進んでいない．

　図表 3-4 に議員の所属政党をまとめた．都道府県では政党化が進み，無所属
は 22% しかない．自民党が全議員の約半数を占め，26 道府県議会で過半数を
握っている（欠員は分母から除いた）．残りの各党は 10% に満たない．

　これが市区になると，無所属が 60% となる．最多は公明党の 12% で，自民
党の 11%，共産党の 9% が続く．町村では無所属が更に多くなり 87%，所属

21)　総務省，前掲調査．
22)　三浦編，前掲書，第 1 章，第 6 章（三浦執筆，竹安執筆）．
23)　春日，前掲書，第 7 章．
24)　三浦編，前掲書．NHK クローズアップ現代 2015 年 4 月 30 日放送「"政治を変えた
　　い"女性たちの闘い」．

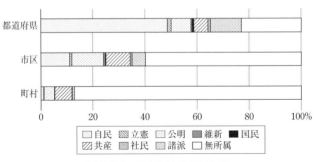

図表3-4 地方議員の所属政党
出所：総務省調査（注7）に基づき筆者作成．市区のN国を除く．

政党で多いのは共産党の 7%，都市型政党の公明党は 4% にとどまる．

　図中の「諸派」は，国会に議席がない政党を指す．その中には，沖縄社会大衆党や神奈川ネットワーク運動といった地域政党や後述のいわゆる首長政党がある．中には都民ファーストの会のような地域の主要会派もあり，その地域では諸派ではなく政党名で報道され，集計される．

　都道府県議会では党派化（政党所属）が進んでいるのに，なぜ市区町村議会は無所属議員が大多数なのか．実は無所属議員の多くは自民党系の，いわゆる**保守系無所属**である．これは無所属議員を含めて「各政党の立場に近い議員はどのくらいいるか」を市区町村議会事務局に聞いた調査で，自民党系が47%，どの党からも距離を置く無党派は26% だったことによる[25]．この点に注目すると上の問いは，なぜ選挙で自民党を名乗らないかと言い換えられる．

　その答えとして有力なのは，選挙制度の違いによる説明である[26]．まず，都道府県議会選挙は小選挙区ないし定数が小さい中選挙区で行われる．定数が小さい選挙区では，政党が意味をもつ．政党の公認候補は1人かせいぜい2人なので，その政党の支持者の票が期待できるからである．

　ちなみに都道府県議会の有効政党数（競い合う政党の実質的な数）を調べた

---

25)　辻中豊・伊藤修一郎編 2010『ローカル・ガバナンス：地方政府と市民社会』木鐸社，第8章（濱本真輔執筆）．

26)　上神貴佳 2013『政党政治と不均一な選挙制度：国政・地方政治・党首選出過程』東京大学出版会．辻陽 2019『日本の地方議会：都市のジレンマ，消滅危機の町村』中公新書，第3章第2節．

研究では[27]，選挙区定数（＝M）に1を加えた数が，議席をもつ政党数の上限になるとするM＋1の法則が当てはまることが確認されている．例えば，東京都議会は各選挙区定数（1〜8）の平均が3で，有効政党数は4である．

M＋1の法則が成り立つには様々な前提条件があるが，ざっくりいうとM＋1を超える立候補があったとき，当選圏から遠い候補者に入れた票が死票になることを嫌う有権者が，支持政党でなくても当選圏ぎりぎりで争う候補者に投票する．この行動が繰り返されると，勝てる見込みがない政党は淘汰される．このメカニズムが無所属の候補者にも当てはまり，無所属が減っていく[28]．

これに対して市町村議会選挙は定数が大きい大選挙区で実施される．そこでは大きい政党ほど多くの候補を抱えることになるので，競争相手は他党よりも同じ政党の候補者となる．その結果，政党のラベルが無意味になり，代わりに地域で棲み分けたり，支持団体を分け合ったりすることで，当選に必要な支持者を確保しようとする．保守系候補は自治会など地域団体の支持を重視するが，地域の代表であることを強調するためには，政党のラベルは邪魔になることさえある．だから，無所属が増えるというわけである．

この説明がすべての議会に当てはまるわけではないが，他の説明より難点が少ない．それらは，都市化が党派化を促す，自民党国会議員の系列に属すると政党公認が不要になる，二元代表制のもとでは党派より首長との関係が重視されるといった説である．第1の説は党派化していない都市が多く存在すること，第2の説は衆議院選挙が中選挙区制だった時代の理屈であること，第3の説は同じ二元代表制なのに県と市で党派化の度合いが違うといった難点がある[29]．

3. 首長選挙における政党の支援連合

首長の多くは，政党の支援を受けて選挙を戦う．それなしに選挙戦を勝ち抜くことは難しい．支援の枠組みとその変遷を見ていく．

---

27) 曽我，前掲書．
28) 提唱者がM＋1ルールを説明した日本語文献として，スティーブン・R. リード 2000 「中選挙区制における均衡状態」『選挙研究』15号．本文では，この一部のみ取り上げた．
29) 上神，前掲書による．

枠組みと用語解説

まず，首長選挙での政党の支援枠組みの用語を解説する．**公認**とは，政党の候補者として認められることを意味する．通常は党員となる．**無所属**とは，どの政党の公認も受けないことである．無所属の中にも，政党の応援を受ける**推薦・支持**と，応援を受けない**無党派**がある．○○党推薦とか，△△党支持などという表現を報道で目にするだろう．支援の強さでいうと，一般に推薦の方が支持よりも強い支援だが，基準は政党により異なる．無党派はどの政党の応援も受けないので，ボランティアや個人後援会のみで選挙をまかなう．

支援をどの政党から受けるかで候補者の色が決まる．色分けには保守・中道・革新という区分を適用してきた．**保守**とは，自民党（一時期の新自由クラブを含む）から支援された首長を指す．**革新**とは，共産党または日本社会党，その両方から支援された首長である．**中道**は公明党と民社党だが，保守か革新のどちらかに与することがほとんどで，**保守中道**か**革新中道**になる．保守陣営と革新陣営が同じ候補を応援することも多い．これを**相乗り**と呼ぶ．

なお，1990年代の政界再編後は，民社党や社会党がなくなり，代わって登場した政党のほとんどが保守を名乗るなどして，保革の区分が適用できなくなった．そこで革新に代えて非自民を使うこともあるが，定説はない．

首長選挙の支援枠組みは，選挙後も続くことが通例である．これを国政に倣って**与党**と呼び，それ以外を**野党**と呼ぶことがあるが，国政と意味が異なることに注意が必要である．議院内閣制のもとでの与党とは，「執政を選出し政権運営を支える政党」と定義でき，通常は議会多数派である．

二元代表制で執政（首長）を選出するのは有権者である．支援連合が議会過半数に達しない**少数与党**でも政権は成立しうる．革新首長にはよくあることだし，保守分裂選挙でも起こる．全党相乗りで出発しても，一部政党が首長の任期途中に離反して生ずることもある．比較政治の用語を用いて野党過半数の場合を分割政府と呼び，与党過半数の場合を統一政府と呼ぶこともある[30]．

分割政府において野党が首長提案すべてに反対するわけではない．有権者の支持を失うような反対はできない[31]．一方，選挙の遺恨で首長と野党の対立

30）　曽我謙悟・待鳥聡史 2007『日本の地方政治：二元代表制政府の政策選択』名古屋大学出版会 p. 90.

図表 3-5 知事選挙支援枠組みの変遷

出所：筆者作成．作図のためのデータは，曽我著（注11）p. 39 に依拠した．

が抜き差しならないような場合は，同意人事がことごとく否決されることもある．そうでなくても第2章でみたような議会対策が必要となる．つまり首長選挙の支援枠組みは，その後の議会対応・政権運営に関わる重要な問題なのだ．

首長選挙の支援枠組みの推移（最多・主流の枠組み）

首長選挙における支援枠組みはどう推移したか．図表 3-5 に知事選挙の主たる支援枠組みと，これに対抗する少数だが存在感を示した枠組みを略図化した．横軸は西暦で，戦後の国政政党が固まった 1955 年以降を表示した．雲のような図柄の上下幅は，その枠組みの広がりをイメージとして示したものである．

まず，1960 年代を中心に 1970 年代中盤まで，公認を含む自民党単独の支援枠組みが最多だった．国の所得倍増計画や全国総合開発計画のもとで，日本経済が高度成長を遂げた時代である．経済成長の果実を，補助金分捕りや企業誘致によって地元にもたらすことが知事の役割として求められ，そのためには自民党の支援を受けていることが有利だと考えられたのである．

こうした競争の典型例は新産業都市をめぐる陳情合戦だ．数カ所の産業拠点を作る計画に，ほとんどの道府県が名乗りを上げ，ほぼ半数が何らかの指定を受けたが，2, 3 の成功例を除き企業誘致も工業化も果たせなかった[32]．

公害などの経済成長の負の側面も顕在化した．住民運動が各地で激発したが，国は経済成長を重視し続け，住民の不満は自治体に向かった．これを受け止めた対抗枠組みとして，次項で述べる革新及び革新中道が存在感を示した．

31)　美濃部亮吉 1979『都知事 12 年』朝日新聞社．
32)　佐藤竺 1965『日本の地域開発』未来社．

　1970年代後半には石油危機を契機に低成長時代に入った．主流の支援枠組みは保守中道に移行した．革新に勢いがあった時代，社会党は中道と組んで地方から勝ちあがり国政を包囲するとしていたが，中道政党が保守についたことで，この戦略は破綻した．革新知事も当選を確実にするため共産党と距離をおき，保守，中道と組むようになった．

　こうして1980年代以降，相乗りが主流の枠組みとなった．やがて候補者は1期目から，「県民党」などを標榜して，共産党を除く保守，中道，革新の相乗りを模索するようになった．自民党にとっても，誰を支援するかで県連が割れることを避けるのに相乗りは好都合だった．相乗りは2000年ごろにピークを迎え，2010年代にいったん急速に減少し，再び増加してきている．

　相乗りが減った時期に増えたのは，どこからも支援を受けない無党派知事であった．今も相乗りと拮抗して最多の地位を占める．

　市長についても，知事と比べ5〜10年遅れ気味だが，同様の傾向がみられる[33]．1980年代は保守と保守中道が最多であり，革新も一定数あった．1990年代には保守中道と革新が減り，相乗りが最多となった．2000年代以降は無党派が最多である．市長に関する研究では，当選に必要な票の多寡に応じて，人口規模が小さいほど無党派（政党支援なし）の市長が多く，人口規模が大きいほど相乗り市長が多いとされてきた．しかし，2000年代中盤以降に無党派が過半を占めるようになった結果，こうした傾向は明瞭でなくなった．

対抗枠組みとその含意

　主流の枠組みに対抗する支援枠組みもみておこう．上述の経済成長の負の側面の筆頭は，水・大気・土壌の汚染，騒音といった**公害**の深刻化であった．国では省庁が個別に対応するだけで，総合的対策を欠いた．

　そこで，公害防止条例をもつような先駆自治体が，汚染物質の測定，検査，企業との協定締結といった対策を打ち出した．これに押されて国会は1967年の公害対策基本法をはじめ，各種公害立法を成立させ，それを受けた自治体が

---

33)　本段落の記述は，河村，前掲書 p. 27，地方自治総合研究所 2015『全国首長名簿』，平野，前掲論文 p. 101 による．それぞれ分類が異なるので，総合して概要をつかむにとどめた．

法令基準を厳しくする「上乗せ」や適用対象を広げる「横出し」を行うことで，環境規制の強化が進んだ[34]．

　公害のほかにも，都市の過密による日照権問題，住宅不足，いわゆる通勤地獄，学校や公園の不足，福祉の遅れ，乱開発等々の**都市問題**が発生した．公害や都市問題の解決を求めて住民運動（☞第6章）が各地で起こった．

　この状況下で都市部の選挙を中心に，産業開発よりも生活インフラの整備と生活課題への対応を掲げる候補者が当選した．国の自民党政権とは異なる政策志向をもった候補者を支えたのは，革新や革新中道の枠組みだった．1960年代前半に増加し，1970年代中盤にピークを迎え，知事で2割に達した[35]．

　革新首長は国が顧みなかった福祉・医療分野などの住民生活のニーズに応えた．これを象徴するのが，1967年に就任した美濃部亮吉東京都知事が策定した**東京都中期計画**によって打ち出されたシビル・ミニマム論である．政治学者の松下圭一が唱えた，自治体が整備すべき生活基盤施設や福祉の水準を市民自らが設定しようという思想であり，実践であった（☞第8章，第13章）[36]．

　上述のとおり，1970年代後半になると革新は退潮した．革新中道陣営及び社会党内部の主導権争いの結果，公明党や民社党が自民党と組んだのである．また，低成長による財政危機を背景に，保守系候補の革新首長に対するばらまき批判が功を奏した．革新首長の専売特許だった福祉政策を保守首長も取り入れ，差別化が図れなくなったことも一因だった．

　1980年代以降，社会党が保守，中道と組む相乗りが増えたことは上述した．その後，国政での政権交代を受けた対抗枠組みが登場した．1990年代中盤の自民党分裂と8党連立政権の成立を受けた非自民保守・中道の支援枠組みである．また，2010年前後には，民主党本部の対立候補を立てる方針を受けた非自民の枠組みが一定の存在感を示した．

　図表3-5にはないが，1990年代後半に相乗りを批判し，有権者の支持を支

34）　宮本憲一 2014『戦後日本公害史論』岩波書店．自治体と国の相互作用については，伊藤修一郎 2006『自治体発の政策革新：景観条例から景観法へ』木鐸社を参照．
35）　1971年の統一地方選挙で当選した革新市長は100に迫った．曽我，前掲書，岡田一郎 2016『革新自治体：熱狂と挫折に何を学ぶか』中公新書など参照．
36）　松下圭一 1971『シビル・ミニマムの思想』東京大学出版会．

えに議会との対立も辞さない，いわゆる**改革派知事**が登場した．枠組みとして
は無党派であり，その先駆けであった．図では無党派を主流に位置づけたが，
相乗りへの対抗の意味合いも強い．

　相乗りと無党派が拮抗する構図は，候補者の戦略で説明できる[37]．選挙に
おける得票を最大化しようとすれば，相乗りで支援を受ける戦略をとる．これ
にはデメリットもある．支援してくれた政党の要求に応えなくてはならず，そ
の意に反した政策を進めにくくなることである．そこで当選後のフリーハンド
確保のため，政党に借りを作らないよう選挙支援を一切受けない無党派となる
戦略が出てくる．ただし，選挙が盤石な者だけが採れる戦略である．

　有権者に人気のある首長が政党を立ち上げる**首長政党**の動きもある．無党派
の首長や少数与党で船出した首長が，反首長の立場をとる議会勢力に対抗する
ため，政党を作って賛成派の議員を増やそうとする戦略である．

　無党派を含め，対抗的な枠組みの意義を述べておこう．その手掛かりとなる
のは，**政治的反対機能**という概念である[38]．国の政権党と異なる政党に支持さ
れた候補者が自治体の首長に就くことによって，国と自治体の緊張を顕在化さ
せることを意味する．革新首長による基地反対や平和運動，在日外国人の指紋
押捺拒否への連帯などに見出される．

　緊張関係を生み出すまでに至らなくても，対抗枠組みから国の政権党とは異
なる政策選好を満たす政策が生まれることはある．例えば革新勢力が退潮した
1980年代以降だが，対抗枠組みで選出された首長の先導によって，政治スキ
ャンダルを契機に国民が求める情報公開（☞第5章），環境汚染や乱開発への対
策として環境アセスメントが導入された[39]．革新，非自民，無党派の枠組み
は，国と異なる政策選好を追求し，政策の多様性を増進することに寄与するの
だ．それが革新自治体の隆盛期に提起された環境，福祉，生活関連の施策であ
り，改革派知事が提案した政策評価やNPM（☞第10章）である．

---

37)　河村，前掲書の所説を単純化して説明する．
38)　大森彌・佐藤誠三郎編 1986『日本の地方政府』東京大学出版会，大森執筆章 p. 210.
39)　伊藤修一郎 2002『自治体政策過程の動態：政策イノベーションと波及』慶應義塾大学
　　出版会.

4. マルチレベルの政治システム：人材供給を中心に

　ここまでみたような，地方政治が中央政治に影響し，その逆もあることは，近年，マルチレベルの政治システムととらえられるようになった．この観点から，選挙，執政，政党組織などの研究が進んでいる．

　例えば，中央で小選挙区制を導入したのに政権交代可能な二大政党制となっていないのは，比例代表並立制の効果もあるが，地方で中央と異なる選挙制度を採っているために多党化していて，それが中央に影響しているのだと説明される．中央・地方で選挙制度が異なっていれば，各レベルで議員は異なる行動原理に従うようになる．第2節でみたような政党ラベルを避ける行動も生ずるし，政党支部の自律性も高まる[40]．中央の議院内閣制と地方の二元代表制という執政制度の違いで，中央の連立枠組みと首長選挙の支援枠組みも違ってくる．第1節でみた首長候補の出馬動機は，執政制度における権限の揮いやすさによって理解できる．また，出馬のしやすさは，中央・地方の選挙制度の共通性で説明できる．

　逆に地方政治家の国政進出も，マルチレベルの政治システムにおけるキャリア・パスととらえられる．1947年から2014年までの衆議院議員の前職を集計した研究によると，最多は地方議員の28.2%だった．他に自治体の長が5.3%いるので，地方政治家の合計は33.5%にのぼる．次が中央官僚の18.3%である．地方公務員は4.2%で，公務員合計は22.5%である．続いて議員秘書17.9%，経営者12.0%，労組10.1%，メディア10.0%となっている[41]．この傾向は2021年の衆議院選挙でも変わらず，地方政治家は157人（33.8%），議員秘書74人（15.9%），国・地方公務員72人（15.5%）であった[42]．

　国政進出後の県議（地方議員）の活動状況はどうか．自民党についてみると，長期政権の座にあった1993年までは，県議出身者が就く大臣ポストは建設と

40）　建林正彦編 2013『政党組織の政治学』東洋経済新報社．上神，前掲書．

41）　濱本真輔 2022『日本の国会議員：政治改革後の限界と可能性』中公新書．

42）　SankeiBiz（2021.11.1, 2022年11月29日閲覧）．https://www.sankeibiz.jp/macro/news/211101/mca2111011404020-n1.htm

国土が最多で，主要ポストとされる外務と大蔵，それに法務，厚生，自治は官僚出身者が独占してきた．党においても，幹事長，総務会長，政調会長には官僚出身者が多く就き，県議出身者は国会対策委員長として重用されてきた．

これは官僚が政策の専門家とされる一方，県議は法案審議をめぐる交渉を中心とした国会対策の専門家と扱われてきたからである．また，県議出身者は，県議会での昇進競争を勝ち抜いて地方政界のエリートとして国会議員に転出するわけだが，それが自民党の年功序列ルールによる昇進には不利に働くことがあるのだ．ただし，この傾向は 1994 年以降は崩れてきて，県議出身者の増加と相まって，主要ポストに就任する県議出身者が増えてきているという[43]．

以上をまとめると，地方で公職に就き，経験を積んで中央政界に進出するルートがあり，その経験を活かして主要な役割を果たしているといえる．

まとめ：地方政治の課題をどう解決するか

本章では，だれが地方政治家になっているかという問いを掲げ，選挙制度や首長・議員の属性とそれが政策決定に及ぼす影響をみてきた．それを踏まえて，自治の理念にかなっているかについて，第2章に引き続いて考えた．

地方政治家に関しては，政治経験を積む場となり，国政への人材供給源となってきた，ということはいえた．民主主義の学校という理念に照らすと肯定的な材料といえる．首長選挙の対抗枠組みが住民の意思をすくいあげ，国政にない発想をもたらしていた点は，自由の擁護と多様性の尊重の効果といえる．

他方，選挙で選ばれる地方政治家の経歴や職業に偏りがあることは，ただちに自治の理念に反するものだとは言い切れないが，一部の人々の恣意がまかり通ったり，少数者を抑圧したりする危惧はある．

そうしたことを論じた理論や実態を描いた研究を第4章で紹介し，その歯止めとなる制度や活動を第5章と第6章で扱うこととしよう．

私たちの代表に偏りをもたらす要因のひとつに立候補の難しさがある．これはまた，多選，低投票率，無投票当選といった，自治の理念を揺るがす課題に

43）馬渡剛 2010『戦後日本の地方議会 1955〜2008』ミネルヴァ書房．

つながる．最後にこの論点に触れることで，本章のまとめとしよう．

まず無投票当選のデータを 2019 年 4 月の統一地方選挙でみておく．知事や市区長選挙では少ないが，町村長選挙の 45.6%（55 人）が無投票だった．

町村議会議員選挙の無投票も多く，24.8% の町村（93 選挙区，988 人）が無投票だった．定員割れした議会も 8 あった．都道府県議会議員選挙についても，選挙区でみると地方を中心に 4 割近くが無投票だった[44]．

首長選挙において有力な対立候補が現れなければ，現職が勝ち続け，多選の問題が生ずる．4 期目の選挙に出馬するあたりで，多選批判が出てくる．市区町村長で約 2 割が 4 期以上在職している[45]．

10 分間リサーチで皆さんが調べた結果はどうか．首長の多選が問題になるのは，強い権限をもつためである．長期政権になると，判断に誤りがあっても周囲が意見を言えなくなる．甚だしい場合は，汚職が起こることもある[46]．

首長を中心に既得権が確立され，それを失いたくない人々が出馬を促すこともある．多選自粛条例を作って 3 期までに制限しようとした自治体・首長もあったが，自分が提案した条例を自ら破って出馬した例も複数ある．

都市部において有力な対立候補が出てこない理由に，相乗りの問題がある．共産党を除く全党相乗りを相手にした場合の勝ち目が薄いからである．

議員が相乗りに加わりたがる理由は，勝ち馬に乗って選挙後 4 年間，首長の「与党」として予算や公共事業の個所付けで利益配分に与るためである．対立候補をたてて敗れたら冷や飯を食うことになる．一方，有権者は意味のある選択肢を奪われる．共産党が対立候補を出して選挙が行われても，勝敗がわかっている選挙に有権者は足を運ばない．その結果，甚だしい低投票率となる．知事選挙や市長選挙で 30% を大きく割り込み，同じ選挙区の次の選挙で新人どうしの争いになって投票率が急回復した例もあった．政党の責任は大きい．

44）総務省「地方選挙結果調」（2019 年 4 月統一地方選挙）．
45）総務省「地方公共団体の長の連続就任回数調」（2021 年 12 月 31 日）．
46）田村，前掲書，第 4 章．

第4章 地域権力構造と都市政治
統治するのはだれか

10分間リサーチ　ターゲット自治体で最も重要と思う課題を思い浮かべよう.
1. それが議会で取り上げられたか, 取り上げられた場合は, 誰がどのように取り上げたかを議会会議録検索で調べよう.
2. 過去1年間でどんな課題が取り上げられたか, 議会だより・公報または質問通告（議会ウェブサイトで「質問通告」などと検索）で調べよう.

はじめに

　本章では統治するのはだれかと問う. ここまでの文脈でいえば, それは政治家だという答えになりそうだが, 背後に真の支配者がいるという見方との間で, **地域権力構造論争**が闘わされた. これに加えて, 日本では国による地方統制がどこまで浸透しているか, 官僚統制があるかをめぐる議論も盛んだった. 最近は個別政策の決定過程に関心が移って注目が薄れているが, 自治の理念にも関わる論点でもあるから, 改めて検討する価値がある.

1. 地域権力構造（CPS）論争

　地域権力構造とは, 英語で community power structure といい, 特定の地域における重要事項の決定のあり様を意味する. それを解明することは, 国の権力の所在や社会の統治をどうみるかにもつながっている. 後述するエリートモデルか多元主義かという立脚点の対立である. これに加えて, 論争は方法論の違いにも及んだ. 声価法と争点法である.
　論争の一方の旗頭は, アメリカの社会学者でコンサルタントのフロイド・ハ

ンターで，1953 年にアトランタを研究対象とした『コミュニティの権力構造』[1] を出版した．もう一方の旗頭が，政治学者のロバート・ダールであり，教鞭をとるイェール大学が所在するニューヘブンを研究対象とした『統治するのはだれか』を 1961 年に刊行した[2]．

ハンターの主眼は，書名のとおり権力構造を探るところにあった．都市（コミュニティ）で誰が一番権力をもっているかを突き止めると，政策決定にも影響力をもつ人物に行き着くだろうと想定した．

そのためにハンターは，**声価法（評判法）**と呼ばれる方法を用いた．地方紙，役場の記録，戸別訪問，資産調査，商業組織からの推薦名簿などから，有力者（エリート）と目される 200 人近い人物のリストを作り，その中の事情通たちに判定を頼んで，特に有力な 40 人に絞り込んだ．そうして選ばれた人々と面接し，10 人のトップリーダーを相互選出させ，指名数で序列をつけて，最も力のある少数のエリートを探り当てた．また，リーダー間の相互評価を図示したソシオグラム（☞第 3 節図表 4-1）を作成し，関係性を分析した．

その結果，指名が集中した 12 人の上位集団とそれ以外に区分され，前者は銀行や企業の社長などの実業界の人物が占めた．ここからハンターは，アトランタではビジネスエリートが力をもち，地域の重要事項の決定を左右しているという結論を導いた．

この研究に触発されて地域権力構造研究はブームとなり，様々な権力構造が描き出された．それらを分類すると，権力が集中したピラミッド型，複数のピラミッドの並列型，幾つかの階級が積み重なった台形型といった支配構造の類型がみられたが[3]，その基本にはエリート層による支配があった[4]．

---

1) フロイド・ハンター，鈴木広監訳 1998（原著 1953）『コミュニティの権力構造：政策決定者の研究』恒星社厚生閣.

2) ロバート・ダール，河村望・高橋和宏監訳 1988（原著 1961）『統治するのはだれか：アメリカの一都市における民主主義と権力』行人社.

3) 秋元律郎 1971『現代都市の権力構造』青木書店，第 II 章. 中村八朗 1961「都市の権力構造：アメリカにおける研究の動向」『国際基督教大学学報 II-B 社会科学ジャーナル』2 号.

4) これらを成層理論と呼び，多元主義の立場に立って論争的に比較検討した著作が N. W. ポルスビー，秋元律郎監訳 1981（原著 1963）『コミュニティの権力と政治』早稲田大学出版部である.

　これに対して「統治するのはだれか」と問うて問題提起したのがダールだっ
た．この問いはブレイクダウンされ，影響力資源の偏在は寡頭制と多元主義の
どちらを利するか，いかなる人々が政策の決定権をもつか，リーダーたちは一
枚岩の統治集団を形成しているのか，分裂し対立や交渉をしているのか等々の
問いがたてられた．これらに答えることで，統治構造の多角的解明が試みられ
たのだが，中でも方法論についてハンターと対比されるのが，政策決定への影
響力が誰にどのように分布するかを問う第2編である．

　ダールらはハンターらの研究を評して，政治リーダーを操る黒幕を想定する
のは一般受けするが，それが反証されると更に背後の黒幕をもちだすことで科
学的検証を回避していると批判した[5]．より具体的には，一枚岩の統治エリー
ト層が存在することを前提に調査を設計し，望む結論へと誘導していると論難
したのだ[6]．言ってみれば，支配しているとの評判がある人を探り当てても，
本当に支配しているかどうかは，証拠をもって確かめるまでわからないという
のである．それを知るには重要争点ごとに誰が成功裏に提案（否決）したかを
みていく必要があるとして提唱したのが**争点法**である．

　ダールが取り上げた争点は，都市再開発，教育政策，政党の候補者選定の3
つである．それぞれに数十の事案があり，事案ごとに市長，行政官，企業経営
者や開発業者，教育委員，学校関係者，議員，政党指導者等々の行動を調べ，
政策提案の採択と否決を主導した数を集計して影響力を測定した．この方法は
「星取り表を作る」と評される[7]．

　この分析の結果，市長は3つの争点の全てで影響力を発揮した．ビジネスエ
リートは再開発に関してのみ，教員組合長は教育政策に関してのみ，議員は候
補者選定のみに影響力を発揮したことが明らかになった．この発見は，市長以
外のリーダーはそれぞれが関心をもつ争点についてのみ影響力を発揮したと要
約された．ここから，最終決定者は争点ごとに異なること，ただし公職にある

---

5)　ロバート・ダール，佐々木交賢訳 1961（原著 1958）「支配選良モデル批判」（鈴木幸寿
　　訳編『政治権力：政治社会学論集』誠信書房）．
6)　ポルスビー，前掲書 p. 163-168. 注 11 のバクラックとバラッツの論文による要約も参
　　照．
7)　大嶽秀夫 1990『政策過程』東京大学出版会 p. 116. ダール，前掲書（原著）ではおそ
　　らく tabulate や scoreboard という表現がこれに当たる（p. 151).

市長だけは，全ての争点に関して影響力をもつという結論が導かれた．これに基づきダールは，ニューヘブンの権力構造は，一握りのビジネスエリートが支配しているのではなく，多元化しているのだと主張した．

2. 地域権力構造論争の理論的背景

地域権力構造論争をより深く理解するためには，その背後にある政治学の権力概念についても知っておく必要がある．関連する理論とともに説明する．

エリートモデルと多元主義モデル

個人が目的を達成するためには，他者を動かすことが必要である．このための力を政治学では**権力**（power）または**影響力**（influence）と呼び，「A の働きかけがなければ B は行わないであろうことを，A が B に行わせるかぎりにおいて，A は B に対して権力をもつ」と定義する[8]．

権力を行使するためには何らかの資源が必要となる．それらは**権力資源（権力リソース）**と呼ばれ，金銭，権限，情報，専門的技能などを含む．政治家 A が政治家 B に政治資金を提供して味方につけるような例である．

このように定義される権力は観察が難しくはあるが，ダールらは観察可能な経験的事象であるとして，争点法による研究を着想したのである．彼らの発見を上の権力概念に基づいて記述し直すと，まずは権力資源が分散しているために，政治リーダーの影響力（権力）が分散傾向にあり，リーダーが専門分化していて，政策分野ごとに顔ぶれも出身の社会階層も異なる傾向があることが明らかになったのである．

地域権力構造論争が関心を集めたのは，その含意が国政を含む政治社会をとらえる理論モデルに及んだからである．いわば，ある地域をフィールドとした研究が政治学や社会学の理論モデルの彫琢に寄与し，逆に理論モデルの検証が

---

8)　Dahl, Robert A. 1957. "The Concept of Power." *Behavioral Science* 2–3: 202–203. 引用箇所の訳は伊藤光利・田中愛治・真渕勝 2000『政治過程論』有斐閣 p. 23．なお，これはダール論文では直感的な見方とされ，厳密にはフォーマルモデル（記号による数式類似の表現法）を用いて，対象を動かすことができる確率の差として定義される．

地域を対象に実施されたのである．そのような理論モデルがエリートモデルと多元主義モデルだ．その特徴を政治学教科書に従ってまとめておく[9]．

　エリートモデルには3つの特徴がある．第1に少数のエリートと大衆を区分する．エリートは上層階級の出身が多いが，大衆との間に緩やかな移動がある．第2にエリートの中に合意された価値観がある．それは反共産主義や経済成長の重視などだ．第3が，エリートの意見が政策に反映されることである．

　エリートモデルの含意として，民主主義は幻想にすぎないという見方がある．エリートは現在のシステムを維持するために様々な策を用い，大衆に福祉を提供することもあるが，あくまでシステム維持のためであり，現体制を危うくするレベルにまで大衆の不満が高まることを防ぐためとみるのである．大衆の側も受動的で無関心であるため，民主主義の制度があっても行使されず，シンボルにすぎないと解釈される．人々は日々の生活に忙しく，政策や政治家の振る舞いに不満や怒りを感じても，それが選挙などを通じて表出されることは稀で，すぐに忘れ去られてしまうのだ．

　本章で取り上げたハンターらは，この陣営に含まれる[10]．ほかにも，特定の支配層を想定する研究は，エリートモデルの応用型とみなされる．日本では官僚支配モデル（後述），自民党・官僚・財界による鉄の三角形，更にそれが経済発展を牽引したとみる日本株式会社論などの説が該当する．

　多元主義モデルの特徴は，4点あるとされる．第1は権力の分散である．飛び抜けて大きな影響力をもつ集団がいないことと言い換えられ，エリートモデルと最も対比される点である．第2にエリートの集団はいくつかに分かれていて，その間に競争と対立があること，第3に政策ごとに影響力をもつエリートが違うことである．これらはダールの研究でみたとおりだ．第4は一般大衆がエリートに影響力を行使できるとみる点である．エリートモデルが大衆を受動

9)　以下の記述は，村松岐夫・伊藤光利・辻中豊 2001『日本の政治　第2版』有斐閣を主に，伊藤ほか，前掲書，Dye, Thomas R., Harmon Zeigler, and Louis Schubert. 2012. *The Irony of Democracy: An Uncommon Introduction to American Politics*, 15th ed. Boston: Wadsworth/Cengage Learning 第1章．エリートモデルの訳は，宮川公男 2002『政策科学入門　第2版』東洋経済新報社，第6章で読める．

10)　ほかに代表的な著作としてC. ライト・ミルズ，鵜飼信成・綿貫譲治訳 1958（原著1956）『パワー・エリート』東京大学出版会が挙げられることが多い．

的で無関心だと位置づける点と大きく異なる.

以上の特徴から導かれる含意は，第1に草の根レベルでどこからでもボトムアップ的に政策課題が取り上げられることである．これは4つ目の特徴の一般大衆がエリート層に影響力を行使できるとみる点から導かれる.

第2に，公共政策は社会における諸集団の利害を反映し，諸集団の影響力の消長に伴い，政府におけるアクターの力関係も変わり，公共政策も変わっていくことである．この考え方を進めると，社会の中で集団の力関係が決まり，その結果がそのまま政府の中に持ち込まれて公共政策が決まると考えられるようになる．これは集団理論という学説に典型的な見方だが，最近の政治学ではそうした考え方はとられていない．国家は利益集団が闘う単なるアリーナ（闘技場）ではなく，国家の独自の利益があり，それが追求される過程で諸制度が影響するとみる説が有力だが，政治学の教科書に譲ることとする.

むしろ重要なのは，そうした多様な理論を生む基礎としての役割を多元主義が果たしてきたことである．当時は，公共政策をめぐる権力関係をどうとらえるかに関して，エリートモデルと多元主義モデルの対立があり，それぞれが地方をフィールドに実証研究を行って，理論の発展に貢献してきたのだ.

非決定権力

多元主義陣営によるエリートモデル批判への再反論となるのが，ピーター・バクラックとモートン・バラッツの非決定権力概念である．**非決定**（nondecision making）とは，「コミュニティのなかに深刻な対立が潜在的に存在するにもかかわらず，一部の個人や団体がコミュニティの価値観と政治的手続きと慣行に影響を及ぼすことによって，比較的無難な問題に決定作成を限定する」ことである[11]．この力またはそれをもつ集団が**非決定権力**である.

ダールらに対する再反論とは，非決定が争点法では見逃されるという指摘だ．争点法の調査対象となるのは，最終的に採択されるにせよ否決されるにせよ，争点として浮かび上がったものである．そこからは，顕在化しないよう抑圧された重要な争点が漏れている可能性があるというわけだ．この観点からダール

---

11) P. バクラック，M. S. バラッツ，佐治孝夫訳 2013（原著 1962）「権力の二面性」（加藤秀治郎・岩渕美克編『政治社会学　第5版』一藝社）p. 176.

の研究結果を再検討すると，都市再開発では市長や開発担当行政官がビジネスエリートからの反発を予測して発議を控えた提案がありうること，教育政策では富裕層が無関心にみえて実は間接的影響力をもつ可能性があることが指摘できる．これと似た問題は，第 2 章の潜在的影響力論でも扱った．

　非決定権力の研究例として，1969 年の日本において新聞報道を契機に——しかし発端はアメリカの報道で——欠陥自動車が社会問題化した事案を分析した大嶽秀夫の研究を挙げたい．非決定に関わる箇所は，報道されるまでの間，企業権力がイシューの顕在化を抑止してきた過程の考察だ[12]．自動車メーカーは事故の情報を隠蔽し，虚偽の説明も厭わない．被害者の訴えには裁判を長期化させて対抗し，新聞には広告主の立場をちらつかせる．委託研究を提示して研究者を味方につけ，反抗的なディーラーや下請けメーカーは取引打ち切りで抑え込む．行政官庁とは協力関係を継続することで一蓮托生に引き込む．こうして企業が政策過程の外で行使しうる権力をもつことを示したのである．

　これが地域コミュニティとなれば，大企業の力は突出したものとなる．地方紙やローカル局が対抗権力となるには，人員が不足し，行政や企業に依存しすぎている．問題があっても住民が知ることは難しい．そこを探るにはどうしたらよいか．大嶽が欠陥自動車問題を研究のチャンスとみたように，原発関連工事をめぐる電力会社幹部と地域有力者の癒着を暴いた報道など，争点化されないはずの問題が浮上した機会をとらえて考えをめぐらすことはできる．

　アメリカには数市の地域リーダー 8 人ずつにインタビューし，10 年間の重要課題を調べた研究がある．市によって争点の取り上げられ方に違いがあり，個人や企業の利益増進が重視される市では，大気汚染のような集合的な課題は取り上げられにくいといった発見があった[13]．

　10 分間リサーチでは皆さんが重要と思う課題がどう扱われたかを調べてもらった．議会で取り上げられないか，言及されても軽い扱いにとどまるとしたら，非決定と同様の考察はできるだろうか．

---

12)　大嶽秀夫 1979『現代日本の政治権力経済権力』三一書房，第 2 章.

13)　Crenson, Matthew A. 1971. *The Un-Politics of Air Pollution: A Study of Non-Decision making in the Cities*. Baltimore: Johns Hopkins Press 第 6 章.

3. 日本の地域権力構造研究

　日本の地域権力構造研究は，エリートモデルと多元主義の紹介と比較検討から始まった．それを踏まえた実証研究は，声価法をベースに，争点法や地位法（公的機関の役職や地域での立場を調べるもの）を併用した方法を用い，対象地域ごとに異なる権力構造を浮かび上がらせた．

権力構造の類型

　まず社会学の研究を紹介しよう．愛知県の企業城下町を対象とした秋元律郎の研究では，大企業と系列企業の経営層がトップリーダーとして大きな影響力をもつことが示された[14]．現代日本の地域をビジネスエリートが支配することはイメージしにくいが，図表 4-1 が示すのは，突出した大企業と系列会社の経営者が有力者グループの中心に位置し，市の執行部役職者をしのぐ実態である．更に，各人の役職を調査し，企業経営者が市長，議員，参与といった公職に多く就いていることも確認した．これに類する権力構造は，先述の原発立地自治体に関する報道などに接すると，他にもあると推測されるのである．

　一方で，埼玉県農村部を対象とした別の研究では，公職者，商業者及び専門家がトップリーダーの座を占め，農業者は選ばれた数は多いものの下位のリーダーにとどまることが明らかになった．商業者の影響力は経済分野に限られ，公職を兼ねることも少なかった．ここから導かれた結論は，リーダー層は一般住民とは区別され，同質的で安定的なエリート型の権力構造といえるが，経済エリートが政策決定を支配するモデルとは異なるというものだった[15]．

　静岡県と山形県の人口約 3 万人の市を対象とした研究では，声価の高いリーダーと一般のリーダーの指名を区別し，前者に重みづけして上位リーダーを特定したところ，両市とも市長がトップに位置した．市長以外のリーダーの地位には違いがあり，経済人が市会議員より上位に位置する多極型と，経済人と市

14) 秋元律郎 1966「地域社会の権力構造とリーダーの構成」『社会学評論』16 巻 4 号（町村敬志編 2012『都市の政治社会学　都市社会学セレクションⅢ』日本評論社にも所収）．

15) Y. クロダ，秋元律郎・小林宏一訳 1976（原著 1974）『地方都市の権力構造』勁草書房．

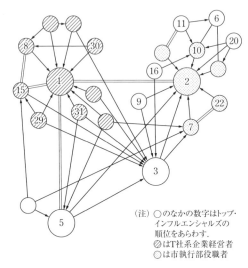

図表 4-1 声価法によるソシオグラム

出所：秋元論文（注14）p.15第3図．円の大きさは指名数，矢印は指名の方向性，二重線は相互指名を表す．

会議員が同列で市長に権限が集まる集中型という違いがみてとれた．更にネットワーク分析という方法でリーダー間の関係性をとらえると，経済力だけでなく社会的つながりも権力のあり様を左右することがわかった[16]．

都市化と権力構造

このように地域によって権力構造が異なることをどう理解すればよいか．1950年代中盤以降，工業化が進む地域社会の政治構造が調査された．

その中から，地域の経済発展段階に対応させて地域リーダーの構成を類型化する試みが登場した．富農や大地主が支配する伝統的農村社会を基本型とし，次の2つの変化型を見出した。第1に工業化した都市（工業都市型）では，地域に進出した大企業経営層が首長や議員を従属させて政策決定を牛耳り，マス・メディアを懐柔し住民組織を再編して地域を支配する．第2に工業化から取り残され急激に人口が流出した地方農村都市（農村都市型）においては，農

16) 高橋和宏・大西康雄編 1994『自己組織化過程のネット分析：地域権力構造の比較研究』八千代出版.

民層のリーダーに代わって地元中小企業，中でも土木建設業の経営者が行政と結びつき，議員となって公共事業を差配するというのだ[17]．

　こうした発想を体系的に跡付けたものとして，社会学，政治学，行政学の研究者が参加した共同研究を紹介しよう．首都圏 22 市の議員と住民リーダー約1400 人に対して，どのアクターの市政への影響力が強いかを尋ねた[18]．主観的な評価を聞く点で声価法に類するが，聞き取りを重ねて権力の最奥を探り当てる本来の声価法ではない．他方で，同じ質問を用いたアンケート調査なので，複数の都市の比較や統計分析ができる利点がある．

　その発見の一部を図表 4–2 に引用した．権力構造は都市ごとに異なり，市長の当選回数や議会会派の議席配分などにも左右されるが，単純化すると都市の発展段階に応じた傾向が読み取れる．図中第Ⅰから第Ⅲの都市群は，都市化の度合い（産業構造と人口変動）で分類される．第Ⅰ群は工業・商業が未発達で人口の流動性が低い農村社会（農村型）である．折れ線グラフが示す権力構造は，概して議会の影響力が強い．旧住民である有力者グループが指導的立場を維持し，議員となって市政に口出ししていると解される．

　第Ⅱ群は産業高度化が進行中で人口流動性が高い都市（中間型）である．そこでは市長の影響力が高く評価され，議会の影響力が低い傾向にある．これは都市化に伴い地域の課題が複雑になり，市長が官僚を率いて対処することが求められるためだと解釈される．

　第Ⅲ群は更に都市化が進んで産業が成熟化し人口も安定した都市（成熟型）である．様々なパターンのグラフが混在するが，首長，議会，市民，職員労働組合の影響力が並び立つ多極構造だと読み解かれている．

　この後も首長，行政職員，議員などを対象に影響力評価を探るアンケート調査は数多く実施された[19]．30 年以上を経た今日，権力構造に変化はあったか．

---

17)　横山桂次・大原光憲 1966『現代日本の地域政治』三一書房，第 2 章．事例研究は大原光憲・横山桂次編 1965『産業社会と政治過程：京葉工業地帯』日本評論社に詳しい．

18)　地方自治研究資料センター編 1982『都市化と議員・地域リーダーの役割行動』ぎょうせい（同編 1979『自治体における政策形成の政治行政力学』ぎょうせいも参照）．これらの抜粋・要約は，加藤富子 1985『都市型自治への転換：政策形成と住民参加の新方向』ぎょうせいで読むことができる．

19)　例えば，小林良彰ほか 1987『アンケート調査にみる地方政府の現実：政策決定の主役

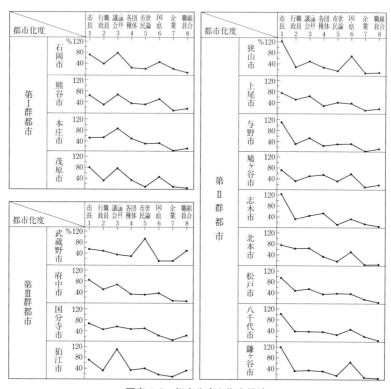

図表 4-2　都市化度と権力構造

出所：加藤著（注 18）p. 136 図 7-2 を一部省略.

　全市区町村の福祉，市民活動等 4 部門を対象としたアンケート調査によると，首長と行政職員に影響力が集中する型が 70.1%，首長・行政職員と議員が影響力を分け持つ型が 10.7%，これらに審議会や市民団体・住民自治組織が加わる多元型が 14.7% などとなった[20]．過去の調査結果と比べると，行政組織を率いる首長への影響力の集中が一層進んだといえる．

　この傾向は全市区町村の平均を示した図表 4-3 において，首長と行政職員（副首長や担当部局）の影響力が突出していることからもみてとれる[21]．なお，

　　たち』学陽書房.

20)　辻中豊・伊藤修一郎編 2010『ローカル・ガバナンス：地方政府と市民社会』木鐸社，第 3 章（久保慶明執筆）p. 67 表 3-4 の決定段階を再集計.

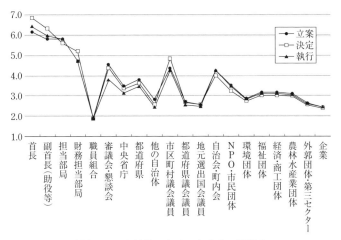

図表 4-3　自治体における各主体の影響力

出所：伊藤・辻中論文（注21）図1.

この研究は権力構造よりも，地域の諸主体の関係性に関心を向けており，審議会や自治会・町内会が議会と同等の影響力をもつことに注目した．

中央地方関係：官僚支配の構造か

　さて，前項の調査では国・県の影響力を尋ねていることに気づいただろうか．ここが日本とアメリカの地域権力構造論の違うところだ．この背景には，中央地方関係が日本の地方政治研究の最大の関心事だったことがある．戦前の地方制度は，高額納税者を優遇する選挙制度（☞第1章，第12章）によって名望家（地域の有力者）を集権国家体制に組み込み，内務官僚である官選知事が市町村を監督することで，地方支配の体制を築いたと解されてきた．こうした中央官僚による地方統制が戦後も維持されているかが論点だったのである．

　地域権力構造の調査において，図表4-2の第Ⅰ群（農村型）のように，名望家が牛耳る議会が公選首長を凌ぐ影響力をもつことは，戦前の支配体制が戦後も続いているとみる説の論拠となりうる．併せて国・県の影響力評価が高ければ，更なる裏付けとなる．実際，第Ⅰ群や第Ⅱ群の都市の幾つかで国・県の影

21)　伊藤修一郎・辻中豊 2009「市区町村におけるガバナンスの現況：市民社会組織を中心に」『レヴァイアサン』45号.

響力が高い．他方，第Ⅲ群では国・県の影響力が低いが，それは住民の要求が重視され，国や県に伺いをたてることが減るからだと解されている．

　このように官僚がエリート層の一角を占めるとみて，第2節でみたように**官僚支配モデル**がエリートモデルに分類されるのである．例えば，第1章で取り上げた辻清明による官僚制研究は「保守的支配層」を想定し，そこに官僚を含めた[22]．官治（官僚支配）を打破すべきと説く論者にも，同様の発想がみてとれる．住民と直結する革新首長（☞第3章）の対抗勢力として，議会保守派と町内会，商工会議所，商店会，PTA連合会等々の「多様な保守大衆団体」，それを支援する保守政党と中央官僚を位置づけたのだった[23]．

　一方，新憲法下での選挙制度と政治・行政過程に着目して，地方政治に自律性を認める多元主義的学説も提起された．政治学者の村松岐夫は，中央省庁による法的統制（☞第2章），財政的統制（☞第9章），天下りなどの人的統制という行政ルートのみに目を向ける学説を**垂直的行政統制モデル**と呼んで批判し，自治体は独自の政策意図とそれを実現する手段をもつと主張した（**水平的政治競争モデル**）．政策意図は住民の希望を汲み取った首長の公約や議会の要求に表れ，その実現のための資源を得ようと，地元選出の与党代議士を通じて国に働きかける政治ルートがある．しかも，自治体は大量の事務実施を通じて人員・情報という資源を蓄積して影響力を強め，国と取引ができるというのである（**相互依存モデル**）[24]．

　こうした論争を経て徐々に地方の政治過程・政策過程に焦点を当てた研究が広がり，特定の自治体の権力構造の分析も含む多角的な研究も行われた[25]．

22）　辻清明 1969『新版日本官僚制の研究』東京大学出版会，後篇3．ただし，同書の後篇7では，戦後日本における圧力団体の活動が議会政治・行政活動に位置づけられていて，単純な分類を拒絶するようではある．

23）　松下圭一 1971『シビル・ミニマムの思想』東京大学出版会 p. 256.

24）　村松岐夫 1988『地方自治』東京大学出版会，第1章，第2章．

25）　例えば，三宅一郎・村松岐夫編 1981『京都市政治の動態：大都市政治の総合的分析』有斐閣．次のような後継書も刊行されたが，権力構造の分析は除かれており，近年の研究動向の変化が読み取れる．村上弘・田尾雅夫・佐藤満編 2007『京都市政：公共経営と政策研究』法律文化社，佐藤満編 2020『京都市政治の分析』慈学社出版．

4. 都市政治研究への展開

　権力構造をめぐる論争は，都市政治研究のための理論と方法を深化させた．その成果を活かした理論として，エリートモデルを引き継ぐ成長マシン論と，より多元主義に近い都市レジーム論を紹介する．

成長マシン論

　成長マシン論は，統治するのは「だれか」だけでなく，「何のためか」を問う．その答えは土地の価値を高めるためであり，その実現のために人口，市域，地域経済の成長が求められると論ずる．地域のエリート集団は他の争点で意見が割れていても，成長を目指すという一点で合意できる．これにより，土地を所有する資本家階級を中心に，不動産業者，開発業者，不動産金融と投資家の成長連合が形成される．土地から直接には収益を得ない商工業者も，経済活動の活発化を期待して成長を歓迎する．成長連合から選挙資金を受け取る政治家も加わり，人口増の恩恵に浴する地元紙や電気・ガス等公益事業者も成長投資を支持する．大学，美術館，劇場，プロスポーツなどは，運営資金や施設を成長連合から提供される一方で，新産業創出の核となり，文化関連消費を生み，市民の愛郷心や成長信仰を育む[26]．

　このように，「がっちり噛み合わされた成長志向の連合と行政機関からなる機構」が**成長マシン**である．そこでは成長連合が，地代・家賃や売却益といった土地からの収益が最大化されるよう，都市計画や税制の優遇を求めて市当局に働きかける．成長マシンの中核をなすビジネスエリートたちのロビイング，懐柔，説得といった活動が，都市のシステムを形成し，その土地を興隆させもすれば衰退させもすると論ずるのが成長マシン論である[27]．

---

26)　Logan, John R., and Harvey L. Molotch. 1987. *Urban Fortunes: The Political Economy of Place*. Berkeley: University of California Press, p. 50–51. 表現は異なるが，成長マシン論の大要は，ハーヴェイ・モロッチ，堤かなめ訳 2012（原著 1976）「成長マシンとしての都市：場所の政治経済学にむけて」（町村編，前掲書）で読むことができる．

27)　次段も含め Logan and Molotch 前掲書 p. 32, 33, 52.

成長連合が追求する土地の価値とは，市場における取引価値である．地価上昇は転売益や賃料の増加をもたらす．一方，成長連合の埒外にいる一般住民にとって，土地は利用するものだ．地価上昇によって住居や店舗・オフィスの賃料が高騰するので，いずれ賃借人は転出を余儀なくされる．不動産購入など夢のまた夢だ．しかも，インフラ整備費は税に転嫁され，環境汚染や混雑が住民の負担となる．それを防ぐ土地利用権保護や環境保全，開発規制には成長連合が反対する．こうした利害対立を軸に政治過程が展開し，市当局は成長連合に与する．なぜなら，成長連合は選挙で自陣営の利益代表を勝たせる力をもち，市当局は成長が雇用や税収を増加させるという幻想にすがりつくからである．

都市レジーム論から都市ガバナンス論へ

日本や海外の都市への適用例が多い理論に，**都市レジーム（アーバンレジーム）論**がある．政府の外に統治連合があるとする点でエリートモデルを引き継ぐが，統治の目的はひとつでなく，参加者の異なる組み合わせがあると考える点で多元主義の要素も取り入れた理論構成となっている．

都市レジームとは何か．聞き慣れない言葉だが，これまでみてきた権力構造とどう違うのか．都市レジームは，アメリカの都市政治学者のクラレンス・ストーンによると，「公的機関と民間利益が共に関わって統治の判断を下し実行できるようにするための非公式な取り決め」と定義される．ここで統治の判断とは，社会の何もかもを統制するようなものではなく，紛争を管理し，社会の変化に適応しようとするものである．「構造」という語には安定・継続の意味合いが伴うので，新たに「レジーム」という用語を持ち込むことで，統治連合の能力，参加者の組み合わせ，関係性の変化をとらえ，都市政治の動態や都市ごとの違いを表そうとしたと考えるとよいだろう[28]．

レジームの中身は様々だ．例えばストーンは，人種間の抗争が争点であり続けたアトランタを対象とした研究で，ビジネスエリートと黒人中産階級の連合を主流におき，職業政治家が土地所有者やビジネスを味方につけた「世話役レ

---

28) Stone, Clarence N. 1989. *Regime Politics: Governing Atlanta, 1946-1988*. Lawrence, Kan.: University Press of Kansas. 定義は p. 7, 179, 構造の語感は p. 9, レジームの要素は p. 179.

ジーム」や，プロテスト集団による「活動家レジーム」の対抗関係を想定して，政治状況を分析した．また，別の論文では，現状維持レジーム，開発レジーム，進歩的中産階級レジームなどを提起した[29]．

日本の研究例として，新潟県内の2つの地域の原発建設計画の成否をレジームで説明したものを挙げておく．まず，①伝統的な村落社会の支配構造を維持する「名望家レジーム」，②企業誘致によって成長を追求する「地域開発レジーム」，③その変形としての「原発レジーム」などの類型を設定する．これを当てはめ，柏崎市では①⇒②とスムースに移行していたため，②⇒③の変形も容易に進み，原発が完成したと説明する．一方，巻町では①⇒②の移行が十分でないまま③に進もうとして，原発計画が地方紙にすっぱ抜かれた結果，反対運動が燃え盛り，原発計画は阻止されたと論ずるのである[30]．

新たな概念を用いた類型化には，都市ガバナンス論もある．構造やレジームで表現し切れない参加者の組み合わせや統治のパターンをとらえ，比較しようとする試みである[31]．なお，ガバナンスという語については，第10章以降で詳しく扱うことになる．

まとめ：理論を通すと地方政治の姿はどうみえるか

本章では統治するのはだれかと問い，多くの理論を紹介した．いろいろあって混乱したら，身近な例に当てはめてみるとよい．日本における研究で例が少ない成長マシン論の適用を試みて，まとめとしよう．

戦後日本は国を挙げて経済成長を目指し，その恩恵に浴そうと各地域が競ってきた．第3章で1960年代の新産業都市指定をめぐる陳情合戦に触れた．本

29) Stone 前掲書，第9章．Stone, Clarence N. 1993. "Urban Regimes and the Capacity to Govern: A Political Economy Approach." *Journal of Urban Affairs* 15–1.

30) 中澤秀雄 2005『住民投票運動とローカルレジーム：新潟県巻町と根源的民主主義の細道，1994–2004』ハーベスト社．レジーム概念を用いた研究には光本伸江 2006『自治と依存』敬文堂もある．

31) 箕輪允智 2019『経時と堆積の自治：新潟県中越地方の自治体ガバナンス分析』吉田書店．辻中豊・山本英弘編 2021『現代日本の比較都市ガバナンス・市民社会』木鐸社，第7章（田川寛之執筆）．

章第 3 節第 2 項の研究は，この時代の企業誘致と開発に狂奔する自治体と地方財界に着目して，地域の権力のあり様を描いたものである[32]．

　同様の陳情合戦は 1980 年代にも，テクノポリス（高度技術工業集積地）をめぐって起こった．中曽根内閣の民間活力導入によって，大都市圏でウォーターフロントなどの再開発が進められ，成長センターとなりうる世界都市が目指された．地方ではリゾート施設の建設ブームが起こった．その結末は，バブル崩壊で地域経済が破綻に瀕し，起債（☞第 9 章）による公共事業や第三セクター（自治体と民間の出資会社）支援に力を入れた自治体の財政に重い負担を残した[33]．2000 年代の小泉構造改革の都市再生には，容積率緩和を呼び水とした民間資金による開発で地価を上げ，不良債権を処理する目論見もあった．

　こうした開発政策・成長戦略は財界の要望を受けたものだ．そして自治体も土地所有者や建設業界も成長を望んできた．国を挙げての成長マシンといえなくもない．余談だが，北海道日本ハムファイターズの新球場を，インフラ整備や減税で誘致した北広島市は，商業施設の新設や子育て世代の流入が増え，球場オープン前年の地価上昇率が全国 1 位となった．世界的半導体メーカーが進出する熊本県菊陽町の上昇率も注目されている．自治体が目指すのは，こうした成長マシン論を地で行くような筋書きである．

　一方，再開発や道路計画は，成長マシン論が描くような地主・貸しビル所有者と借家人・テナント（商店）の対立を生むことがある．しかも，公共事業として動き出すと，反対派に推された首長をもってしても止めるのは難しい[34]．

　土地に関わる政策には，住宅政策もある．公営住宅や家賃補助は福祉政策の意味合いが強いが，日本政府は低利融資と減税で持ち家を優遇し，宅地開発と住宅建設を促してきた[35]．福祉というより（建設）産業政策であり，景気対策であった．自治体も都市計画の決定に際して，市街化する区域の面積や建物

32)　大原・横山，前掲書のほか，例えば佐藤竺 1965『日本の地域開発』未来社を参照．

33)　遠藤宏一 2009『現代自治体政策論：地方制度再編下の地域経営』ミネルヴァ書房，第 4 章．

34)　三浦倫平 2016『「共生」の都市社会学：下北沢再開発問題のなかで考える』新曜社 p. 163, 179, 188, 194.

35)　日本の住宅政策については，砂原庸介 2018『新築がお好きですか？：日本における住宅と政治』ミネルヴァ書房．

の容積率（高さや建坪）を過剰に設定して土地所有者や建設業者の期待に応え，市街化を抑制すべき区域の建築規制を緩めて無秩序な住宅開発・建築を許してきた．高度経済成長期には住宅不足対策の意味もあったが，人口減少時代に入った今は，公共施設の整備・管理費が膨らむばかりである[36]．

　それでもやめられないのはなぜか．ひとつは，規制を受ける側からの反発に向き合いたくない自治体の事情である．特に政治家にとって成長を謳う方が，有権者の受けが良い．しかし，そのつけはいずれ住民に回ってくることも，成長マシン論の論じるところである．生活者としての住民の意思は，政策に反映されないのか．次章以降で考えてみたい．

　成長マシンから抜けられないもうひとつの理由は，自分たちがやめれば，規制が緩い隣接自治体に企業や居住者が奪われていく心配があることだ．なぜそうなるのか．この問いは，第7章で取り上げることとする．

36）　野澤千絵 2016『老いる家　崩れる街：住宅過剰社会の末路』講談社現代新書．日本の都市計画の行政学的分析として北原鉄也 1998『現代日本の都市計画』成文堂も参照．

第5章 住民自治を実現する制度
自治体に住民の声は届くか①

10分間リサーチ　ターゲット自治体のHPで以下の項目を調べてみよう.
1. 陳情・請願の件数,できれば件名と結果(議会ウェブサイトに一覧がある).
2. 最近行われたパブリック・コメントの意見提出状況と担当課の応答.
3. 広報(「○市だより」など)を自治体のウェブサイトでみよう.
4. (オプション)予算を紹介した回の広報(4月第1号)をニセコ町『もっと知りたいことしの仕事』(ニセコ町ウェブサイトで一部閲覧可)と比べてみよう.

はじめに

　前章の権力構造に関する議論を振り返ると,エリートモデルにおいて一般大衆は統治連合から除外されていて,統治される客体にすぎなかった.多元主義はこの点を特に批判し,大衆にも政策に影響力を及ぼすルートが開かれていることを示した.論争が白熱したのは,民主主義の本質に関わる問題だからであった.とはいえ多元主義においても,大衆の意思は利益集団を通じて政治家に届けられ,政党が集約するものであって,大衆が決定に参加するわけではなかった.これを地方自治に当てはめたとき,第1章でみた意義にかなうのか.

　トクヴィルが理想としたような,住民が自治の営みに主体的に参加するにはどのような条件が必要か.現行の地方制度において,住民が声をあげて自らの意思を自治体の政策に反映することは可能か.逆に,首長が進める政策や議会の決定によって平穏な生活が脅かされると感じるとき,住民がそれに反対の意思表示を行い,撤回させる方法はあるだろうか.本章では,住民の政治参加とそれを支える制度について考えてみたい.

1. 民主政をめぐる政治理論と地方自治

　住民による主体的な政治参加を考えるにあたり，まずはその背景にある民主主義の理論を大づかみに把握しよう[1]．

代表民主政か直接民主政か

　前章までのような，住民の意思を代表しない議会の現実を踏まえると，議員を介さない直接民主政が理想に思えてくる．直接民主政とは，市民が一堂に会して平等な発言権をもって議論し物事を決するあり方である．この理念型には，古代ギリシアの都市国家における民会（市民の全体集会）がある．

　トクヴィルが理想としたタウンミーティングもある．日本の地方制度にも町村における有権者の総会（町村総会）の定めがある．

　人口が増え複雑化した現代社会において，この方式を採用することは難しい．日本の町村総会についても，高齢化と議員のなり手不足に悩む高知県大川村が2017年に，議会に代えて町村総会を設けることを検討したが，問題提起をしただけに終わった．では，選挙で代表者を選んで決定を委ねる，**代表民主政（間接民主主義）**しかないのか．否，直接民主政への支持は根強くあり，議論が続けられてきた．電子ネットワークや情報通信技術の発達により多人数の集会と討論を阻む障壁が取り払われたとして，近年議論が活発化している．

　まず，直接民主政擁護論である．イギリスの政治学者のイアン・バッジによると，大きく3つの系譜があるという[2]．第1はルソー流の代議制否定論だ．人民が本来もつ自由を取り戻すために社会契約を結んで主権者となったのに，再び自由を手放すような主権の代理などありえないというのである[3]．第2は功利主義である．個人にとって何が最良の利益かは本人しか判断できないのだ

---

1) 政治理論の大枠は，宇野重規 2020『民主主義とは何か』講談社現代新書，待鳥聡史 2015『代議制民主主義：「民意」と「政治家」を問い直す』中公新書，國分功一郎 2013 『来るべき民主主義：小平市都道 328 号線と近代政治哲学の諸問題』幻冬舎新書．

2) イアン・バッジ，杉田敦ほか訳 2000（原著 1996）『直接民主政の挑戦：電子ネットワークが政治を変える』新曜社，第 1 章．

3) ルソー，中山元訳 2008『社会契約論／ジュネーヴ草稿』光文社古典新訳文庫．

から，その利益を増進するための公共政策の決定には本人たちが参加するのがよいという主張だ．この議論を突き詰めると自己利益の追求者たちが合意できるかという問題に行き着くが，第11章以下で取り扱う．第3が教育的な価値である．これは第1章の「民主主義の学校」を思い出してもらえばよい．

　これらの対論として，ジェイムズ・マディソンの代表民主政擁護論を紹介しよう[4]．彼は合衆国憲法草案への賛同を呼びかける1787年の論文の中で，直接民主政（pure democracy）を批判し，共和政の効用を説いた．ここで共和政とは代表民主政，制度としては代議制のことだ．

　マディソンによれば，直接民主政の問題点は，集会に参加する全市民の過半数が共鳴する利益に基づいて決するため，少数者の利益を切り捨てがちで，個人の安全や財産権とは両立しがたいところにある．これをマディソンは派閥（党派）の弊害と表現した．派閥は個人の自由や権利を脅かすが，人間の本性によるもので防ぎようがない．そこで，その作用を抑止する制度を求めるべきだと考え[5]，これに応える仕組みが共和政だと論じた．

　共和政では，一般市民によって選出された賢明なる少数の市民の手に政治が委ねられる．その賢明さゆえに公共の善（☞第13章）に従い，自国の真の利益を犠牲にすることはない．共和政は多数の市民を抱える広い領域にも対応できる．連邦のもとで運用すれば，より優れた代表が選出され，派閥の数が増えて抑制し合うので，ひとつが他を圧するような弊害が防げると主張したのだ．

政治参加の手段と方法

　しかし，民主政の問題は二者択一ではない．前出のバッジによれば，「市民がみずからの利益と定義したものを反映」するための多様な手段があり，その組み合わせによって，様々な中間形態がありうる．純粋な直接民主政の中心的手段は，市民全員が参加する自由な討議と投票による決定である．他方，純粋な代表民主政では自由で競争的な選挙が核となり，市民は代表を選出したらあとは代表に決定を委ねる[6]．これらが両端にあって，その間に**イニシアティブ**

---

4)　マディソン「第10篇　派閥の弊害と連邦制による匡正」A.ハミルトン，J.ジェイ，
　　J.マディソン，斎藤眞・中野勝郎訳 1999『ザ・フェデラリスト』岩波文庫．
5)　この主張は，同じくマディソン執筆の「第51篇　抑制均衡の理論」にも登場する．

図表 5-1　政治参加（選好表出）の手段と方法

公的制度による	直接民主政的	住民投票，直接請求（条例制定・監査・議会解散・解職）
	代表民主政的	選挙での投票，請願（陳情），パブリック・コメント，審議会
公的制度によらない		SNS，デモ，住民運動，政治家への働きかけ

出所：筆者作成.

（最終決定権を伴う住民の発案権），**レファレンダム**（住民投票による決定），**リコール**（住民の請求と投票による公職者の解職）と代表民主政の組み合わせがあり，新たに熟議やe-デモクラシーなどの手段も加わってきている[7].

　これらを用いて重要事項を決めるスイスやアメリカの州政府は，直接民主政に近いところに位置する[8]. 例えば，スイスでは州や市で法律案や一定額以上の支出案件を住民投票にかけることが義務化されていて，住民投票の結果が議会の決定に優越する．年に数回は住民投票があって，議会の議決が住民投票で否決されることも珍しくない[9].

　日本の地方制度は，後述のように純粋な代表民主政から少し直接民主政に寄ったところに位置する．そこで利用可能な参加の手段を，法定外の方法も含めて図表 5-1 に示した．まず，公的制度によるか否かで分ける．公的制度には，法令・条例のほか，行政慣行や官庁の内規（要綱など）も含めておく．これを前項に照らして分類すると，直接民主政的手段に分類されるのが住民投票と直接請求である．一方，代表民主政の中核にあるのが選挙における投票である．他に請願や審議会などがある．これらを次節以下で説明する．

　公的制度によらない政治参加の方法には，SNS での意見表明や街頭デモなどの抗議活動，住民運動などがあり，政治家に対する直接の働きかけもある．これらは第 6 章で扱う．

---

6)　バッジ，前掲書 p. 2.

7)　五野井郁夫 2018「代表制民主主義と直接民主主義の間：参加民主主義，熟議民主主義，液体民主主義」『社会科学ジャーナル』85 号.

8)　バッジ，前掲書. 憲法学者の大石眞（2021『憲法概論 I　総説・統治機構』有斐閣 p. 114）は「半直接民主制」という類型を設けている（傍点は引用者）.

9)　村上弘 2003『日本の地方自治と都市政策：ドイツ・スイスとの比較』法律文化社，第 3 章. 岡本三彦 2005『現代スイスの都市と自治：チューリヒ市の都市政治を中心として』早稲田大学出版部.

2. 直接民主政的手段

　現代日本の地方自治制度は代表民主政を基本とする．それを直接民主政に近づける手段が導入されているが，法律は住民に決定権を与えることを慎重に避けている．代表民主政を補い代表に緊張感をもたせるといった，いわば直接民主政的に設計された手段となっている．まずは直接請求からみていこう．

直接請求

　直接請求は，その自治体の選挙権を有する者（有権者）の署名を集めて請求する．有権者の50分の1の署名を要するのが条例制定（改正，廃止）と監査の請求だ．前者は首長が受理し，意見をつけて議会に付議し，議会が採否を決する．住民投票で決すればイニシアティブとなり，より直接民主政に近づくが，そうした制度設計にはなっていない．

　有権者の3分の1の署名（大都市に関する緩和規定がある）を要するのが議会の解散と首長・議員の解職の請求だ．選挙管理委員会に提出し，有効なら選挙区の住民投票に付され，過半数の同意で成立する．選んだ有権者が公職者の身分を失わせるリコールである．

　図表5-2に最近の請求件数を2〜4年ごとにまとめた．条例制定は各期30件から70件ほどある．その半数かそれ以上を住民投票条例が占める．それ以外は大規模開発，発電所（原子力，太陽光等），産業廃棄物処理施設，基地，公共施設などの計画を止めるためのものが多い．これらのほとんどを議会は否決し，可決されるのは数件だけだ．1947〜1998年度の累計1352件の請求の可決率（修正可決を含む）をみても9.4%にとどまる[10]．なお，1960〜70年代が請求のピークで議員定数の削減が多く，後に生活関連が増えた．

　請求を受理した首長が，議会送付時に消極的な意見を付すことも多い．この理由には，条例案に問題がある場合のほか，成長マシンさながらに首長が大規模開発の誘致側のことも，国や県に説得されていることもある．また，素朴な

---

[10]　自治立法研究会編 2003『市民立法総覧　直接請求編』公人社 p. 40.

図表 5-2　直接請求の実績

年度	2007-2008	2009-2011	2012-2013	2014-2015	2016-2017	2018-2021
条例制定　件数	50	71	41	34	38	60
可決	7	5	2	3	2	3
否決	39	61	37	26	32	39
取下等	4	5	2	5	4	18
うち住民投票　件数	26	28	26	20	23	44
可決	4	2	1	3	1	2
監査要求　件数	3	5	3	5	5	9
受理	3	5	3	4	5	6

年度	2007-2008	2009-2011	2012-2013	2014-2015	2016-2017	2018-2021
議会解散　件数	4	4	3	2	1	0
投票	0	4	1	0	0	0
取下等	4	0	2	2	1	0
議員解職　件数	17	3	1	0	1	2
投票	0	0	0	0	0	1
取下等	15	1	0	0	1	1
辞職	2	2	0	0	0	0
首長解職　件数	14	19	5	8	3	3
投票	3	5	1	0	1	0
取下等	11	11	4	8	2	3
辞職	0	3	0	0	0	0

出所：総務省『地方自治月報』をもとに筆者作成.

代表民主政擁護論を金科玉条として住民の関与を頑なに拒むこともある.

　何らかの問題が身に降りかかったことを知った住民は，まず役所に問い合わせ，後述の請願などで首長や議員に働きかけ，それでも首長や議員が動かないから最後の手段として手間暇かかる直接請求に訴えるのだ. そこで最終決定権を議会がもつというのは制度のあり方としてどうなのか.

　こうなると住民に残された手段は，障壁となっている首長や議員を替えるしかない. 図表 5-2 によれば，解散・解職請求は各期とも一定数ある. 取り下げが多いが，成立の見込みが高いと悟った首長や議員が，自発的に辞職することもある. 投票まで行って解散・解職が成立し，直後の選挙で住民側が立てた候補が当選することもあり，これを脅しに条例制定請求が通ることもある.

　監査請求は各期とも数件ある. 監査とは，予算執行や事業管理が適切かを調べ，問題があれば是正を勧告する仕事である. 監査請求が受理されれば監査は行われるが，請求者が期待するような問題が指摘されるとは限らない.

住民投票：現状と背景

　直接民主政の中核に住民投票がある. 日本において法定の住民投票には，ひとつの自治体のみに適用される特別法（憲法 95 条），リコール，合併，特別区の設置に関するものがある. それ以外を対象とした住民投票は，条例または要

綱によるか，住民の自主管理による．

　法定の住民投票は投票結果が最終決定となる．これを**拘束型**と呼ぶ．条例によるものは，首長が投票結果を尊重するという**非拘束型**になる．首長や議会の法的権限を条例に基づく住民投票が制限することを避けるためである．ただし，首長が投票結果に反する判断をすると次の選挙でその是非が問われるので，一定の拘束力をもつ．要綱や自主管理によるものは，更に拘束力が弱い．

　条例による住民投票の実施件数は，総務省調査（1982年7月〜2010年10月）で400件とされる[11]．このうち合併に関するものが378件と大多数を占め，平成の大合併（☞第12章）が進められた2003年度から2005年度に集中した．合併以外の重要争点に係るものは，1996年の新潟県巻町の原発を巡る投票が初であり，2022年度末までに48件の実施が確認されている[12]．公共施設や公共事業の是非を問うものが過半を占め，次いで産業廃棄物処理場，基地，原発などの迷惑施設や住民生活に影響の大きい施設を巡るものである．

　このように，実施された住民投票が一定数ある．ここには首長が発案したものも含まれる．更に前項でみたとおり，多くが否決されるとはいえ，住民投票条例の請求数は多い．なぜ住民投票が求められるのか．

　ひとつは議会の判断と住民意思にずれがあるからである．この背景には，議員の属性の偏り（☞第3章）がある．勤め人，消費者，若者や子育て世代，女性の利益を代表できておらず，譲れない争点で不満が表面化する．

　もうひとつは，第1節でみた代表民主政擁護論の前提が成立していないことによる．立候補者が少ないうえ，低投票率によって一部の団体の支持を固めれば当選できてしまう議員選挙の現状では，賢明な代表が選ばれる保証はない．そうした人物が当選回数を重ねるとエリートを自任するようになり，決めるのは自分たちだという驕りが生ずる．そして住民の意思に鈍感になる．これは直接請求のほとんどを議会が否決するところに表れている．その際，代表民主政の否定につながるという理屈が持ち出されるが，それが十分に機能していないから請求が出ている現実に目を向ける必要がある．

11）　総務省行政局調べ（2010年実施，都道府県・政令市への照会による）．
12）　宇野二朗・長野基・山崎幹根 2022『テキストブック地方自治の論点』ミネルヴァ書房　p. 154–155 のデータに2022年度中に実施された2件を補った．

住民投票：その是非をめぐる議論

　それでは住民投票をより広く認めていくべきだろうか．民主政をめぐる議論のところでみたように，話はそれほど簡単ではない．国においても公共事業に関する住民投票の制度化を検討したことがあったが，実現しなかった．

　そこで本項では住民投票の是非をめぐる議論を整理して紹介したいが，まずは次の2つの事例を考えてみてほしい．

　　事例1　A市で総合運動公園建設計画及び市費の支出についての賛否を問う住民投票が実施され（投票率 47.3%），開票の結果，反対が8割を超えた．市長は投票結果を尊重して，計画を白紙撤回した．この計画は，総額 300 億円超をかけて公式競技会を開催できる総合スポーツ施設を整備するものだった．市はすでに整備計画を策定し，60 億円をかけて用地を市内に取得していたが，施設の必要性，費用対効果，市財政への影響，住民不在の決定手続などを疑問視する市民団体が，住民投票条例の制定を市に直接請求し，議会で可決されて実施されたのだった．これにより計画は止まったが，市は用地の処分に苦慮している．

　　事例2　B市で東京都が進める都市計画道路建設の賛否を問う住民投票が実施されたが（投票率 35.2%），条例が定める成立要件を満たさなかったため，開票されなかった．この道路計画は 1960 年代に都市計画決定された後，約 50 年間未着手だったものだ．それがようやく近隣まで整備が進んできたことにより，市民の知るところとなった．市内に残るまとまった雑木林や緑地帯を幅員 38 m の道路が貫く計画を問題視した近隣住民や市民団体が条例制定の直接請求を行った．条例は議会で可決されたが，市長の提案によって，投票率が 50% 未満の場合は開票しないとする修正が加えられた．報道では投票した市民の緑を守りたいという声と，新たな道路による渋滞解消に期待する声が取り上げられた．今も用地買収は着実に進んでいる．

　事例1と事例2ともに争点は公共事業の是非だが，違いは何だろうか．事例2で開票されたら道路事業に影響を及ぼしただろうか．事例に即した検討は皆さんに委ねることとし，それに役立ててもらえるよう，住民投票をめぐる議論を紹介しよう．まず，住民投票を支持する意見を4点に集約する．

　第1は意思決定過程の透明化である．住民に賛否を問うには争点を明確化する必要がある．対話を通じて政治家の立場も有権者に開示される．

　第2は政治参加の拡大である．住民が1票を投じて採否が決まることにより政策課題への関心が高まる．住民投票に付きものの投票呼びかけやボイコット運動，報道量の増加も機運を盛り上げる．

　第3は政治的有効性感覚の涵養だ．自ら決定に参加することが達成感を高める．更に議会の判断を覆したとなれば，直接請求や投票行動が変化をもたらしたという実感を得られる．他方，運動疲れや地域の分断を生むこともある．

　第4が政治リテラシーの向上である．住民投票に伴って大量の情報が流通し，それらを正しく読み解く能力が要求される．この経験がその後の政治参加や投票にも活きてくるというのである．

　続いて住民投票消極論である．この立場を3点にまとめる．第1は，公共問題に専念できて専門知識をもつ代表者を選んで決定権を委ねた方が，日々の生活に追われる素人の住民が決めるよりましだとする見解だ．まさに第1節でみたマディソンの立論である．また，論争を議会内にとどめ，住民を二分する争いを避ける知恵でもあるとする．

　第2は，住民投票は白か黒かの決着しかできないことへの批判である．条件付きの選択肢を加える工夫はあるが，単純化は避けられない．課題解決には，妥協や取引が必要である．住民投票では，損失を補償して同意を得たり，反対意見を取り入れて修正案を出したりすることができない．そこへいくと議会に任せれば，交渉によってより良い解決策に至ることもできる．ただし，妥協の余地がないから住民投票が持ち出されるとか，議会も多数決で少数派を押し切るといった反論もありうる．

　第3は技術的な課題を指摘するものだ．まず，費用が高い．政令指定都市で実施すると，1回3億円を超えるという試算がある．関心があるのは一部住民だけで，やってみたら投票率が低いこともある．低い投票率では過半数での決着に疑義も出される．これを踏まえた制度設計が事例2だが，これはこれで開票の是非を巡って論争となる．

　以上から，代議制（代表民主政）は完ぺきではないが，よりましな制度だ，少なくとも住民投票よりよいと主張するのが住民投票消極論である．

住民投票への賛否は制度設計にも左右される．主な論点を挙げておこう．第1に，請求のつど住民投票条例を制定するか，あらかじめ設定した条件を満たせば議会を通さずに住民投票を認める常設型とするかである．常設型にする場合，あらかじめ争点をどの範囲に定めるかが問題となる．費用対効果の観点から絞り込みは必要だが，制限しすぎると機能しなくなる．抽象的な定めをおいて解釈が恣意的になれば無用の混乱をもたらすことにもなりかねない．

第2に住民投票を行う主体と範囲の問題である．事例2は都の事業で，投票を実施したB市に決定権がなかった．開票されてもB市の市長が事業をやめる決定はできない．ではそのような投票は意味がないか．少なくとも対象地域の住民意思を表明する意義はある．しかし意向調査的なものだとすると，事例2では道路の便益はB市を超えて及ぶのに，それら受益者の意見を聞けていないという問題がある．では調査対象（投票権者）の居住地を広くすればよいか．範囲を広げるほど費用が増え，関心をもつ住民は減ってくるだろう．

第3に，投票権を誰に与えるか，特に永住外国人や18歳未満の者を含めるかも論点であり，激しい論争を呼び込むことがある．

3. 代表民主政を前提とした参加

続いて代表民主政を前提とした参加手段である．図表5-1に挙げた例のほか，自治体が住民参加を促す多様な方法を大きく2つに分けて説明する．

請願・陳情，パブリック・コメント

住民の声を議会や行政機関に届ける制度に**請願**がある．請願権は憲法16条が保障する国民の権利で，請願法が手続を定める．地方自治法にも議会への請願の規定がある．請願者は議員の紹介を受けて請願書を議会に提出する．審議の結果，内容が妥当と認められれば採択され，所管の執行機関に送付される．対応結果を議会に報告しなければならないので，おろそかにできない．

請願とセットで扱われる要望や訴えに，**陳情**がある．法令に定めがないが，請願とほぼ同様の手続で扱われる．議員の紹介も必要ないので件数が多い．

10分間リサーチで請願・陳情の件数等を調べてもらったが，かなりの数が

定例会ごとに提出されていたはずだ．調査によっては，過去1年間で1割程度の人が請願書に署名した経験をもつという結果が出ている（☞第6章）．

　請願・陳情の内容は様々である．自治体の権限内の問題のほか，国の政策に関して議会が意見書を提出するよう求めるものも多い．地方議会を動かして国に圧力をかけ，自分たちが望むように政策を実現（阻止）しようというのである．各地で同じ内容の請願・陳情が出ているのをみることもある．

　パブリック・コメントは行政手続法に**意見公募手続**として規定され，行政機関が命令，審査や処分の基準等を定める際に実施することが義務づけられるものだ．自治体も同法に倣った行政手続条例を制定している．その手順は，行政が命令等の案を公示し，期限を定めて意見を求めるところから始まる．提出された意見は「十分に考慮しなければならない」が，考慮した結果，取り入れなくてもよい．どう考慮したか，考慮しなかったのかを公示して手続は終わる．

　リサーチで運用状況を調べた人は気づいたはずだが，提出される意見の数や内容には偏りがみられる．市民の関心が高い事項には数多くの意見が寄せられ，中には同じ意見ばかりで動員が疑われることもある．他方，関心が低い事項にはほとんど意見が寄せられない．それを行政がどう受け止め，結果に反映したかにも，自治体や部局で違いがある．行政の裁量が大きい現行制度の問題なのだが，ではパブリック・コメントはまったく無駄かというと，そうともいえない．事前に政策案が公示されることが重要である．また，ある団体によれば，意見を出し続けることが重要だという．今回の案に反映されなくても，次の案を策定する際に考慮されたり，事前に意見を求められたりするということだ．

パブリック・インボルブメント

　パブリック・コメントは政策案ができてから住民意見を募る制度だが，一歩進んで策定段階から住民に参加を求める，**パブリック・インボルブメント（住民参画）**という考え方がある．様々な方策の総称で，住民意見の反映だけでなく，利害関係者の合意形成を図る手段までを含む．

　パブリック・コメントもパブリック・インボルブメントも代表民主政を前提とする点は同じだが，パブリック・インボルブメントは名目的参加を超えた実質的参加，すなわち住民が立案・決定・実施過程を通じて影響力を行使し，結

図表 5-3 アーンスタインの「市民参加のはしご」
出所：Arnstein 著（注 13）p. 217 を訳出．

果として住民の意思や選好が政策に反映されることを示唆する．

　では実質的参加とは何を意味するのか．日本でよく引用されるシェリー・アーンスタインの**市民参加のはしご**（図表 5-3）に現行の参加手段を当てはめて考えてみよう[13]．第 1 段「操作」は，お飾りの助言機関やアリバイ的参加手続のことで，行政が市民を教化し，権力維持や事業推進に使うものだ．日本では専門家の知見を取り入れる建前の**審議会**に，この種のものがみられる．

　第 2 段「矯正」は，苦情申立者の歪んだ価値観や態度を治療して社会に適応させようという傲慢な対応である．行政主催の会議で，「うるさ型」に空気を読むよう仕向けることはよくある．以上 2 段は「参加なし」の段階である．

　第 3 段「**広報**」は住民に情報を伝える活動で，日本では「○○市だより」「市報○○」といった広報紙が代表的な媒体だ．主要政策の周知と生活情報の伝達を中心に編集される．他にローカル局やケーブルテレビ，地域 FM，ウェブサイトや SNS が使われる．アーンスタインは市民の権利と取りうる手段を

---

13) Arnstein, Sherry R. 1969. "A Ladder of Citizen Participation." *Journal of the American Institute of Planners* 35: 4. 定訳がないので，行政用語を中心に当てた．

知らせることが重要だと指摘する．自治体が伝えたい情報だけでは参加に結びつかないからだが，皆さんのリサーチ結果はどうだろう．

　第4段「広聴」は住民の意思や要望を把握する活動である．世論調査や市政モニター調査が代表で，住民意見は数量的に把握される．住民の意見提出を待つ方法には，昔ながらの目安箱や市長への手紙がある．対話型の方法には，首長や担当者が出かけていく（日本式の）「タウンミーティング」や膝詰めで話をする車座集会があり，より公式には公聴会がある．

　広報・広聴は行政が一方的に情報提供し，民意を把握するやり方になりがちだ．やらないよりましという程度である．公共事業などの住民説明会も同様だが，行政の説明に異論が百出することがあるので，1段上げて第5段「懐柔」に分類しよう．ただこれも結局ガス抜きして容認・甘受させるものである．最近増えている審議会の公募市民枠はパブリック・インボルブメントに分類されることもあるが，意見が反映されなければ，やはり懐柔策にとどまる．ここまでの3段をアーンスタインは，住民に決定権がない「名目的参加」とする．

　第6段「協働」，第7段「権限委譲」，第8段「市民統治」が，市民が決定権をもつ「市民権力」の段階である．ここで協働とは，市民が権力を勝ち取るものであることに注目したい．市民が行政に権限共有を迫ったり，政策決定権をもつ委員の半数近くを掌握したりする．日本の自治体が題目のように唱える「協働」とは次元が異なると考えるべきである．

　では日本に6段目以上はないのか．ここから先は，近年の研究で実質的参加としてのパブリック・インボルブメントに分類される参加手法を幾つか取り上げて，その可能性があるかを考えてみたい．

　まず，電子掲示板やSNSなど双方向性をもつデジタルツールは，今のところ広報・広聴の延長線上にあるものだが，実質的な市民参加につながる可能性を秘めている．上掲のバッジの著作もこれらが登場した直後に書かれたものだ．ただし，楽観的な時期でもあった．

　2010年代から日本に導入され始めた**ガバメント2.0**や**オープンガバメント**は，行政情報を住民と共有し，住民にスマホなどを通じてフィードバックや情報提供を求め，まちづくりに活かしていく取り組みだ．民間企業によるツール開発が進む一方，行政の情報共有や集まった情報の活用面では，発想の転換と体制

整備が不十分である．新設されたデジタル庁と「デジタル社会の実現に向けた重点計画」（2022年閣議決定）のもとで進捗するか見守りたい．

広聴に分類した住民との会合も，アリバイ作りや議会の迂回のような企みを超えて，意見集約に工夫を凝らし，住民主導で政策づくりが進むようになると，協働（第6段）以上に昇格しうる．そのための技法を2つ紹介しておく．

ひとつは**市民討議会**である．計画細胞と呼ばれるドイツの意見反映手法を日本流に翻案したものだ．2000年代半ばに青年会議所（JC）の主導で千代田区や三鷹市において実施され，その後，自治体とJCの共管や自治体単独実施で各地に広がった．それまでも公募市民が討論し，政策提言する市民会議や市民委員会があったが，自薦による参加者の偏りが問題とされてきた．市民討議会の特徴は，無作為抽出によって市民全体の縮図（ミニ・パブリックス）を作り出そうとするところにある．そうして選ばれた数十人の参加者が，市政の重要課題について専門家から情報提供を受け，小グループに分かれて1, 2日間の討論を行って報告書を作成する．サイレント・マジョリティの参加を促せるか，実のある討論を促す進行役を揃えられるか，政策にどこまで反映されるかなどの課題がある[14]．

もうひとつは**討論型世論調査**である．こちらはアメリカ発で，参加者を無作為抽出して社会の縮図を作ろうとする点は同じだが，討論を重ねる熟議によって参加者の意見が変化することを重視する点が異なる．討論後の意見は世論調査の手法によって把握される．実践例は政府・自治体と研究機関が組んで行われた数例にとどまり[15]，一般の市民でも熟慮に基づく判断に到達できることを示す実験的な位置づけにとどまっている．

このほか，NPO・NGO，自治会・町内会（☞第12章）との意見交換や事業協力など，中間団体の参加を制度化する自治体もある．かつて市民運動と革新系の首長候補者が政策協定を結び，それが政策に反映された例もあった．

---

14) 佐藤徹 2016「市民討議会：実践及び研究の動向・課題・展望」『地域社会研究』26号．佐藤徹 2018「無作為抽出方式による市民討議会の参加承諾者の特徴に関する実証分析：サイレント・マジョリティの背中を押せたか」『年報行政研究』53号．

15) 柳瀬昇 2015『熟慮と討議の民主主義理論：直接民主制は代議制を乗り越えられるか』ミネルヴァ書房．

4. 政治参加の条件整備と基本ルールの整備

　政治参加の制度や手段が活用されるには，一方で市民の知識や意欲・関心が高まり，他方で行政の拒否感を薄める意識改革が必要だ．それは容易ではないが，その条件整備と基本となるルール整備が続けられている．

情報公開

　参加の第一歩は知ることだ．日常生活に影響を及ぼす巨大公共事業や迷惑施設建設の計画を住民が知ったときには，取り返しのつかない段階にまで進んでいる．そうなる前に情報を得て抗議や請求をしなければ，計画の阻止や修正はできない．税金の無駄遣いを追及するときも同様だ．しかし，行政は住民が知らない間に物事を進めたいと考えるものだ．政権の座にある者は，情報へのアクセスを身内に限定し，対抗勢力に批判材料を与えたくないのだ．

　つまり，情報は待っていても出てこないのである．そこで，住民が知ろうと思ったときに行政に請求して情報が得られる（情報開示を受ける）仕組みが必要となる．それが**情報公開制度**である．その導入過程を以下に紹介することで，政治参加の本質を考える材料を提供したい．

　情報公開法はスウェーデン（出版自由法）やアメリカ（情報の自由法）が先行し，日本では 1970 年代末から注目されるようになった．これに先立つ政治スキャンダルの解明過程において日米の情報公開度の落差が明らかになったためである．これを受けて，情報公開法を求める市民運動が盛り上がりをみせた．ちょうど自民党が衆議院で過半数割れを起こしたこともあり，政府内部で検討が始まった．結局，情報提供窓口の設置や情報提供の充実が確認されたにとどまり，1980 年の総選挙で自民党が安定多数を確保すると検討は停滞した．

　そこで神奈川県，埼玉県などの革新首長を中心に，国がやらないなら地方でという機運が高まった．神奈川県が 1982 年に公文書公開条例を制定して先鞭をつけたが，そこに至るまでに，市民団体や専門家などの推進勢力と，中央省庁，議会保守系会派，企業秘密の流出を恐れる企業との利害対立があり，両者の要求を受けた庁内調整は難航した．知事が「行政情報は県民の共有財産」を

標榜して推進を指示し，妥協も図りながら制定にこぎつけた．その直後に埼玉県，1984年に大阪府，長野県，川崎市，東京都，1986年には15自治体が制定するなど広がりをみせ，国に先駆けて全都道府県・政令市が制定した[16]．

国が情報公開法の検討を本格化させたのは，1993年に自民党が下野して政権交代が起こった後だ．8党連立政権の細川護煕首相が検討を指示，村山富市内閣で閣議決定，1999年に小渕恵三内閣のもとで情報公開法が成立した．

政権交代があってはじめて検討が始まった理由は2つある．第1に当時の連立政権には情報公開の重要性を理解する地方政治経験者が多く参加していた．更には，社民党党首の村山首相や連立を組む自民党の河野洋平総裁も情報公開を求めてきた立場だった．

第2に反対勢力が容認姿勢に転じたことがある．自民党にとっては，野党転落にも備える必要が生じた．政権に返り咲くためには政府を監視する手段を用意しておく方がよいのだ．より現実的には，情報公開に熱心な政党を連立政権につなぎとめるために必要だったこともある[17]．

官僚については，1990年代のスキャンダルや失策による信頼の揺らぎを受けて，国民の支持を得ようと限定的な制度を容認する姿勢に転じたためだとの説がある[18]．限定的というのは，政府の裁量が大きいことだ．黒塗りの「のり弁」が横行し，重要な文書が規定に反して廃棄され，公開請求に対して十分探さず「文書の不存在」で答えるといった運用を想起すればよい．

情報公開制度は，公開請求を自治体が待つ受け身の制度である．先進自治体では，自ら進んで情報を公開し，市民との情報共有に踏み出している．例えば，北海道ニセコ町は，『もっと知りたいことしの仕事』という冊子を刊行し，予算の概要ばかりか，公共事業の個所付けまで公開している．皆さんが調べた広報紙と比較してみてほしい．

---

16) 伊藤修一郎 2002『自治体政策過程の動態：政策イノベーションと波及』慶應義塾大学出版会，第4章.

17) 樋渡展洋・三浦まり編 2002『流動期の日本政治：「失われた十年」の政治学的検証』東京大学出版会，第8章（伊藤修一郎執筆）.

18) 吉牟田剛 2012「1990年代の行政改革の意義：行政運営はどうして共通法制化されているのか」『年報政治学』63巻2号.

自治基本条例

自治基本条例は自治体運営の方針や住民参加の理念を定める条例である．北海道ニセコ町の「まちづくり基本条例」（2000年）が先鞭をつけ，「自治基本条例」の名称では杉並区（2002年）が初となり，2018年11月で370を超えるまでに広がりをみせている[19]．他方，これに対抗する動きもあって普及速度は鈍化し，提案された条例が撤回された例もある．反対者たちは，特に住民参加の理念や住民投票の手続を定めた部分を問題視する．民主政をめぐる理念や世界観のせめぎ合いとも，利益と権力をめぐる争いともみることができる．

　まず，自治基本条例の特長や意義を論ずる説を3点にまとめる．第1は自治体の「憲法」になぞらえ，一般の条例・計画の根本規範として最上位に位置づけるものだ．第2が，自治体が実践を通じて地方自治の本旨を具体化するところに意義を見出す所説である．自治体の組織や運営に関する法を住民自身が発議するアメリカのホームルール・チャーター（☞第12章）や市民と行政の協働を定めるイギリスのシティズンズ・チャーターとの共通点を見出す説もある．

　第3が自治体の将来像を示して，首長，議会，住民の自治意識を高める意義を強調するものだ．これが条例制定意図に最も合致しているといえる．

　一方，保守系の政党や運動体が特に批判する点を3つにまとめると[20]，第1に一部の条例が住民投票の投票権者を外国籍住民にまで広げ，年齢要件を公職選挙法より引き下げている点である．これが国政に影響することを懸念する．

　第2に自治基本条例が補完性原理（☞第1章）や自治体の法令解釈権を強調する点である．これが国家主権を侵害するとみるのだ．第3が，過度の住民参加は憲法が意思決定機関と定める議会の軽視になりうる点である．

　本章との関わりでは，3点目が重要である．法律論が前面に出てくることが多いが，代表民主政擁護論を理解した読者は，民主政の理念に関わる問題でもあることに気づいたと思う．また，これは政策決定権をめぐる争いでもある．かつて少数与党の革新首長が住民集会などを用いて，保守系会派が多数を占める議会に対抗したこともあった．地方議会に足場をもつ政治勢力が，住民の直

19)　宇賀克也 2023『地方自治法概説　第10版』有斐閣 p. 262.
20)　例えば，自民党が作成し，党本部のサイトに一時期掲載していた「チョット待て!!"自治基本条例"」．なお，必ずしも条例制定そのものは問題視していない．

接参加による議会の迂回を警戒するのは当然である。政治参加に関する論争は，理念のぶつかり合いであるとともに，現実政治の問題なのである。

　ただし，自治基本条例の3分の1超は町村によって制定されていることを忘れるべきでない。住民の参加意識を高めて地域経営の担い手を増やし，地域が直面する人口減少や高齢化といった困難を少しでも緩和することが何より優先されるのである。その一助になることを意図して条例が制定されたのだ。

まとめ：日本の地方制度は住民の声が届くものとなっているか

　本章では住民の声が政策決定の場に届くかという問いをたて，政治参加の手段を定めた公的制度のあり方，運用と利用状況，課題をみてきた。法的制度は一通り整っていたが制約がかかっていて，利用者の期待に応えられているとは言い難かった。自治体独自の取り組みもあったが，参加のはしごの中間あたりにとどまるものだった。これをどう評価するかは，民主政の理想を代表民主政と直接民主政の間のどこに置くかで違ってくる。住民参加を更に進め，直接民主政に近づける試みには反作用も生じるのだった。

　代表民主政的にせよ直接民主政的にせよ，制度や手段が機能するかは，利用者の姿勢次第でもある。最後に，第4章で少し触れた新潟県巻町（現新潟市）の原発建設に関する住民投票の例を取り上げてまとめとする。

　巻町では1970年に東北電力の原発計画が明るみに出た。住民の反対運動が起こる中，町議会は建設同意を決議し，1980年代にかけて国の協力金支払いを受けて用地買収が着実に進んだ。最後まで未買収のまま計画地内に残された町有地の所有権を反対派住民と東北電力のどちらが手にするかが鍵となった。

　原発推進を表明した町長が3選を果たすと，反対派の自営業者らが住民投票を住民の自主管理で行うことを企画し実行した。1995年のことだ。結果は投票総数1万378のうち，反対9854票となった（投票率45.4%）。直後の選挙で住民投票条例制定を公約にした議員が議会の過半数を占めた。

　その後の経緯は，町長リコール運動，解職請求署名1万231筆の提出を受けた町長の辞職，町実施の住民投票（投票率88.3%，反対1万2478票，賛成7904票），自主投票を実行した住民リーダーの町長就任，反対派から寝返った

議員のリコール成立などと続き，新町長が原発予定地内の町有地を分割して原発反対派に売却することで，東北電力が計画を断念し決着した[21].

このように，使える手段は使い尽くして，首長や議会とは異なる住民の意思を通したのである．ただし，巻町は交通の便が良く，新潟市のベッドタウンとしても，産業誘致でも発展する可能性があった．より不利な地域で同じことを行うのは難しいだろう．巻町は2004年の住民投票を経て新潟市と合併し，政令指定都市の拠点地区のひとつ（西蒲区）となった．

---

21) 『河北新報』2013年8月18日．中澤秀雄 2005『住民投票運動とローカルレジーム：新潟県巻町と根源的民主主義の細道，1994-2004』ハーベスト社.

第6章 公的制度によらない参加
自治体に住民の声は届くか②

10分間（で終わらないかも）リサーチ　地元の公立図書館に行き、『○○市史』、『△△町史』の通史現代編に社会運動、市民運動、住民運動などの項目がないか調べよう（ウェブ検索の「○○市史　デジタル」でヒットする場合もある）。

はじめに

　政治や地域社会の運営に不満をもった人々は、どう行動するだろうか。代表民主政のもとでは、次の選挙で現職とは別の候補に投票することが思い浮かぶ。前章では、請願や陳情、直接請求などの公的制度が用意されていることも説明した。しかし、その前にまずは自治体の然るべき部署に電話をしたり、政治家に相談したりするだろう。また、SNSによる発信やデモなどによる抗議もある。これらの手段を組み合わせて自治体に働きかけることもできる。自治体に頼るのでなく自らの手で問題解決を図り、地域社会のあり方を変えようとする人々もいる。こうした公的制度によらない参加を本章で取り上げる。

1.　日本の非制度的な政治参加の現況

　デモや政治家への相談がどんなものかは、経験した人でないとわからないと思う。漠然と怖いとか自分には遠い話だと感じている人は多いだろう[1]。いったいどのくらいの人が経験しているのか。政治参加の調査データをみよう。
　図表6-1は政治学者の蒲島郁夫と境家史郎が、日本における政治参加の経験

---

1)　樋口直人・松谷満編 2020『3・11後の社会運動：8万人のデータから分かったこと』筑摩選書、第6章（佐藤圭一・永吉希久子執筆）。

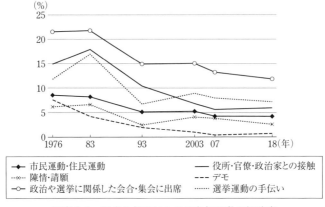

図表 6-1 過去 5 年間における参加活動の経験率

出所：蒲島・境家著（注 2）p. 135 図 6-4.

（調査時から過去 5 年間）を学術調査に基づき時系列的に示したものである.
彼らは日本を，自由民主主義国家の中で最低水準の政治参加経験しかないとい
う意味で「最小参加社会」と呼ぶ[2]. 2018 年をみると，政治や選挙に関する
集会に出席した 12.0%，選挙運動を手伝った 7.3% と少ない. 更に，必要があ
って政治家や官僚と接触した 6.1%，市民運動や住民運動に参加した 4.4%，
議会や役所に陳情や請願に行った 2.7%，デモ参加に至っては 1.0% である.

　グラフにないが，地元の有力者との面談や手紙による接触は 11.0%，請願
書への署名は 13.2% である. 政治について意見を述べた経験も少なく，イン
ターネット上の公開の場でが 2.5%，SNS 上で 2.0% となっている[3].

　1980 年代まで政治・選挙の会合参加や政治家への接触は 20% 前後の経験者
がいて，デモや住民運動の参加経験も 10% 近くあった. しかし，長期的にど
の活動も低落してきた. 蒲島らは 1990 年前後を，投票を含めて政治参加が不
活発化したターニングポイントとみる. 原因は日本型の政治参加構造が崩れた
ことだ. その構造とは，農村部住民と都市部低学歴層に自民党が成長の果実を
分配し，選挙などに動員するものだった. これが 1990 年代になると，財政難

---

2) 蒲島郁夫・境家史郎 2020『政治参加論』東京大学出版会 p. 139. 図は JABISS, JES
（Ⅰ～Ⅳ），CSES という学術調査のデータを基に作図されている.

3) 蒲島・境家，前掲書 p. 126 表 6-1（CSES2018 のデータに基づく）.

や農産物輸入自由化の外圧などにより維持できなくなった．また，デモや政治集会への動員には，農協，商工組合，宗教団体，労働組合などが貢献してきたが，加入率低下に表れる脱組織化も政治参加を減少させてきたという[4]．

2. 政治家への働きかけ

　非制度的な政治参加の現況がわかったところで，その中味について，個人による地方政治家への働きかけと社会団体による自治体へのロビイングを中心にみていこう．**ロビイング**とは，特定の集団の利益になる政策や取り扱いを引き出そうとする活動である．減税や補助金，規制強化・緩和を求め，権利や主張を代弁・擁護（アドボカシー）し，そのための法案や政策案を提言する．

個人による政治家への働きかけ

　代表民主政のもとでは，政治家や行政への働きかけが常に行われている．国のレベルでは，抗がん剤の早期承認や拉致問題など，政府を動かした働きかけを目にする．目立たないが地方でもある．地方議員が住民の要望を把握して政策に反映させる活動を重視していることは第2章で述べたとおりだ．

　地域で問題が起これば，私たちは自治体のウェブサイトで検索してみて，関わりのありそうな課・係に電話をかけたり，窓口を訪問したりする．役所は日常的に扱っている問題には比較的前向きな対応をするが，新たな問題には腰が重いものだ．それでも何らかの対策が打ち出されたとしたら，それは苦情の累積が役所に問題の深刻さを認識させ，誰かの粘り強い働きかけが実を結んだとみるべきだ．黙っていても担当部署が動いてくれるようなうまい話は，自治体が財源や人員の不足に苦しむ現状ではありえないと考えた方がよい．

　役所が動かないなら，地方議員に相談する．その際は，電話やメールで面談を申し込むのが普通だが，市政報告会や辻立ち，挨拶回りの機会をとらえて話しかけることもできる．その後は，自治体庁舎内の議員控室に招かれることも，議員が相談者を訪ねることもあり，相談会を設定している政党もある[5]．

---

4)　蒲島・境家，前掲書 p. 185.

5)　公明党所属議員については辻陽 2019『日本の地方議会：都市のジレンマ，消滅危機の

　議員は行政サービスに関わることから，個人的な困りごとまで，ありとあらゆる相談に応じる．例えば，交通安全施設の設置，ごみ集積場の移設，公園や子ども広場の増設，保育所や学童保育，高齢者施設の不足，福祉・労働・産業関係の助成金の有無，それらの受給方法の指南を求められることもある．普通に暮らしていると地方議員への相談などとは縁がないかもしれないが，世の中には様々な困りごとがあり，その多くが政治・行政に関わるのである．

　相談を受けて議員はどうするか．行政サービスを利用すれば解決できる事柄は，情報提供し担当部署につなげる．新たな施策が必要であれば，第2章でみたように，議会質問で取り上げ，予算措置を要求したりするのである．

団体による働きかけとその理論：集合行為論

　もし自治体に対応を求める課題が地域で共有されるなら，近所の有志と一緒に取り組むだろう．それが長期にわたれば，役割を分担するなど組織化される．例えば，各地で目にする高層マンション反対運動では，署名活動などを通じて結成された住民団体から，議員や役所に働きかけが続けられる．これが第3節で扱う住民運動に発展することもある．

　建築規制に限らず，自治体の政策は私たちの暮らしや職業生活に影響する．安心して暮らすためには，自分たちが望む政策を自治体に求めていくことが必要だ．しかし，日々の生活に追われる個人が働きかけを続けることは難しい．他人任せになりがちで，結局誰もやらなくなる．それを乗り越えるためにも，組織が整えられる．住民が自治体窓口に集まって口々にワイワイ訴えるような，最も広い意味での集団による働きかけより，秩序だった組織をもつ団体として行う方が[6]，戦略的に要路に継続的に働きかけることができる．

町村』中公新書，第2章．自民党所属区議については田丸大 2018「大都市における自民党所属の地方議員の活動実態についての予備的考察：杉並区議・富本卓氏の平成27年度および28年度の講義録を中心に」『駒澤法学』17巻2・3・4号．共産党所属議員による生活相談の心構えについては『議会と自治体』編集部編 2015『自治体活動と地方議会』新日本出版社，第1章第3節．

6)　辻中豊 2016『政治変動期の圧力団体』有斐閣 p. 13-14 の利益集団と利益団体の使い分け，本間康平ほか編 1976『社会学概論：社会・文化・人間の総合的理論』有斐閣 p. 116, 119 の集団の定義など，政治学や社会学の用語法を参考にした．

　実際に団体からの働きかけは盛んに行われている．商店街連合会から市の商工課にはアーケードの整備や振興策の相談があり，医師会，農協などの業界団体，環境団体や消費者団体，福祉や医療の当事者団体からの要望活動もある．地区の生活に関わる相談事は，自治会・町内会（☞第12章）が仲介する．

　こうした働きかけが成功する条件を考察した経済学者のマンサー・オルソン著『集合行為論』[7] を，ここで紹介しておこう．地方自治とは一見遠い話だが，第3節や次章以下で関連することがわかると思う．

　オルソンは，共通の利益をもつ個人が，集団を作って共通利益を実現するために行動するかと問い，次のような場合を除いて行動しないという答えを導いた．なぜなら共通の目的が達成されれば全員が利益を得るので，利己的個人にとっては行動せずに目的が達成されるのを待つのが合理的だからである．

　オルソンが示した利己的個人が集団のために行動する例外的な場合とは，そうさせる強制があるか，集団の利益達成とは別の選択的誘因が与えられる場合である．前者は職能団体を想定して導かれた条件である．日本でも弁護士会のような職能団体は，加入しないと開業できないので，会の方針に従うしかない．参加しないで，誰かの成果の分け前を狙うわけにはいかない．

　後者の選択的誘因とは，医師会や理容・美容業界，屋外広告業，建設業等々の強制加入でない職能団体や業界団体が提供する，新たな知識・技術や政策の情報，保険や年金などである．これらは団体への加入を促す誘因となる．同様に，労働組合は経営者との交渉，農協は販路や資材の提供，後述する生協は新鮮で安い食品の提供などのサービスを供給することで，メンバーを獲得する．こうして獲得したメンバーを動員して，ロビー活動を行う．これに比して，次節でみる住民運動は，目的達成から得られる利益以外の誘因をもたないため，参加者の動員もつなぎ止めも難しい．

　オルソンは，小集団に関しては別の考察を行う．業界団体は業種ごとに細分化され，その中には寡占化されて少数の企業しか参加していないものがある．例えば，日本の電力業界は長らく大手9社体制だった．こうした小集団では，働きかけによって得られる利益を最も必要とする者が，自らの負担で集団目的

7）　マンサー・オルソン，依田博・森脇俊雅訳 1996（原著 1965）『集合行為論：公共財と集団理論』ミネルヴァ書房，序章，第1章，第6章．

のために行動する．小集団であるがゆえに，目的達成によって得られる利益の分け前が大きく，費用をひとりで負担しても利益が上回るからだ．大きな集団には上のような制約があって行動できないのに対して，小集団では利己的個人が進んで行動する．結果として，多数決原理によって動いているはずの民主政において少数の企業が巨大な権力を行使できるのである．こうしたオルソンの集合行為論は，ロビイングだけでなく社会科学の様々な分野で援用される．

社会団体によるロビイングの実際

オルソンが念頭においたアメリカでは，政治を動かす方法として，政治家へのロビー活動とマス・メディアやインターネットを通じたアドボカシー活動が重視される[8]．日本では NPO 法制定を求める個人や団体からの働きかけが注目され[9]，2015 年にはロビイングの指南書も刊行された．国会議員への働きかけのノウハウを伝える本だが，地方議会や自治体を巻き込む重要性が記されている．自治体に働きかけて先進事例を生み出すと国が参考にする，自治体とモデル事業に取り組んだ実績を国に売り込む，国に政策を要望する前に，あえて地方議会向けの請願署名を集め，自治体議会に一斉に陳情書を郵送し趣旨説明をして，抵抗感の強い与党会派にロビイングを行うといった具合だ[10]．

日本の社会団体は自治体にどのくらいロビー活動をしているのか．2006 年の学術調査（JIGS2）のデータをみよう[11]．ここで社会団体とは，経済・産業，労働，教育，行政，福祉，政治，市民，学術・文化，趣味・スポーツ，宗教等に関連する団体である．これら 9 万余の団体すべてに調査票を送付し，1 万5000 余から回答を得た．その中に「政治や行政に要求や主張する際に」行う行動として，国政与党への接触，法案作成への協力，請願署名等々を挙げて頻度を尋ねた項目がある．突出して多かったのが自治体との接触だ．非常に頻繁

---

8) バリー・R. ルービン，鈴木崇弘監訳 2002（原著 1997）『アメリカに学ぶ市民が政治を動かす方法』日本評論社．

9) 様々な研究が刊行されているが，新しいものを挙げれば，原田峻 2020『ロビイングの政治社会学：NPO 法制定・改正をめぐる政策過程と社会運動』有斐閣．

10) 明智カイト 2015『誰でもできるロビイング入門：社会を変える技術』光文社新書．

11) 辻中豊・森裕城編 2010『現代社会集団の政治機能：利益団体と市民社会』木鐸社，第10 章（山本英弘執筆）．

に行うと答えた団体 2.8％，頻繁 10.1％，ある程度 34.3％ で，計 47.2％ である．中央省庁との接触の 14.6％ と比べると多さが際立っている．

　この調査で地方議員，自治体幹部への接触が可能かを聞くと，それぞれ 4 割程度が可能だと答えた．つまり，社会団体は自治体の要路にアクセスするルートを確保し，働きかけを行っているのである．これら団体は，自治体から許認可や規制を受け補助金をもらう一方，自治体に情報や天下り先を提供し，政策実施や規制執行に協力し，継続的関係を取り結ぶ．そして審議会に委員を送り込むなどして，政策決定に影響力をもつのである[12]．

　こうした接触は日常的に目立たずに行われているが，ときに特定の政策をめぐって団体間の対立が表面化する．1980 年代には情報公開条例をめぐり営業機密の漏洩を懸念する企業と情報公開を求める市民団体が，それぞれ保守系議員，革新首長への働きかけを強めた．環境政策や消費者保護をめぐっては被規制企業と環境団体・消費者団体の陳情合戦が繰り広げられた[13]．受動喫煙防止条例を制定した自治体では，タバコ業界，飲食業界と医師会，PTA，福祉団体，市民団体などの働きかけがあり，審議会などで論戦が交わされた．

　保守系団体は地方政治家に対して頻繁に接触を図っている[14]．2000 年代前半には，男女共同参画社会基本法を実施するために自治体が制定する条例や基本計画をめぐり，モデル条例を示して推進を求めるフェミニスト・団体と歯止めとなる文言を入れようとする保守系団体とのせめぎ合いが起こった[15]．

3. デモと住民運動・市民運動

　上述の地方議員や自治体幹部への働きかけは，政治学のロビイング研究では

12)　辻中・森編，前掲書，第 12 章（久保慶明執筆）.

13)　伊藤修一郎 2002『自治体政策過程の動態：政策イノベーションと波及』慶應義塾大学出版会.

14)　具裕珍 2022『保守市民社会と日本政治：日本会議の動員とアドボカシー 1990–2012』青弓社.

15)　山口智美・斉藤正美・荻上チキ 2012『社会運動の戸惑い：フェミニズムの「失われた時代」と草の根保守運動』勁草書房. 鈴木彩加 2019『女性たちの保守運動：右傾化する日本社会のジェンダー』人文書院.

インサイド戦術と呼ばれる．自治体内部の政策決定を担うアクターを対象とするからである．ロビー活動にはアウトサイド戦術もあり，社会全般に訴えるデモや座り込み，マス・メディアへの情報提供などが含まれる[16]．これらも非制度的な政治参加の手段である．本節では，デモと自治体の関係から検討を始め，住民運動や市民運動をみることにする．

デモ・パレード・抗議

デモといえば，2010年代に盛り上がった脱原発や安保法制反対が思い浮かぶ．これらは政府や原因企業に反対の意思を示し，世論に訴えかけるものだ．安保法制は多数の力で押し切られ，原発は再稼働に回帰して，効果が疑われるかもしれないが，1960年安保闘争で国会議事堂を取り囲んだデモ隊が内閣を退陣に追い込んだこともあった．

近年は，より祝祭的なパレード，ウォーク，ラリー，サウンドデモなどが行われていて，訴えの内容は反差別，反貧困・格差解消から，環境保全や弱者の権利擁護，少数者の存在を示そうとするものまで様々に広がっている[17]．これらは，プライド・パレードのように少数派の存在を示して政策づくりの後押しとなると評価されるものがある[18]．他方で，参加者自身が，騒いでいるだけで主張が伝わらないと否定的にみている場合もある[19]．

日本人のデモ参加経験が少ないことは第1節でみた．2014年の調査でも過去1年間にデモに参加した者0.9％，過去に参加経験がある者5.8％である[20]．

実際のデモの発生も少ないのか．図表6-2は，集会，デモなどの発生件数を新聞記事から数え上げたものだ．ピークは安保闘争があった1959〜60年と大学紛争があった1960年代末にあり[21]，これ以降，発生件数は減っている．

16) 辻中豊編2002『現代日本の市民社会・利益団体』木鐸社，第8章（石生義人執筆）.

17) 五野井郁夫2012『「デモ」とは何か：変貌する直接民主主義』NHKブックス．伊藤昌亮2012『デモのメディア論：社会運動社会のゆくえ』筑摩選書.

18) 『朝日新聞』2023年6月21日「多様な性　広がるパレード」.

19) 三浦倫平2016『「共生」の都市社会学：下北沢再開発問題のなかで考える』新曜社 p. 258-260.

20) 小林利行2015「低下する日本人の政治的・社会的活動意欲とその背景：ISSP国際比較調査『市民意識』・日本の結果から」『放送研究と調査』65巻1号．他に樋口・松谷編，前掲書，第1章（佐藤圭一執筆）.

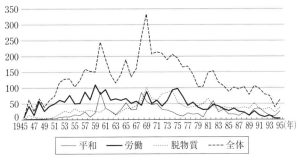

図表 6-2　社会運動の発生件数（全国）
出所：坂本編（注 21）p. 47 図 3-1.

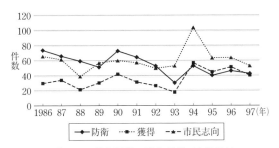

図表 6-3　社会運動の発生件数（宮城県内）
出所：山本・渡辺論文（注 22）p. 52 図 1.

　地方ではどうか．基地のような全国民に関わる施設の所在地で開かれる抗議集会もあれば，豪華市庁舎建設反対のようなローカルイシューをめぐって役所前で行われる集会もある．1950〜1960 年代には反公害の筵旗を掲げたデモが各地の原因企業を取り囲んだ．これらは地方紙やローカル局で取り上げられるだけで，全国的に知られることは少ない．私たちに届くデモの多くは，国や原因企業がある東京で行われ，全国紙やキー局に報道されたものだからだ．

　図表 6-3 は，宮城県内におけるデモ等の発生件数を数え上げた貴重なデータだ．生活防衛，権利獲得などイシュー毎に上下動はあるものの，一定数が保たれ，蒲島らが転換点とする 1990 年代以降も発生している[22]．

---

21)　坂本治也編 2017『市民社会論：理論と実証の最前線』法律文化社，第 3 章（山本英弘執筆）.

22)　山本英弘・渡辺勉 2001「社会運動の動態と政治的機会構造」『社会学評論』52 巻 1 号.

以上，日本におけるデモ等の活動は，標本調査によって示される個人の経験としては少ないものの，発生件数でいえば 1970 年代前半までは多かったし，それ以降も地方において一定数は起こってきたということである．

住民運動

通常，デモは単独で行われるのではなく，議員への働きかけと併用され，直接請求などの公的制度，更には訴訟も含めた様々な手段と組み合わされる．課題に直面した地域住民が，自治体や企業に抗議や要求を突きつけ，動かし，解決に導くためには，あらゆる手段を駆使する必要があるからだ．そして，前節でみたように，組織化も必要になる．活動を継続するためでもあり，集合行為の困難を乗り越えるためでもある．このような一定の目的で組織化された活動は，地域形成や地方自治に影響を与えてきた．

戦後の民主化で活発化したのは**農民運動**や**労働運動**だった．小作農を中心とした農民組合が地主層に対抗して農地改革を進めた[23]．団結権や争議権が認められた労働組合はストやピケも辞さずに労働条件の改善を求めた．これらは名望家や大企業が支配する地域権力に対抗する勢力となったが，高度経済成長期以降，沈静化していった（図表 6-2 の「労働」）．

住民運動とは，1960〜1970 年代に頻発した自治体や企業への抗議や要求，社会システムへの異議申し立てを指す．公害や都市問題の解決を求める行動が代表だ．消費者運動や高校全入運動，基地反対闘争なども含む．

図表 6-4 は当時の盛り上がりを映した自治体アンケート結果で，調査に答えた 185 市区町が 1972 年 9 月からの 1 年間に対応した住民運動の数と種類をまとめた．計 1243 件もあり，公害反対が最多で，ゴミ処理場，道路，区画整理反対や福祉，教育，交通安全など生活改善要求が上位を占めた[24]．また，1972 年と 73 年刊行の約 20 の雑誌・書籍から住民運動の発生件数を数え上げ

『朝日新聞』宮城県版から集計されたもの．

23) 鬼嶋淳 2019『戦後日本の地域形成と社会運動：生活・医療・政治』日本経済評論社，第 2 章．

24) 地方自治協会 1974『住民参加に関するアンケート調査報告書』．同報告書は所蔵図書館が少ないが，同じ内容は松原治郎・似田貝香門編 1976『住民運動の論理：運動の展開過程・課題と展望』学陽書房でみることができる．

図表 6-4　住民運動の種類別発生件数

住民運動の種類	回答数
工場・事業場公害	102
福祉施策の充実要求	94
ゴミ，し尿，下水施設の設置反対	82
学校教育の充実要求	81
公共施設の整備要求	76
自動車交通規制要求	73
家畜公害	69
道路拡張新設反対	63
高層建築建設反対	62
交通安全運動	62
区画整理事業反対	59
土地の用途規制に関する異議	52
砂利採取採石事業反対	47
大衆交通機関廃止縮小反対	46
公共料金改定反対	46
災害対策要求	43
学区変更・学校統合反対	41
モーテル等風俗営業反対	39
増税，税外負担反対	36
宅地造成反対	35
遺跡文化財保護	35

出所：地方自治協会報告書（注24）p. 11 表 1.

図表 6-5　行政の対応策

現実の対応策	回答数
広報・広聴機関の設置	26
対話集会・説明会等の開催	274
広報活動の強化	89
公聴会の開催	28
アンケートその他の調査の実施	49
議会による調査の実施	88
住民参加等による委員会の設置	44
仲介のための第三者機関の設置	16
議会の調停・あっ旋	26
議員・有力者の調停・あっ旋	46
府県・国等のあっ旋	32
施策の代替案・修正案の提示	69
施策の一時凍結	32
直接の説得	128
無視・不対応	6
その他	42

出所：同左 p. 44 表 11（一部省略）.

た研究によると，工業地帯1112件，農業地帯454件が地域を問わず発生した[25]．

　住民運動の成果であるが，革新首長と共闘して自治体行政を動かし（☞第3章），地域社会の変革や制度・政策の形成に大きな役割を果たした．例えば，自治体発の公害対策，権限なき行政といわれる宅地開発指導要綱，消費者保護の諸施策の導入，公立高校の増設といった政策転換を引き起こした．

　図表6-5は上記185市区町がとった対応策である．対話集会や説明会の開催が多いが，代替案の提示や施策の修正・凍結といった運動目的を達成した例もある．また，広報・広聴機関設置，広報活動強化，公聴会，アンケート，住民参加等による委員会の設置も行われた．これらは第5章の市民参加のはしごでいう名目的参加に当たる．住民運動が不十分ながら住民参加を拡充したのだ．

---

25)　似田貝香門 1975「地域問題と住民運動：自治体改革をめざして」『現代と思想』19 号 p. 206-207 第 1 表.

市民運動

　明確な時代区分はないが，1970 年代中盤から**市民運動**の語が多く使われるようになった．住民運動と呼ばれた時代から，地域で頻発する運動に「『私的』な〝エゴイズム〟」ではなく，住民が「日常生活の場面から生み出してくる新たな『公共性』の論理」をみてとる研究はあった [26]．それが「住民運動から市民運動へ」といった表現が登場し，市民運動の語には，地域や個人の利益よりも普遍的な理念の実現を求め，政府が主張する公共性への対案（オルタナティブ）を提示するものという意味合いが込められるようになった [27]．

　このため市民運動は，政府・自治体を対象とするものに限らず，また抗議や要求にとどまらず，社会全体に向けて価値観の見直しを訴え，ライフスタイルの転換を呼びかける活動までも広く含むのである．例えば，1970 年代に滋賀県民の水がめである琵琶湖の水質汚染に危機感を抱いた市民が，リンを含む家庭用洗剤の利用をやめる石けん運動を展開し，1979 年の琵琶湖の富栄養化防止条例の制定に結実した．1970 年代末からの情報公開を求める市民運動（☞第 5 章）は，情報公開条例を制定して終わりではなく，それを活用して透明で応答的な政治・行政を実現しようという活動として続いている．

　ライフスタイルの転換については，生活クラブを挙げておく．1960 年代の消費者による牛乳の共同購入から始まり，対象品目を拡大し，生活協同組合となった．この生協が独特なのは，戸別配送でなく近所の数世帯で班を組み，班で受け取った商品を各戸に仕分けする仕組みだ．班で学習会を開き，生産者と連携して安全な商品開発を行い，食材の無駄や流通コストの削減を図る [28]．これにより既存の生産流通システムへの対案を示す活動といえる．更に，合成洗剤を追放する条例制定の直接請求が議会に否決されたのを契機に，日常生活に密接に関わる地方政治に組合員の声を届けようと，「代理人」（自らの代表）を送り込む代理人運動をスタートさせた．東京・生活者ネットワークと神奈川ネットワーク運動が都県議会議員及び市区議会議員を当選させている．

---

26)　似田貝，前掲論文 p. 222–223.

27)　帯刀治・北川隆吉編 2004『社会運動研究入門：社会運動研究の理論と技法』文化書房博文社，第 II 部第 1 章（牛山久仁彦執筆）p. 64–66.

28)　大畑裕嗣ほか編 2004『社会運動の社会学』有斐閣，第 9 章（角一典執筆）.

4. 住民運動・市民運動の事例研究

　前節で住民運動・市民運動の概略を説明したが，時期と名称を述べる程度では，そこで何が起き，自治体がどう関わるか実感できないだろう．本節では，住民運動・市民運動に関わる人々を活写した社会学の著作2点を紹介する．

母親たちの児童館建設運動 [29]

　玉野和志著『東京のローカル・コミュニティ』には，1970年代後半から1980年代にかけての住宅と町工場が混在する地区を舞台に，子どものための施設を求める母親たちの運動が描かれる．校内暴力で荒れた時代に，夫が都心に通勤して日中不在の核家族で，一人で子育てせざるをえなかった彼女たちの相談にのったのが，社会教育施設の社会教育主事や女性講座の講師だった．

　社会教育には，この自治体を含む当時の革新自治体が注力していた．その狙いは，都市化による地域社会の諸問題を「自発的な住民活動を専門的に援助することを通じて解決」するところにあった（p. 130）．その啓発を受けて，近所の母親たちが語らい，地区内に子どものための施設が欲しいと役所の窓口を回り，議会事務局職員に勧められて児童館建設の請願運動を始めたのだった．

　学校の保護者会や町会を通じて署名集めが行われた．公共施設不足は地区の共通認識だったため，活動開始から2カ月で3000人超の署名が集まった．一方で軋轢もあった．町会長に了解を得たはずの署名集めは，自営の高齢男性を中心に固まりつつあった「町内社会」（p. 25）の秩序を乱すものと受け取られた．黎明期の学童保育クラブを支援する父母会など諸団体の合流は，推進力となったが，主導権争いも生んだ．盛り上がりを見てすり寄ってきた革新政党内の勢力争いに利用されかけ，これに嫌気がさしたメンバーの離脱もあった．

　請願は議会で採択されたが，行政の対応は母親たちの要求からはほど遠かった．そこで彼女らは，PTAの母ゼミ，スポーツ・サークル，子ども会，文庫活動（私設の図書室）等々を糾合した連絡組織を結成し，建設用地の目星もつ

---

29)　玉野和志 2005『東京のローカル・コミュニティ：ある町の物語 1900–80』東京大学出版会，第4章．

けて，6000人を超える署名を集め直し，改めて議会に請願した．

　これによって建設計画が動き出したものの，子どものための施設から，地域全体で利用するコミュニティセンターへと変質した．母親たちの望みは子どもの成長を助ける教育文化環境の充実にあった．そのために，教育委員会所管の図書館司書や社会教育主事が常駐して専門的サービスを提供する児童センターを求めたのだった．他方で行政の狙いは，住民参加を組み込みタテ割り行政を排した多目的施設の建設であり，経費節減であった．その結果，簡易な図書室があるだけで，司書も社会教育主事も配置されない施設となった．

　以上，運動の経過を抜粋して書き連ねたが，同書は運動の描写を通じて，本書にも関わる政治変動や行政の行動原理が浮かび上がるように構成されている．その部分を玉野の分析を含めて，以下に若干図式的に紹介する．

　母親たちが推進した施設が計画段階で変質した背景には，政治状況の2つの変化があった．第1にこの自治体を率いる革新首長が相乗りに転じたことである．同時期に美濃部亮吉革新都政から自治省出身の鈴木俊一知事の保守都政への交代があり，行政改革と開発行政へと舵が切られた．これにより市区町村レベルでも社会教育部門の人員削減が進んだ．

　第2にコミュニティ行政という新たな方針を自治省が推進し始めたことがある．そのあおりで施設建設の主導権は自治省系の総務部門に移り，母親たちと連携してきた社会教育部門が外された．コミュニティ行政は，革新陣営が参加を推進したことを意識して理念としては住民参加を謳うが，その実態は住民参加の新しい担い手を育成するより，総務部門とつながりが深い町内会を活用し，町内会長に事務を委嘱し肩代わりさせるものだった．

　玉野によれば，革新自治体が志向したのは，社会教育を通じて住民の学習と主体的活動を促し「新しいタイプの住民を個人の自発的な意思によるボランタリーな集団へと組織化していくこと」であり，革新支持層の拡大もあった．これと対抗関係にあるのが「町内会や自治会などの既存の地域組織」だった（p. 156）．この関係は，第4章の官僚支配モデルを想起するとわかりやすい．

　しかし，玉野が描く町会長たちは，革新に対抗する保守支持層といった単純な図式に収まらない，したたかさをもつ．自治体の担当者は，事務を担ってくれる町会長をおろそかにはできず，町会こそが地域を代表するとみている．町

会長たちは，日頃から行政に協力することで一目置かれ，首長と懇談できる地位を占め，保守系議員の選挙を支えることで政治ルートを維持する．いざとなれば，決定権をもたず融通の利かない行政職員ではなく，政治家を動かす．

　一方，こうした権力のあり様を理解しない母親たちは，請願運動によって建設決定を勝ち取っても，日常活動を積み重ねてきた町会長たちに後れを取り，計画段階で影響力を行使できなかった．コミュニティ行政として進める計画が決定されてしまい執行に移された後に，社会教育施設へと揺り戻すような要求を繰り返す請願運動は，区から敵視されるようになったと玉野は説く．また，行政の担当者が執行段階で参加を唱えても，所詮は行政活動に役立つ意見しか聞かないことにも触れ，名目的参加（☞第5章）の限界を明らかにしている．

　玉野は，民主的な自治を実現するためには，「政治的な意思決定が民主的に行われるだけではなく，いったん決まったことが人々の参加と協力を得て民主的かつ確実に実行されること」が必要であり，そのためにはいずれの過程にも「責任を持って参画するだけの覚悟と行動力」が求められると論ずる（p. 188）．

　物語の結末で，あらゆる住民や団体に配慮された施設とはなったが，その最大の利用者は小中学校の子どもたちとなったことが語られる．町会長も含む利用者には，母親たちの運動によって建設された施設であるとの記憶が残ったと締めくくられている．

逗子の市民運動 [30]

　森元孝著『逗子の市民運動』には，在日米軍弾薬庫跡地に計画された米軍住宅建設に反対し，緑地の保全を求めた市民運動の軌跡が描かれている．1982年から10年余にわたり続いた運動の始まりは，防衛施設庁のボーリング調査に危機感をもった市民が連日数十人，旧米軍施設のゲート前に集まったことだ．そのまま運動体を結成し，日米両国政府への訴えを続け，計画の一部変更（高層化による住宅用地の縮小）と残った森の保全に合意するまで続いた．

　かねてから国と米軍に弾薬庫跡地の返還を求めてきた逗子市は当初，計画中止を求め，町内会を動員してデモ行進を実施，市議会は建設反対を決議した．

---

30)　森元孝 1996『逗子の市民運動：池子米軍住宅建設反対運動と民主主義の研究』御茶の水書房.

一方，ゲート前に集合した市民たち（反対派）は，官製の運動とは別の団体（守る会）を結成し，アメリカに代表を派遣して国防長官に計画の再検討を求める署名簿を届け，国内外の自然保護団体と連携してシンポジウムを開催，後のことだが，連邦政府やアメリカ世論に訴えるロビイングまで行った．

バブル経済に向かって激しく開発が進む時代にあって，基地内にあるがゆえに残された緑地は貴重だった．その保全を住民投票で市民に訴え，市政に反映させるべく，守る会は条例制定を求める直接請求の署名運動を始めた．

これに対して市長は，計画は覆らないとみて，経済的見返りを条件に米軍住宅の受け入れを表明し，議会も賛成を決議，市と共同歩調をとってきた市民団体も賛同した．反対派の直接請求は，間接民主制（代表民主政）に基づく市政運営を妨げるという市長意見を踏まえて，議会に否決された．

反対派は，市長が市民の知らないところで交渉し受け入れを決めたこと，直接請求が否決されたことに加え，その際に議員が「政治はプロに任せとけ」（p. 169）と言い放ったことなど，代表民主政にありがちな市政運営に反発，署名を集めて市長のリコールを成立させた．

この2つの署名運動を通じて反対運動は市民の間に急速に広がった．それに寄与したのは，以前から地域に根付いていた様々な活動だった．森は同書の中で，運動参加者が運動以前から宗教，ボランティア，PTA，町内会，自然食の会，生協等々の複数団体に所属していることを特定し，個人と団体のクロス表（引用略）に要約することで，ネットワークの重なりを可視化している．

それが運動の広がりにどう寄与したかを示すのが図表6-6である．下から5,15, 25という人物がもつ人的つながりを表す[31]．例えば，ゲート前集合時から参加した5さんは，生活クラブの班長経験者で，子ども会の役員で，テニスクラブにも参加している．生活クラブを通じてP10さんなどに署名活動を依頼，自然食の会を通じて参加した6さんとは，同じ団地自治会の体操サークル仲間で，一緒に戸別訪問を行った．

15さんは11さんと共にPTAを通じて運動を知り共感して参加を決め，キリスト教活動や『婦人の友』友の会でつながりのあった34さんが参加する際

---

31)　数字は聞き取り対象者，イニシャルは議員になるなどした中心人物，「女」＋数字はそれ以外の参加者．

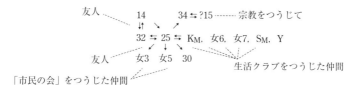

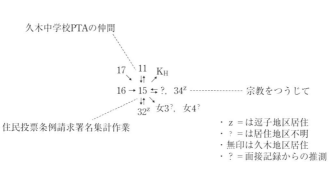

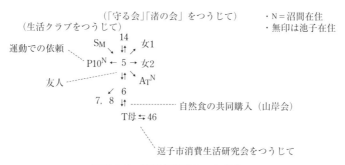

図表 6-6 運動参加者のつながり

出所：森著（注30）p. 64 図 2-4, p. 69 図 2-5, p. 72 図 2-6.

の相談にのった．また，25 さんは生活クラブの会員宅を回っていた初対面の K_M さんから署名簿を預かって署名を集めたのが手始めで，上述の市議の傲慢な姿勢に憤慨して，リコール運動から本格的に参加するようになった．

ここで注意しておきたいのは，運動参加者が所属団体の方針に従ったのではなく，一緒に活動してきた知り合いからの勧誘に心を動かされ，しかも複数のルートから情報が入ったことに後押しされたということである．

前項でも登場した町内会は，古くからある集落で存在感があったが，受け入れを容認した市長や議員とのつながりが強く，反対運動の抑止力となった．

さて，リコール成立後の出直し選挙は現職と反対派代表との対決となり，反対派が勝利した．新市長は国や県に建設計画を撤回するよう働きかけ，議会は米軍住宅受け入れ条件の履行を国に迫るなど対立が先鋭化した．そのため市を二分して新市長のリコール請求と議会解散請求が並行して進む事態となった．2つの住民投票の結果は，反対派による議会解散のみが成立，それを受けた選挙では反対派が得票数では上回ったが，過半数の議席は獲得できなかった．

　議会は膠着状態となり，新市長は国・県と非公式に交渉し，住宅建設を認める代わりに保全緑地を増やす一部譲歩した調停案を受け入れようとした．しかし，あくまで計画撤回を求める反対派からの反発を受け，民意を問うとして市長は辞職し，調停案返上を公約とした出直し選挙で再選されて調停案を返上した．続く議会選挙で反対派は，周到な票割りで推薦候補全員を当選させ，議会過半数を握った．しかし，各議員の思惑は異なり，一致して行動できなかった．幾つかの環境保全策が実現したものの，米軍住宅建設を止める手立てを欠いたまま，8年務めて市長は退任した．

　引き続き反対派が後継市長となったが，建設計画の撤回は難しい段階まで進んでいた．その市長は国と非公式に和解交渉をしていることがスクープされ，任期満了を待たずに辞職，出直し選挙で敗北し，運動体も解散するに至った．

まとめ：住民の声は届くのか

　本章では非制度的な政治参加に関する理論と実態をみてきた．副題に掲げた住民の声は届くかという問いを考えてまとめとしよう．

　2つの事例でみたように，行政に声を届け，要求を実行させるには，長期に関係を取り結び働きかけを続ける必要があった．それを有効に行うには，組織の論理を理解し，働きかけの技術を磨くことが求められた．ときには直接請求を駆使し，選挙の機会もとらえて，政治を動かさなければならなかった．

　そこまでしても，政治家が住民の意見に耳を傾けるとは限らなかった．その怒りが広く共有されたとき，今の制度でも市長の首をすげ替え，議会多数派を握ることもできた．しかし，新たに送り込まれた代表が，運動で示された市民の意思を違えずに，問題解決を図ることは容易でなかった．市の権限が限定さ

れること，権限内であっても国政，県政，国際情勢の影響を受けること，実現可能な策を突き詰めていくと図らずも市民の意思と対立して窮地に陥ってしまうことが事例では示された．第5章でみたように，代表民主政（間接民主制）と直接民主政（制）が原理的に緊張をはらむためである．

　政治参加の経験が減っていることを示すデータをみた後に，1970年代から80年代の事例を取り上げたことで，住民運動が過去のものという印象を与えてしまったかもしれない．しかし，私たちが関心を示さないだけで，住民運動と呼びうるものは今もある．第5章でデータとしてのみ取り上げた住民投票や直接請求のひとつひとつが，非制度的な働きかけや運動を伴っている．よく知られた例をあげれば，下北沢駅周辺の都市計画道路事業がある．入り組んだ路地に小さな店が集積された歩ける街の個性を破壊するものだとして，長らく反対運動が続けられ，SNSやサウンドデモなどの利用も耳目を集めた[32]．

　より静かな抗議活動は今もどこかで行われている．再開発事業や大きな道路の計画地では，反対を訴えるのぼり旗や横断幕が掲げられる．住民グループに推された少数会派の政治家が選挙ビラや街頭演説で取り上げ，差し止め訴訟なども起きている．しかし，住民投票にでもならないかぎりマス・メディアは扱わないし，人々はビラ配りの脇を通っても気にとめない．自治体に声は届いても聞きおかれるだけで，行政を動かすまでには至らないのだ．

　日常生活を送る中で，人々の共感を得て運動のエネルギーを持続させるのは難しい．オルソンが論じたように，そもそも運動に参加することが，自己利益を追求する個人にとって合理的ではない．そうした人々は地域の問題にどう向き合い，どのような行動をとるのか．声をあげることは無駄なのか．第7章で考えよう．

32）　三浦，前掲書．

第7章 公共財の理論と選好の表出
自治体はなぜ必要か②

10分間リサーチ ターゲット自治体について次の項目を調べよう.
1. 特色ある子育て政策や敬老政策（敬老パスなど）をやっているか.
2. 医療費が無料になるのは何歳までか（他市と比較するとよい）.
3. 65歳以上の介護保険料はいくらか（年収を決めて他市と比較するとよい）.

はじめに

　第5章，第6章で住民が自治体に不満を伝えるための制度や行動について検討した. そこから民主政や自治のあり方についても考察した. いわば政治的主体としての住民を想定してきたわけだが，本章から住民は政府（国・自治体）に税を支払って財やサービスの供給を受けると考えよう. これにより，政府に不満をもつ住民がとる行動を経済学の視点からとらえる. また，なぜ民間ではなく政府が財・サービスを供給するのかという疑問にも取り組む.

　なぜ民間ではなく政府か，なぜ国ではなく自治体かと問い直せば，地方自治（自治体）はなぜ必要かという，本書を通じた問いにもつながる. 経済学的なものの見方を出発点に，政治学や都市社会学の視点も加味して考察する.

1. 民間か政府か，国か自治体か

　財・サービスの供給という観点から，まず次の事例を考えてみよう.

　　事例　自動車が普及し始めた頃の架空の山村を思い描いてほしい. 麓の町まで道路ができて物流が盛んになったが，山奥の村まで開通するのは当分先になりそ

うだ．そこで自分たちで資金と働き手を出して作ろうという提案がでた．山を削ったり，トンネルを掘ったりすることが必要かもしれない．あなたが村人なら賛同するか．村人の間で話はまとまると思うか．

　ここで，あなたが山林経営者だったらどうか．いつか元が取れるなら，自分ひとりで道路を作るのもよいだろう．ただし，一般道は完成すればどこからでもアクセスできる．費用を負担しない村人も利用できてしまう．道路を使った商売 敵（かたき）が登場するかもしれない．トンネル付近に有料ゲートを設けることも考えられるが，それでは自分の山から先の用地買収に協力してもらえないだろう（ポイントはここではない．有料化はできない設定にしよう）．

公共財の理論

　費用を負担しない者も使えてしまう以上，多くの村人は少し様子をみて，誰かが作ったら利用しようと考えるだろう．賛同者が大勢を占めても，資金を出し渋る者がいたら話はまとまらない．抜け駆けする者が出ることがわかっているのに誰も費用を出したくないからだ．結局，道路はできず，村は便利にならない．同じことは灯台と船乗りの関係にもいえる．灯台ができれば皆が安全に航行できるが，費用を負担しない船も利用できてしまう．

　なぜこのような事態になるのか．それは繰り返しになるが，費用を負担しない者の利用を防げないことによる．また，ひとりが使っていたらほかの人が使えないわけではないこともある．施設やサービスにこれらの性質があると，個人や企業にとって，誰かが作るのを待って利用することが，自分の利益を最大化する合理的な選択となる．前章の集合行為論と同じ理屈だ．ここで合理的というのは，目的達成に最も安く効果的な方法を選ぶことだとしておく．

　こうした問題について考えてきたのは経済学である．上の事例を経済学の用語を使って説明しよう．道路のように，ひとたび供給されると誰か特定の個人だけに利用されるのではなく，集団によって共同消費・共同利用される財・サービスを**公共財**という．公共財は2つの性質をもつ．まず，皆で同時に利用できる性質を**非競合性**という．文房具や食料品のように，誰かが利用すると他は利用できなくなる財には競合性があるという．道路は非競合的である．渋滞と

いう上限があるが，そこまでは同時利用が可能だ．

　次に，誰かの利用を排除しようとしてもできない性質を**非排除性**（**排除不可能性**）という．誰かの費用負担にただ乗りしようとする者を**フリーライダー**という．公共財はフリーライダーの利用も排除できない．完成を待って使おうとするフリーライダーに道路を使わせないことは，道路本来の機能を損なう．なぜなら，一般道は誰もが自由にアクセスできてこそ，物流が活発化し生活が便利になるものだからだ．高速道路のような有料道路は，入口にゲートを設けて料金を払わないドライバーを排除できる構造をもつが，これは遠く離れたA地点からB地点へ高速で移動することを目的とする道路だから可能となる．

　改めて整理すると，公共財とは非競合性と非排除性という2つの性質をもつ財と定義される．公共財の例には，一般道や灯台のほか，警察，国防，治水などがある．これらがもたらす治安や安全，利便性は住民・国民の誰もが享受でき，誰かを排除することはできない．

　非競合性と非排除性の2つが当てはまる財を**純粋公共財**と呼び，どちらかひとつだけが当てはまる財を**準公共財**と呼ぶ．後者のうち，非競合性のみあって非排除性がない財（クラブ財）については後述する．非排除性のみがあって非競合性がない財に関しては，コモンズの問題として第11章で説明する．

　一方，上述の文房具や食料品，そして自動車や娯楽のような社会に流通する多くの財やサービスは，非競合性も非排除性ももたない．対価を払った消費者だけが独占的に利用できる．こうした財を**私的財**といい，**市場を通じて供給される**．企業などが売れると考える分だけ生産し，利益を乗せて販売する．その消費量と生産量を，価格メカニズムを通じて調整するのが市場である．

　私的財は一定の条件を満たせば，市場を通じて円滑に供給される．しかし，その性質上うまくいかない財がある．そのひとつが公共財なのである．上述のように，公共財の供給を民間に委ねた場合，フリーライダーを排除できないために，社会に必要な量が供給されない．これが**市場の失敗**である．

　ここから政府（国・自治体）の介入が正当化される．便益を受ける者から強制的に税金を徴収し，社会にとって必要な量を供給するのである．なお，民間に任せたらまったく道路は供給されないかというと，そうでもない．昔から地域社会には道普請といった慣行があり，道路整備に労働力が提供されてきた．

地方公共財とクラブ財・クラブの理論

　ではなぜ自治体が公共財を供給するのか．その財が社会にとって必要だという前提で，3つの理由づけを紹介する．本項では第1の理由づけとして，財の性質から説明する．公共財の中には，便益が一部の地域に限って及ぶものがある．これを**地方公共財**という．例えば，警察や消防は，警察署や消防署の緊急車両や署員が一定時間内に駆け付けられる範囲に治安や消火が及ぶ．これを踏まえると，上の問いには，地方公共財が多いため，自治体の役割が大きくなると答えることになる．逆に，国防や灯台は国民全体に便益が及ぶから国が担うとみるのである．道路は目的や長さで役割分担が決まっている．都道府県をまたいで主要都市を結ぶものが国道，県内の都市や駅，港湾などを結ぶのが県道，それ以外の細かい網目状の道路が市町村道といった具合だ．

　前項で準公共財に触れた．そのうちの非競合性のみがある財を**クラブ財**と呼ぶ．有資格者以外を排除できるからだ．クラブ財の理念型は，ユーザー認証を求めるアプリ（ソフトウェア）やテレビのスクランブル放送である．企業は費用を回収して利益が得られる価格を設定する．一方で利用が競合しないので，無料にして誰でも使えるようにすると社会が得る便益が最大になる．そこで政府が介入して無料化（または料金を強制徴収）するかが論点となる[1]．

　自治体研究では，テニスクラブやスイミングクラブなど，一般通念に近いクラブも考察対象となる．これらはメンバーが限定される限りで（混雑の許容限度まで）同時利用が可能である[2]．そこから会員を増やすことによる1人当たり費用の減少と混雑の悪化を比較検討することで，クラブの最適規模を探ることができる[3]．このようなクラブに見立てて，自治体の最適規模の検討に応用しようというのである[4]．もちろん自治体は様々な財・サービスを提供し，移入を拒むことも許されないので，架空の条件のもとでの考察となる．

1)　寺井公子・肥前洋一 2015『私たちと公共経済』有斐閣，第4章．
2)　ジェームズ・M. ブキャナン，山之内光躬・日向寺純雄訳 1974（原著1968）『公共財の理論：公共財の需要と供給』文眞堂 p. 183–188.
3)　Buchanan, James M. 1965. "An Economic Theory of Clubs." *Economica* 32–125 p. 13.
4)　ウォーレス・E. オーツ，米原淳七郎・岸昌三・長峯純一訳 1997（原著1972）『地方分権の財政理論』第一法規出版，第2章 p. 49–52.

リヴァイアサン仮説

　自治体が公共財を供給する第2の理由づけは，国が公共財の供給を独占すると，政府組織の肥大化を招くので好ましくないという**リヴァイアサン・モデル**に基づくものである．この説の提唱者のひとり，ジェームズ・ブキャナンは，経済学の道具立てで政府の組織や意思決定者（政治家・官僚）の行動を分析する**公共選択論**を創始した．

　ブキャナンらは，分析に当たり独占的中央政府を想定し，意思決定者の各々が自身の効用最大化を図ると仮定する．「効用」をわかりやすく「所得」と言い換えると，意思決定者は所得を最大にしようと目論む存在で，政府の収入から公共財の供給に使った残りをすべて自分の所得にしてしまう．このとき自分の所得を最大にするには，政府の収入を最大にし，公共財の量を最少にすることだ．また，意思決定者が税金を払わないで公共財から効用だけを得ると仮定するなら，自身の効用を最大化するには政府の収入を増大させるだろう．このようにして，政府は自己利益を追求する政治家・官僚が国民を最大限収奪する独占機関（リヴァイアサンという怪物）だということが論証される[5]．

　こうした意思決定者の恣意的行動は，民主的な選挙を通じて制御できるはずではなかったか．ブキャナンらは，一定の条件下ではそうではないという．例えば，ある政党が公約の後出しをできるとすると，有権者の多数派に対してのみ他党を上回る最小限度の公共財を約束し，少数者には何も与えないことで勝利できる．これにより自分たちの手元に最大の所得を残すことができる．つまり選挙で政党間の競争があっても，政治家による国民の収奪は防げない．

　選挙ではリヴァイアサンに制約を課すことができず，市民を守れないとなると，どうしたらよいか．立憲的ルール（憲法またはそれに準ずる規範）によって制約を課そうというのがブキャナンらの提案である．その中心は課税や財政支出の上限設定，起債制限や個人の財産権侵害への規制などだが，本章に関わるのは，連邦主義（地方分権）を憲法に定めることである．

　ではなぜ地方分権がリヴァイアサンとしての中央政府を制御するのに有効か．自治体が市民に課税して公共財を供給する場合は，中央政府が独占的に供給す

---

5)　G. ブレナン＝J. M. ブキャナン，深沢実ほか訳 1984（原著 1980）『公共選択の租税理論：課税権の制限』文眞堂，第2章．

る場合と異なり，過剰な課税などによって市民を収奪することができない．そうした自治体からは，人々が逃げていくからである[6]．この点は後述する．

この立場では，自治体が多いほど望ましいとされる．それにより競争が強まり，自治体が申し合わせて一斉に増税することも難しくなるからである．他方で規模が小さくなりすぎると，隣町の公共財を，その分の税金を払わずに使うことができる．そこで公共財から受益できる範囲と自治体の管轄を一致させて，地方公共財に排除性をもたせることが求められる．

こうした，中央の独占が弊害を生むという観点は，ミルの立論に通ずるところがある．守るべき自由のとらえ方が，ミルは思想と討論の自由だったが，公共選択論では経済的自由，特に財産権になるところが違う点だ．

第3の理由づけは，国だけで公共財を供給すると最適な水準にならないが，自治体がやればうまくいくという説である．このことは第3節で説明する．

2. 発言と退出：ハーシュマンの著作から

第1節のように，住民を公共財や公共サービスの消費者に見立てると，住民が政府に不満を感じたときの反応について，第6章までとは異なるとらえ方ができる．経済学者のアルバート・ハーシュマンは，消費者が採りうるオプションを発言（voice）と退出（exit）に分類し，それを政府や組織一般に応用して論じた．発言とは「企業の顧客や組織のメンバーが……自らの不満を直接表明する」行動，退出とは「顧客がある企業の製品の購入をやめたり，メンバーがある組織から離れていく」行動と定義される[7]．

第5章と第6章で取り上げた政治参加の多くは発言に分類され，この他に住民は退出というオプションを取れることになる．これを図表5-1に加筆したものが図表7-1だ．まずは原典に沿って2つの概念を検討する．

---

6) ブレナン=ブキャナン，前掲書，第9章．
7) A. O. ハーシュマン，矢野修一訳 2005（原著 1970）『離脱・発言・忠誠：企業・組織・国家における衰退への反応』ミネルヴァ書房 p. 4. 邦訳では「発言」「離脱」（矢野訳）の他に，「告発」「退出」（三浦隆之訳 1975）の語が当てられているが，ここでは（語句どおりの引用を除く）地方自治になじみがよい組み合わせを用いた．

図表 7-1　政治参加（選好表出）の手段と方法

公的制度による	直接民主政的	住民投票，直接請求（条例制定・監査・議会解散・解職）
	代表民主政的	選挙での投票，請願（陳情），パブリック・コメント，審議会
公的制度によらない	発言（voice）	SNS，デモ，住民運動，政治家への働きかけ
	退出（exit）	他の自治体への引っ越し，転校

出所：筆者作成（作表の都合上，発言は公的制度によらないものとした）．

退　出

　ハーシュマンによると，発言は主に政治学で論じられ，退出は経済学で扱われてきた．学校運営を改善させるために，政治学者は学校への苦情申し立てをしやすくすることを考え，経済学者は保護者にバウチャー（☞第10章）を配布して学校を選択させ，退出を容易にすることを考えるという．消費者が製品に不満をもったら，わざわざ企業に文句を言うよりも，次からその製品を買うのをやめて別の製品に乗り換えるだろう．そのような消費者の行動に興味をもつ経済学者が，政治に応用するときも退出を重視するのは自然なことだ．

　退出オプションはどう機能するか．ハーシュマンは経済学の概念を用いて説明する．価格が一定と仮定して，品質が低下すると消費者は買うのをやめる．退出である．これにより収益が低下する．経営者は，収益の微々たる低下には反応しない．中程度の低下には改善策を実施して収益回復を図る．限度を超えて収益が低下すると対応できず，倒産が起こる．

　地域住民を公共サービスの消費者とみて，退出オプションを当てはめてみよう．まず考えられるのは行政サービスの乗り換えである．製品を乗り換えるように，質が低下した公立学校に通うのをやめて私立学校に移るような例だ．しかし，教育には外部性（☞第8章）があるため，転校した者も地域全体の産業力や治安の水準低下という形で影響を受ける．そこで考えられるのは移住である．この場合の退出は，居住地に不満があったときに声をあげて地域を変えようとするのではなく，他の地域に出て行ってしまう行動となる．持ち家や仕事などの制約はあるが，不可能ではない．詳しくは第3節でみよう．

　自治体からの退出も，企業に対するのと同様の機能を発揮する．ひとりふたりの退出は取るに足らないが，住民の不満を放置すると退出者が増えて人口が減り，税収も減る．そうなれば，自治体は住民の不満をすくい上げて何らかの

改善策をとらざるをえない．収益が低下した企業と同じだ．そして限度を超え
て人口が減り続ければ，地域社会の維持が難しくなる．

　日本での退出の実例は，北海道夕張市である．同市は，炭鉱の閉山などによ
って長期にわたる人口減少が続いていたが，2006年度に財政再建団体となっ
たのを機に，市職員の削減，行政サービスの縮減，増税や使用料・手数料の増
額，市民病院の閉鎖などが打ち出され，これによって退出者が続出した．

　退出オプションが成り立つには，代わりとなる製品や移住地といった退出先
があることが条件になる．製品に不満がある場合に，代替品の値段が高いとか，
品質が悪いというのでは代替にならない．同様に，よりよいサービスを提供す
る地域がなければ退出できない．同じことは組織からの退出にもいえる．例え
ば，支持政党からの退出も理屈ではありうるが，他に選択肢がないから同じ政
党に投票し続けている人は大勢いる．このように，退出による不利益が利益を
上回ることがあり，そのときは発言による方が利益を得やすい．

発　言

　続いて発言という概念である．ハーシュマンは発言を「不愉快な事態から逃
避するよりも，とにかくそうした事態を変革しようと立ち上がること」と定義
し，「『利益の言明』（interest articulation）として認識されることもあるよう
に，いかなる政治体制であれ，その重要な構成要素であり，またその機能にほ
かならない」と述べている（p. 34–35）．

　ここで利益とは政治分析の基本となる概念で，政治アクターが求める究極の
望みや目標であり，行動の動機となるものである．政治家にとっての再選，官
僚の昇進・昇給・権限拡大，経営者の利潤拡大といったものを考えればよい．

　これを踏まえると，発言とは要するに，自身が何を望むかを表明して政府に
改革を迫る行動であり，それ自体が政府にとって不可欠なものだとハーシュマ
ンは述べているのである．

　ハーシュマンによれば，発言とは退出を補完するものであるとともに，退出
に代わる手段でもある．まず前者について，生まれながらに所属が決まってい
る家族や国家のような人間集団では，退出など通常は考えられない．そのよう
な退出が使えない場合に，発言が唯一残されたオプションとなる．本当に国家

から退出できないのかについては，後述するように異論もある．

　次に後者，すなわち退出に代わる手段としての発言とは，退出と発言の両方が使える場合に，発言が効果的だと認識すれば，退出オプションの行使を延期してまずは発言を試みることである．自治体に関していえば，他の地域への引っ越しが可能であるから，特にこのことは重要である．

　それでは，発言が退出より好んで用いられる条件は何か．それは「自分自身ないし他人の活動を通じて……企業・組織を『元に戻す』可能性があると評価すること」，そして退出によって他の製品や組織に移るより，今の製品・組織を「元に戻す可能性にかけることに価値があると判断すること」である．このようにして退出しない・退出を先延ばしする者の中には，自らは発言しないが「他の人たちの不満や抗議が実を結ぶと期待」する者も含まれる（p. 41-42）．

　企業の製品について，このような条件が成り立つ可能性はかなり低い．代替品が豊富な先進国では特にそうだ．これを一般的に表現すれば，発言オプションを行使する費用は高く，退出オプションは安上がりなので，発言の出番は少ないということになる．

　しかし，発言を「創造性を要する行為」（p. 89）だと評価するハーシュマンは，退出を思いとどまって発言を選ぶよう仕向けるものは，上述の組織に対する自らの影響力やその成果の見積もりだけでなく，製品や組織に対する忠誠（loyalty）も影響を及ぼすとする．忠誠とは「組織に対する特別な愛着」であり，その強さが増すにつれ問題の改善という不確性を積極的に引き受けるようになるものである．忠誠には退出を「寄せつけず，発言を活性化させる」機能があり，退出の費用を引き上げ，発言へと人々を導く（p. 86-87）．改革が内部から実現するのではないかという期待を抱かせ，退出が自由に行われれば存続できなくなる組織において，衰退がまん延するのを防ぐのである．

　さて，これを日本の自治体に当てはめるとどうなるか．上述のように日本でも退出オプションは行使可能である．発言より退出が選ばれやすいと，自治体が住民の声を受け止めて改革する機会を失って，衰退する可能性がある．そうならないよう政治参加を制度化し，発言の費用を引き下げて，退出より発言を選ぶよう仕向ける．これが公的制度の意義だとみることができる．

　しかし，日本の現状はどうか．直接民主政的手段に厳しい要件を課し，費用

を高く据え置いている．それを乗り越えても，議会によって否決されることは第5章でみたとおりである．改革する機会を自ら放棄しているのである．

発言を封じられた住民の静かなる退出は国家レベルでも起こりうる．ハーシュマンは日本のような島国は退出が難しいと考えているようだが，日本ではむしろ発言が封じられていて，不満をもつ企業や女性が退出を選んでいると主張する政治研究がある．企業は社会保障の費用負担が重荷で海外に移転し，女性は家族のケアを一手に担わされてきたことに耐えかねて，結婚や出産をしない選択をするようになった．これが形を変えた退出だというのだ[8]．

議論のまとめとして，ハーシュマンは「離脱と発言を両方とも健全に維持する必要のある制度を設計」することの重要性を指摘して締めくくっている（p. 142）．重く受け止めるべきだろう．

3. 公共財の供給と地方分権

前節で退出を地域に対する不満の表明方法に位置づけたが，それが実現するには人々が公共サービスと負担を見比べて，自分の選好を満たす地域を選んで移住できることが条件となる．経済学者チャールズ・ティブー（ティボー）の有名な論文は[9]，こうした移住が人々の選好を顕示すると論ずる．公共財に関する人々の選好を政府が把握するという難問に対して，移住（退出）が解決法となるというのである．ここから「足による投票」という考え方も導かれる．

ティブー・モデルと足による投票

国（中央政府）が公共財を過不足なく供給するには，公共財から得る便益と許容できる負担に関する人々の選好を把握して，それを反映した供給量を設定しなければならない．しかし，人々は負担を免れようと，やせ我慢したり，無

---

8) レナード・ショッパ，野中邦子訳 2007（原著 2006）『「最後の社会主義国」日本の苦闘』（*Race for the Exits: The Unraveling of Japan's System of Social Protection*）毎日新聞社．

9) Tiebout, Charles M. 1956. "A Pure Theory of Local Expenditures." *Journal of Political Economy* 64-5.

料なら過大に要求したり，偽りの選好を申告する．そこで選好の把握がいらない方法として，自治体に供給を任せることが提案される．第1節で先送りした自治体が公共財を供給することの第3の理由づけである．

ティブーによれば，公共財への適正な支出水準（供給量）を決める難しさは中央政府について言えることで，地方の支出に関しても当てはまるとは限らない．自治体による警察，消防，教育，病院等々への支出については，人々が自治体を選択することで，人々の選好が反映されやすくなるという．

人々がどの地域に住むかを決めるとき何を考慮するか．子どもがいれば自治体の教育支出の手厚さを重視するだろう．公営の余暇施設が充実した自治体を選ぶ人もいよう．治安も重要だし，交通安全や公園の充実度を気にする人もいる．そして税金や公共料金の額である．これらを踏まえてティブーは，人々は自らの「公共財の選好パターンを最も満足させる自治体を選ぶ」ものだとみる．

ここが中央と地方で異なるところで，「中央レベルでは人々の選好は一定のものとして与えられ，中央政府はその選好パターンに合わせようとするが，地方レベルでは様々な自治体が歳入・歳出の大小の組み合わせを提示し，それらの歳入・歳出の組み合わせを所与として，人々は自分の選好を最も満足させる自治体がある地域に移住する．自治体の数が多いほど，それらの分散が大きいほど，人々が自分の選好を満足させるところに近づく」[10]．つまり，高サービス・高負担から低サービス・低負担まで，様々な組み合わせを多くの自治体が提示することで，中央政府がサービスと負担の水準をある点に固定するよりも，人々の効用を高めることができるというのだ．

しかし，これには厳しい仮定がおかれている．それを要約すると，人々は移動を制約されず，雇用機会を考慮しなくてよい．各自治体の歳入・歳出を熟知し，十分な数の自治体の中から，自身の選好を最も満足させる地域に移住する．公共サービスの効果が他地域に漏れ出さない．公共サービスと負担の組み合わせのすべてに最適な自治体規模があり，それより人口が少ない地域は住民を惹きつけようとし，人口が超過した地域は逆を行って最適規模を維持しようとする．これらの条件を満たさないと，ティブー・モデルは成立しない．

---

10) Tiebout 前掲論文 p. 418.

　もちろん，このような条件をすべて満たした社会はない．重要なのは，そのような理想的状況を想定し，そこで何が起こるかを予測し現実と対比することで，現実がよりよく理解でき，問題点を探ることができるのである．

　さて，ティブー・モデルの結論に戻ると，住民自身が自分の選好に合った地域に移住するので，政府が人々の選好を把握する必要はない．ティブーの表現に従えば，「自治体が人々の選好に合わせようとするのではない．最適な数の住民を集める自治体が，経済システムによって選ばれたように見えるのである」[11]．これが「足による投票」につながる命題である．

　足による投票とは，人々が自分の選好に応じた地域に移動することを一種の投票とみなす比喩的表現である．居住地の公共サービスに不満がある市民は，ハーシュマンのいう発言によって地域を変えるより，手っ取り早く退出を選び，自分が気に入ったサービスを提供している地域に移り住むことを考えるはずだ．それがあたかも地域に対する投票のように機能し，自治体は人々に選ばれるように改善を図るというのである．

　そのよい例が子育て政策である．保育所が足りない地域から子育て世代が出ていき，保育所に空きがある地域に移り住むことが起こる．子どもの送迎サービスがあるか，子どもの医療費無償化があるか，何歳まで実施されるかも，子育て世代の居住地を決める判断基準のひとつになっている．良い学校があるかどうかは更に重要である．こうした人々の行動をみて，自治体はこれらの政策を取り入れ，中高一貫校が人気となれば採用し，結果として同じような政策を，時には無理をしてでも，取り入れていく．

　ここで重要なのは，足による投票を通じて自治体間に競争が生じ，公共サービスの改善が図られることだ．そこには，自治体が人々を惹きつけようと競争し，人口を維持しようとサービスに努める**地域間競争**が含意される．

分権化定理

　ティブー・モデルに地域間競争も加味して地方分権の意義づけをした経済学理論に，ウォーレス・オーツの**分権化定理（分権定理）**がある．地方公共財は，

11）　Tiebout 前掲論文 p. 420.

国が大量供給したら安くなるといったことがないので，自治体がそれぞれの地域においてパレート効率的な水準で供給した方が，国が供給するよりも必ず効率的になるという命題を論証したものである [12].

　パレート効率性とは経済学の基本的な概念で，「他の誰かの状況を悪化させることなしには誰の状況も改善することができない資源配分」を意味する [13]. パレート最適ともいう．例えば，誰かの希望を満たすために公共財を増やす（減らす）と別の誰かの便益が下がる（希望に反する）状態に達しているということである．これを自治体ができて国ができないのは，国はすべての地域に対して一様に，ある一定の水準で供給することになるためである．それでは供給量が多すぎる地域も，不足する地域も生じてしまう．

　分権化定理が示した分権化のメリットは，足による投票によって更に引き出される．類似の選好をもった人々が足による投票によって集まってくるので，自治体は住民の選好に合わせた公共財の供給がしやすくなるからである．また，足による投票は，政府間競争を生み，自治体の効率化を促すのである．

　オーツの表現によれば，「中央政府は，経済安定の問題と所得分配の問題をもっともよく解決できる」が，他方で地方政府がないと「公共財の消費が画一的になったり，公共財の生産面における技術的浪費が発生したりして，厚生面での深刻な損失が生じがちになる」という．オーツは，両者の長所を兼ね備えているのが地方分権（連邦制的政府構造）だと主張するのである [14].

4. 退出がもたらすもの

　ここまでみてきた移住による選好表明や地域間競争は，よいことばかりではない．考えうる問題を挙げ，それを踏まえた都市政治研究を紹介する．

---

12)　オーツ，前掲書 p. 38-39 の定義を簡略化した.
13)　ジョセフ・E. スティグリッツ，藪下史郎訳 2003（原著 2000）『スティグリッツ公共経済学　第2版　上』東洋経済新報社 p. 70.
14)　オーツ，前掲書 p. 13.

底辺への競争と福祉の磁石

第1の問題は，**底辺への競争**（race to the bottom）である．この語はオーツが用いたことが知られている．国家間では，企業が法人税率の低い国に移転するのを防ぐ税率の引き下げ競争がある．租税競争とか財政競争とも呼ばれる．

同様の事態は，自治体間でも起こりうる．租税だけでなく，環境基準や労働基準を緩和したり，強化を見送ったりする競争もある．企業にとって厳しい規制を守るには費用がかかるので，それがない地域は魅力的だ．それを見越して自治体が基準を緩めてしまうと，住民や労働者の健康被害が生じる．それはあってはならないが，自分だけ厳しくすると基準が緩い地域に企業が逃げていってしまうことが心配になる．互いに牽制しあう結果，規制基準などの緩和競争が起こる．同様に，企業誘致のために固定資産税等の減免を行い，子育て世代を惹きつけるために医療費の無償化を行う．隣市，隣県を意識して過剰にサービスを行えば財政運営に支障を生じる．これも一種の底辺への競争である．

日本の企業誘致競争は，**工場（企業）誘致条例**などを制定して行われた．1950年代から60年代にかけてが特に激しかった．しかし，大企業にのみ適用されて，地元経済への恩恵が小さいことも多かった．

子育て政策をめぐる競争は，少子化対策が求められる現在が特に熾烈で，財政力が弱く競争に耐えきれない自治体からは悲鳴が上がっている．

第2の問題は，**福祉の磁石**（welfare magnet）である．手厚い福祉政策を実施する市に，現金給付やサービスを目当てに失業者や低所得者が集まってくることを意味する．日本でも工場誘致に成功して財政に余裕ができた市の手厚い福祉を目当てに人が集まるという風聞があるが，幾人かが隣町から移ってくる程度である．むしろ，そのような物語がまことしやかに語られることが政策決定に影響を与える．ホームレスシェルターの建設計画はもとより，児童相談所や児童養護施設に対してさえ反対運動が起こる．低所得者向け公営住宅の建設に議会の承認が得られにくい背景に，持ち家層の反感があるとされてきた[15]．

---

15) 行政管理研究センター編 1985『政策実施過程における負担と関与の在り方に関する調査研究結果報告書』．

都市の限界

足による投票の帰結として底辺への競争や福祉の磁石が予想されるとなると，都市ができる政策に限界がみえてくる．例えば，富裕層に負担を課して福祉政策を進めるのは難しいのではないか．こうした懸念を表明し，検証を試みた都市政治研究を紹介する．

都市の限界（city limits）とは，アメリカの都市政治学者のポール・ピーターソンが，同名の著書で提起した仮説である[16]．地域権力構造論（☞第4章）の系譜を引き継ぎ，経済学的観点を加味したものだ．その要旨は，アメリカの都市において市長は町のセールスマンであり，開発政策に力を入れて企業誘致競争に血道を上げ，他方で再分配政策は実施しないというものである．

ここで**開発政策**とは，産業誘致，オフィスや住宅建設，交通・通信インフラの整備など，開発投資によって経済を成長させ，市の経済的地位を向上させる政策類型である．第4章でみたように，地権者や商工業者を中心に広く恩恵が及ぶと期待され，反対者は立ち退きを迫られる一部住民にとどまる．また，他の市との競争を勝ち抜いて中央政府の資源をぶんどり，巨額投資を実現させれば，政治家の評判が高まる．この点でも好まれる．

もう一方の**再分配政策**は，福祉，失業保険，低所得者向けの公営住宅や保健医療など，富裕層から貧困層への所得の移転を伴う政策である．負担に見合った受益がないことを嫌う富裕層の退出を招きかねず，福祉の磁石によって市の経済に負担となる可能性がある．ピーターソンによれば，豊かな市だけが高い水準の再分配政策を維持できる．

同様に，**規制政策**も市が実施をためらう政策類型である．これは公害対策，環境保全，労働者保護など，個人や企業に一定の行動をとらせる政策で，前項でみたとおり，底辺への競争が懸念される．

再分配政策や規制政策は中央政府が行わなければならず，アメリカでは実際にそうなっているというのが，ピーターソンの観察である．市の政治には，権限不足のような制度的な制約があるだけでなく，上のような社会経済的な制約が課されており，それらが市の政策選択に影響し，市は全体としての市の利益

---

16) Peterson, Paul E. 1981. *City Limits*. Chicago: University of Chicago Press.

に合致した政策を選びとるしかないというのだ.

　ただし，すべての市に共通する利益や目標は存在せず，市の経済的地位の向上が唯一ほとんどの市で重視される利益である．市は国のように境界を越えた人口や資本の移動を規制できないので，土地利用規制や市税などの限られた政策手段によって良質の労働力や資本を引き付けようとして競争する．そこで市が取りうる政策手段の少なさが「都市の限界」となり，その限界の中で市の利益を最大化しようとする試みが開発偏重の公共政策を形作るのだという.

　この主張の裏付けとして，ピーターソンはアメリカの都市の財政データを用いて統計分析を行い，再分配政策は財政に余裕のある地域でしかできないこと，開発政策は財政能力から比較的自由に実施されること，これらによって公共政策の大きな部分が説明できてしまうことを示した．そして，市の政策決定は政治家の資質や政党の強弱，利益集団の活動といった政治的な変数ではなく，長期的な市の経済的利益に制約されていると結論した.

まとめ：どちらが現実の自治体の姿か

　本章では経済学の概念や理論を援用して，国より効率的に公共財を供給できる自治体と地域間競争に翻弄される自治体という2つの姿を描いてきた．どちらも単純化されたり誇張された理論上の描写であるが，日本の自治体の現実の姿に近いのはどちらなのかを考えることで，現実の理解に役立てよう.

　第2章でみたように自治体の守備範囲は広い．その中で公共財がどれほどを占めるかは第8章で検討する．本章の理論を頭において読んでみてほしい.

　ティブー・モデルや足による投票は，日本でも成り立つだろうか．例えばアメリカでは，教育改革を提案する際，教育を所管する学校区と呼ばれる自治体における固定資産税の税率引き上げがセットで有権者に提案される[17]．住民は便益と負担をセットで考慮できる．これに比して日本では，自治体が税率を自由に決められないため（☞第9章），負担面で多様な政策パッケージを自治体が住民に提示できない．しかし，10分間リサーチで調べてもらったように，

17）　オーツ，前掲書 p. 12.

手数料や保険料では差がついている．サービスにも違いがある．

　あとはどこまで前提条件を満たせるかだ．例えば政策に関する情報について
は，子育て情報誌など特定の層に向けた情報媒体があり，インターネットによ
って格段に情報が入手しやすくなった．移住に関しても，借家住まいが多い子
育て世代は比較的制約が小さいだろう．

　リヴァイアサン・モデルの仮定は現実離れしているかもしれない．しかし，
国の政治家が政策活動費を手放さなかったり，「お友達企業」を優遇したり，
官僚 OB が天下りポストを執拗に求めたりといったニュースに接すると，あな
がち的外れでもないと感じるところもある．アメリカではこの理論を論拠のひ
とつとして，連邦政府の債務上限を議会が定めたり，州レベルでは課税や収
入・支出の増加に憲法で制限をかける例もあるくらいだ．

　底辺への競争や都市の限界が日本にも当てはまるか検討するのも面白いだろ
う．例として企業誘致競争を取り上げたが，その後は公害問題が深刻化し，自
治体が先導して公害対策が進められ（⇨第 3 章），環境アセスメントのような事
前対策も整えられた．これは都市の限界を超えた自治体の活動といえるかもし
れない．理論が現実に当てはまらなければ，それはなぜかを考えるとよい．理
論を修正し，新たな理論を発見するチャンスになりうる．国の後追いや国の水
準までの環境対策しかできなかった自治体もあったことを視野に入れて考えて
みるとよいだろう [18]．次章では，本章の理論がどこまで当てはまるかを考え
ながら，自治体財政について学んでいこう．

---

18)　伊藤修一郎 2002『自治体政策過程の動態：政策イノベーションと波及』慶應義塾大学
　出版会．

第8章 | 財政①（歳出）
その仕事をなぜ自治体が担うのか

10分間リサーチ ターゲット自治体の財政課ウェブサイトにある財政状況資料集（都道府県の「市町村要覧」や「財政状況等一覧表」でもよい）や予算概要，広報紙（3月号か4月号）をみて，次の項目を調べよう．
1. 一般会計の規模（歳出額），目的別歳出の内訳（特に民生費の割合）．
2. 性質別歳出でみた義務的経費の割合．

はじめに

　本章では地方財政を，年度単位の支出である**歳出**の面から理解する．第7章で道路や警察といった公共財の供給を，なぜ民間でなく政府が行うか，そしてなぜ国ではなく自治体が行うかを説明する理論を紹介した．そこには人々の移住によって選好が示されるという経済学の学説が反映されていた．それは自治体による政策介入を正当化し，地方分権を擁護する理論でもあった．

　しかし，政府がどの範囲の仕事を行うかは，国民の要請を受けて政治が決めるものだ．実態が理屈どおりになっているとは限らない．新自由主義的信念をもつ政治指導者のもとで政府の役割が縮小され，市場が肩代わりしているかもしれない．逆にリベラルな政権が多くの仕事を抱えていることも考えられる．そこで日本の地方財政に公共財の理論がどこまで当てはまるか考えてみよう．

1. 理論がどこまで当てはまるか：明治初期の地方歳出

　まずは基本的機能に限定されていた明治初期の地方行財政をみるのがわかりやすい．近代的な地方行政は，明治維新から間もない明治4年（1871年）に

戸籍法が制定されたところから始まる[1]．同法第1則では，戸籍の編製のために区を設け，戸長をおいて事務に当たらせることを定めた．これが地方の役所の出発点といえるものである．戸籍から始まったのは，戸数・人員を調査し生死・出入を記録することが統治の本質であり，行政事務の基礎となるからである．明治4年の戸籍法前文には，このことが詳しく説明されている．要約すれば，「全国人民の保護」が政府の本来の仕事であり，戸籍によって人民を詳細に把握することが保護の大前提だというのである．

　また，歴史的事情としては，江戸幕府から明治政府へ権力が移行する間隙に，それまで身分によって土地に縛り付けられていた人々が流動化し，都市に流入して治安が悪化したことがある．そこで改めて戸籍によって人民を居住地に結びつけて統一的に把握し，治安回復に役立てる意図があった[2]．つまり，戸籍自体が治安という公共財と関わりがあるといえる．

　では，人民の把握を前提として，いかなる事務が行われたのか．明治政府は富国強兵を目指して近代化を進め，明治5年（1872年）学制布告，6年に地租改正，徴兵令の施行と，矢継ぎ早に打ち出した．その実施には，学齢期の児童，土地の所有者，成年男子（と兵役免除のための家族構成）を把握することが必要であり，戸籍はこれらの基礎資料となった．

　これを地方の歳出面からみよう．図表8-1は明治12年（1879年）の道府県・町村の費目別歳出である．府県に地方税が創設された翌年で，他の歳入費目との区別もあいまいな時期のものだが（☞第12章），概要をつかむために示した．道府県で最大の支出分野は役場費であり，郡役所や戸長役場の建設運営費と給与を含んでいた．これに続くのが警察費，土木費，教育費，衛生費だった．町村で最大の歳出費目は土木費で，教育費，役場費，衛生費と続く．

　これらを費目名でみるかぎり，概ね公共財の供給に関わるものといえる．まず役場費は，戸籍を編製し，徴税・徴兵を行い，以下に述べる公共財を供給する事務の費用である．警察費は治安維持にかかる費用である．国防と警察が，公共財の例として挙げられることは，第7章で述べた．ただし，理屈ではそう

---

1) 本書では西暦表記を基本とするが，明治維新からの年数や時代区分をイメージしやすく表すために，主に明治・大正期で和暦を優先して表記する．
2) 東京百年史編集委員会編 1979『東京百年史　第2巻』ぎょうせい p. 375.

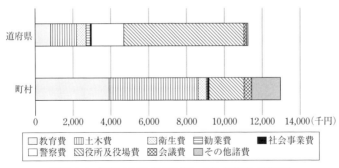

図表 8-1　明治 12 年（1879 年）の地方歳出（費目別）
出所：東洋経済新報社編 1926『明治大正財政詳覧』に基づき筆者作成.

だが，この時代の警察は不平士族や自由民権運動の抑圧にも用いられ，庶民が便益を感じにくいものであった．都市を抱える県で警察費の割合が大きかったが，その不満から減額が求められた[3]．

　住民からは土木費や勧業費の方が，地域の発展につながると受け止められた．当時の道路や橋を建設する費用は，官費（国の補助金）・県費（地方税）と協議費（町村負担）・地元寄付金が 1 対 2 の割合となっていて[4]，町村と地元住民の負担が大きかった．それでも納得ずくで整備が進められた面もあった．

　例えば，自由民権運動の弾圧者として知られる三島通庸は，明治 5 年から 17 年（1884 年）まで酒田県，鶴岡県，山形県，福島県，栃木県の県令（今の県知事）を務め，道路整備に力を入れ，殖産興業を図った．強引な手法に批判がある一方，地方の交通インフラを整備した土木県令として評価もされる．

　衛生分野も府県，町村共に支出がある．明治期は伝染病の予防が衛生行政の最大の役割であり[5]，これも公共財の供給とみることができる．なお，支出割合が小さいのは，感染者の隔離などを警察が所管したためである．

　社会事業費は，今の民生費（福祉関連の費用）と労働費に当たる．前者は現

3)　神奈川県県民部県史編集室編 1980『神奈川県史　通史編 4　近代・現代（1）』第 2 編第 3 章第 3 節（神奈川県立公文書館の「デジタル神奈川県史」からアクセス可）.
4)　北原聡 1997「明治前期における交通インフラストラクチュアの形成：山形県における三島通庸」『三田学会雑誌』90 巻 1 号.
5)　宗前清貞 2020『日本医療の近代史：制度形成の歴史分析』ミネルヴァ書房，第 2 章.

代の地方行政で最大の支出先だが，当時の割合は小さい．それも公共財の理論だけで正当化することが難しいという後の説明を知ると納得がいくはずだ．

　明治期の町村で教育事務の比重は大きかった．教育は個人が便益を得る私的財の性質がある．同時に社会に良い効果を及ぼす点では公共財的でもある．義務教育の確立は明治33年（1900年）の小学校令改正によるとされるが，上述した明治5年の学制公布に当たって発せられた太政官布告にも，「自今以後此等の弊を改め一般の人民他事を抛ち自ら奮て必ず学に従事せしむべき様心得べき事」として，小学校にはすべての子弟が必ず入学しなければならないという基本方針が示された[6]．そこには個人の立身出世のためという目的が強調されており，学費は原則就学者負担となっていた．他方，人材育成は明治政府の富国強兵に必要だと考えられていた．学校運営の費用は，例えば神奈川県の例では学費と半ば強制された寄付金，そして学区内集金で賄われた[7]．後二者を政府による強制とみれば，受益者負担との混合となる．これをどうみたらよいか．節を改め，現代の歳出を考える中で検討しよう．

2. 現代の地方歳出をどうみるか

　現代の自治体の仕事は，道路や警察などの公共財の供給が中心だった明治初期から大きく広がった．学校教育や福祉政策など，公共財と言い切れないものを自治体が提供することは，どう説明できるか．より広く，政府による政策介入をどうみるか，国と自治体の役割分担の実態とともに考えてみよう．

価値財と外部性

　教育には，それを受けた生徒の能力が向上し生涯所得が高まる効果がある．学ぶこと自体が楽しみであり，人生を豊かにしてくれる．だから，便益を受ける個人が費用を負担すべきだとも考えられる．実際，私立学校の授業料は個人負担だし，公立高校もそうだ．つまり，教育は私的財の性質をもつ．他方で，

6)　文部省編 1972『学制百年史』帝国地方行政学会（文部科学省ウェブサイト）第1編第1章第1節2.
7)　前掲『神奈川県史　通史編4』第1編第2章第3節.

公立小中学校の授業料は徴収されないし，私学にも国・自治体の補助金が交付され，高校の授業料無償化も広がっている．これはなぜか．

　社会にとって（ときに個人にとっても）価値があると政府が認めた財・サービスを**価値財**と呼ぶ．教育や前章で触れた低所得者向け公営住宅などがこれに当たる．価値財の供給になぜ政府が介入するのか．政治的な価値判断によるという説明の仕方もあるが，ここでは社会全体に与える良い影響が大きいからと考える．教育を受けた子どもたちが長じて経済を発展させ，社会の支え手になる．人々が豊かな人生を送る社会は安定しているだろう．

　逆に私的財の側面を強調し，すべての学校教育を私立学校で行うこととし，授業料は個人負担としたらどうだろう．多くの子どもたちが授業料を払えずに教育を受けられないことになる．これは社会にとって望ましいとはいえない．

　市場を通さずに便益や負担が社会に及ぶことを**外部性**という．学校教育の例のように便益をもたらす場合を**外部経済**（正の外部性），費用負担をもたらす場合を**外部不経済**（負の外部性）という．後者の例には，生産活動に伴う公害が挙げられる．価値財はこの観点からも説明できる．

　前章で市場の失敗に触れたが，外部性が発生する場合も市場の失敗が起こる．企業活動としては採算がとれない地方交通機関や研究開発など，社会に必要な財や活動が不足するとか，公害の原因企業が費用を負担しないために防止措置がとられないとか，価格メカニズムによる調整が利かないことが失敗とみなされるのである．そのため，市場に代わり政府が介入することが正当化されるというわけだ．ただし，どこまで政府が担うかには政治的議論が必要だ．

　介入の方法としては，様々な政策手段が用いられる．まず，自治体が公立学校を設立運営するといった**直接供給**，一定の教育内容と水準を満たした私学に対する**補助金**支出などがある．また，公害のような外部不経済に対処するには，汚染物質の排出をやめるよう働きかける**行政指導**（説得）があり，基準の設定，監視，違反に対する罰則適用を組み合わせた**規制**がある（☞第 11 章）．更に，排出企業に対する**課税**や住民に対する**情報提供**もある[8]．

---

8)　政策手段のいろいろについては，伊藤修一郎 2022『政策リサーチ入門：仮説検証による問題解決の技法　増補版』東京大学出版会，第 6 章.

現代の財政支出と役割分担

　以上のような理屈が現代の政府活動にどこまで当てはまるか，財政支出の面から確認しよう．図表 8-2 は日本の国・地方を合わせた財政支出を分解した図である．縦の帯の長さで目的（政策分野）別の割合を示し，横の帯幅をみることで，国と地方の分担割合がわかる．全体としての支出割合は国・地方が 4 対 6 であることに留意しておく．

　なお，ここには一般行政部門の経費である**普通会計**のみが図示されているが，地方財政には他に**公営事業会計**があって，上下水道，交通，病院などの公営企業，国民健康保険，介護保険などを別建てで集計した会計がある．本章と次章では主に普通会計を扱う．

　図表 8-2 には主な政策・事業名のみが載るが，保健所，警察・消防，道路，河川，防衛，戸籍などの公共財関連とごみ処理，学校教育，社会教育，公営住宅など外部性をもつ財の供給が多くを占めていることがわかる．順にみていく．

　まず，**衛生費**が政府支出全体に占める割合は 3.8% である．そのうち地方の支出割合は 98% を占める．衛生費とは，病院や保健所の設置，ごみの収集・処理といった，医療や公衆衛生，環境衛生の仕事である．

　これらを自治体が担う理屈を順に考えていくと，医療は人々が社会で健康に働けることに外部性が認められる．公衆衛生は前節でみたとおり明治期以来の施策である．徐々にシェアが低下し，保健所を減らした自治体もあった．そこに新型コロナウイルス感染症が直撃し，改めて社会にとっての重要性が認識された．ごみ収集も家庭が直接の受益者だが，すべて市場に委ねれば，企業に収集代を支払えない（支払わない）家庭のごみが放置・投棄されかねない．そうした光景を思い浮かべれば，正の外部性があることがわかる．

　学校教育は都道府県が負担する教員人件費が大きく，地方負担分が 87% である．社会教育は公民館，図書館，博物館などで，同 81% だ．両者を合わせて財政支出全体の 10% を超える．学校教育同様に，社会教育にも外部性がある．社会教育はそれを受けた個人の能力や教養を高めるだけでなく，地域社会の文化水準を高め，ひいては住民の幸福感を増進し，政治参加を盛んにして地域の課題解決にも寄与することは，第 6 章の事例でみたとおりだ．

　典型的公共財の警察・消防への支出は 4.1% である．都道府県警察の役割が

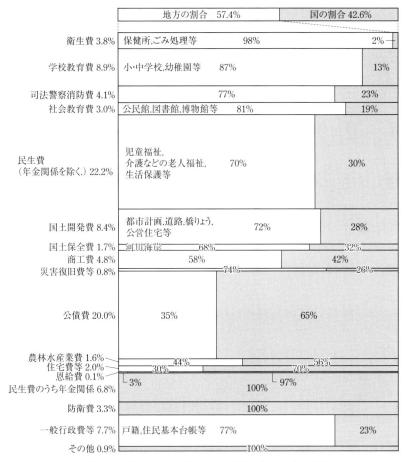

図表 8-2 財政支出の目的別割合と国・地方の支出割合

出所：『地方財政白書』2021年度版，第2図（2019年度決算）.

大きいので，地方の支出割合が80%に迫る．

民生費は支出全体に占める割合が20%を超え，かつ地方負担割合も70%と大きい．ここには保育などの児童福祉，介護などの高齢者福祉，障害者福祉，生活保護といった社会福祉の諸施策を広く含む．医療・衛生と同様に，福祉にも外部性がある．障害や持病，体力や運動機能の衰えがあっても支援を受けて生活でき，社会参加できる社会は安定し，経済活動も盛んである．

国土開発・国土保全・災害復旧への支出も合計で 10% 超の大きな割合を占める．ここには都市計画，道路・橋りょうの建設・維持管理，堤防やダムなどの河川管理，海岸整備といった土木系の公共財が含まれる．

このほか，商工業や農林水産業などの産業振興にも資金が振り向けられている．また，7.7% を占める一般行政費等に戸籍と住民基本台帳が挙がっており，77% が地方の負担となっていることに注目しておきたい．こうした住民を把握する仕事は公証事務と呼ばれ，現代でも基礎的自治体である市町村の仕事の基本なのだ．

国の財政支出が 100% の分野は，年金と防衛だけである．防衛費は財政支出の約 3% を占める．戦前・戦中の国防政策では徴兵制が採られていたが，戦後廃止された．以上をまとめると，第 1 に純粋公共財の多くを政府が供給していること，第 2 にそれにとどまらず価値財の供給も多いこと，第 3 に自治体の役割が極めて大きいことがわかった．

3. 地方財政の目的別歳出

図表 8-2 では国の歳出との合計を示したので，地方財政の規模感がわかりにくいと思う．そこで図表 8-3，8-4 で都道府県と市町村の歳出をみよう．ほぼ 5 年ごとの目的別内訳（積み上げグラフ，左目盛）と歳出総額（折れ線グラフ，右目盛）を示した．2020 年度以降は異例のコロナ対応が行われたので 2019 年度までとした．なお，図は都道府県／市町村の合計なので，自分のリサーチ結果と比べてほしい．

目的別歳出の費目と割合

まず，2019 年度における歳出の内訳からみよう．図の右端に注目されたい．民生費は国・地方の総額も地方支出分も大きいことを第 2 節で説明した．市町村で最大，都道府県では 2 番目に大きな支出分野だ．ここまで増大した一因は高齢化の進行である．近年の急増は児童福祉費による．民主党政権の子ども手当によって拡大し，自公政権の児童手当に引き継がれた．これらは国の政策なので不思議に感じるかもしれないが，国の財源が自治体財政にいったん入って，

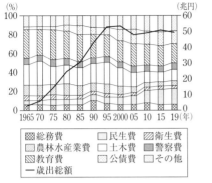

図表 8-3　都道府県目的別歳出の推移

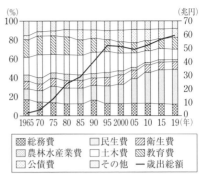

図表 8-4　市町村目的別歳出の推移

出所：『地方財政白書』各年版により筆者作成（図表 8-5, 8-6 も同様）.

自治体から対象者に支給されるので，地方の支出となるのである.

　教育費は第 2 節の学校教育と社会教育の合算である．都道府県で最大の割合を占め，市町村では 2 番目に大きい．市町村立学校の費用が大きいためであり，特に都道府県が教員給与を負担（国が 3 分の 1 を負担）するためである．後述のように，近年は少子化の進展とともに減少傾向にある.

　公債費は地方債，すなわち借入金の元金・利子の支払い費用である．都道府県では 3 番目，市町村では 5 番目の大きさだ．**土木費**は都市計画，道路・橋りょう，住宅，治水施設などの建設・維持管理の費用である．都道府県・市町村とも 4 番目に位置し，減少傾向にある．**総務費**には様々な事務が含まれる．市町村で 3 番目に大きいがその理由は公証事務などの窓口業務を担うためである．衛生費や警察費は第 2 節で説明した．後者は都道府県で大きい．グラフにないが市町村は消防費なども支出する．皆さんのリサーチ結果はどうか.

目的別歳出の推移：自治体総合計画から

　続いて歳出の推移をみよう．折れ線グラフが名目の歳出総額を示している．1965 年度の都道府県の歳出総額は 2 兆 7090 億円，市町村が 1 兆 8277 億円である．これが急拡大し，1980 年度に都道府県 24 兆 5689 億円，市町村 23 兆 6845 億円となり，1990 年代一杯上昇して，その後は概ね横ばいとなった．2019 年度は都道府県が 49 兆 3390 億円，市町村が 59 兆 4363 億円である．

このように急激に拡大した地方財政はどこに費やされたのか．自治体は総合計画という，政策を総ざらいしたような冊子を数年おきに刊行している．これを時代順に追って，どの分野に多く資金が投入されたかをみてみよう．

戦後，1960 年代までは，戦災復興の後，産業振興や開発が政策の中心だった．自治体は地方経済の発展と住民の所得増加を目指したのだ．そのための施策は資源開発，企業の誘致や支援，インフラ整備などだった．自治体は自前の資金をつぎ込んだが，財源に限りがあったため，国や民間の資金を当てにした．国の補助金獲得に動き，国の開発計画に登載されるよう陳情を繰り返した．

その典型が，第 3 章でも触れた新産業都市だった．自治体は国の指定を得ようと競い，指定地は 21 カ所にも膨らんだ．こうした時代状況を反映し，図表 8-3，8-4 の積み上げグラフでは，都道府県も市町村も 1970 年に向けて土木費の割合が増大している．

土木費の割合は 1970 年代にはいったん減少に転じ，代わって都道府県の教育費と市町村の民生費が増加した．早い自治体は 1960 年代後半から住民生活や福祉を優先し，教育文化の振興へと政策転換し始めたことを反映した変化だった．こうした政策転換の背景には，国が重視した高度経済成長のひずみとして公害問題や都市問題，福祉施策の不足が顕在化し，住民の不満を吸い上げた自治体が重点政策に据えたことがあった（⇨第 3 章）．

当時の自治体総合計画には，生活重視の理念が謳われたが，その象徴が**シビル・ミニマム**だった．地域における福祉水準や生活関連施設の整備状況を量的に把握し，必要量を示す政策指標である．こう書くと専門技術にみえるが，現状と目標値のギャップを自治体が埋めるべく開発から生活重視へと転換すべきだとする政治的主張であり，政治運動であった（⇨第 3 章）．

1970 年代の政策転換の具体例を挙げると，大都市圏では工業化にブレーキをかけ人口流入の抑制を打ち出す県が登場した．進学見込者数の急増と高校全入運動の広がりを受けて，県立高校の大幅な増設が打ち出された．不況で財政危機が叫ばれるほどだったが，国に補助金の特別措置を求め，法人事業税等に超過課税（⇨第 9 章）して財源を確保した．市町村では老人（高齢者）福祉施設や保育所の設置運営，心身障害への援護などが進められた．これが民生費拡大をもたらした．老人医療費の公費負担を独自に行う自治体もあった．

1980 年代になると，日米貿易摩擦を緩和するため内需拡大が求められた．それがバブルを引き起こし，その崩壊後の 1990 年代には景気対策が繰り返された．規制緩和と民間活力の導入が中心だったが，同時に公共事業も必要とされ，自治体にも地方単独事業による貢献が求められた．

　そのための財源として地方債を発行し，その償還に地方交付税を措置する制度を旧自治省は導入した（☞第9章）．つまり，返済は国が地方交付税で面倒をみると約束して自治体に借金を勧める仕組みで建設投資へと誘導したのだった．積み上げグラフでは 1990 年代に土木費が，それを追いかけるように 2000 年代に公債費（地方債の元利支払い）が，再拡大したことが確認できる．この時期の総合計画は，開発計画への揺り戻しとか，再産業化計画と評される．

　この時期から減少を始めたのが教育費である．学校建設が一段落し，予測される少子化に備えて学校の統合が始まったのだ．市町村において近年伸びが著しいのが民生費で，その主要因が高齢化と児童福祉であることは前述した．

4. 予算過程と性質別歳出

　前節で地方歳出の大きな変動をみた．公共財の理論などの理屈で説明できるものだけでなく，その時々の住民の要求に応えて予算を配分する意思決定の積み重ねによるものだった．それはどのようになされるのか．冒頭の問いからいったん離れて，予算過程についてみておこう．

　歳出に関する計画案と歳入の見積もりとを合わせて**予算**という．自治体予算は，毎年調製し議会の議決を得る**単年度主義**をとる．毎年の予算編成は，誰の要求を容れ，どの政策に重きをおいて自治体運営を行うかを決めることであり，首長と職員にとって最も重要な意思決定である．住民の代表たる議会の最重要の役割のはずでもある．本節では，予算過程の典型例と学術的説明を紹介し，本来あるべき意思決定が現実にはどこまで可能なのかを考える．

予算過程
　予算編成は都道府県や大きな市では毎年 9 月頃，市町村では一般に 10 月末頃から始まり，翌年 2 月頃に出来上がった予算案が，3 月議会で審議される．

　予算編成作業は，財政課が来年度**予算編成方針**を各課に通知するところから始まる．それを受けて各課が予算要求を財政課に提出する．

　各課では予算要求の取りまとめに当たって，根拠法令，国の政策・補助制度，わがまちの総合計画，首長の方針，そして議員や住民からの要望を考慮する．そうしてできた予算要求の詳細について，財政課の担当者は各課の担当者から説明を聞き，必要度と所要額を判定する．この作業を**査定**と呼ぶ．上のような様々な考慮をしたうえでの要求であっても，財源が限られているうえ，継続して支出すべき項目が多いため，新規の要求が認められる余地は小さい．金額が切り込まれたり，ゼロ査定となる（予算がつかない）ことも多い．

　ここで査定について行政学的な説明をしておくと，査定とは要求側に説明させて受け身で審査する手法である．これは予算要求する側に偏る知識と情報を活用して，短時間に効率的な審査を行うためである．一般に，財政課担当者の査定が終わると，次にその担当者が財政課長の査定を受ける．査定者だった担当者が攻守を替えて自らの査定結果を説明し，財政課長に要求の必要性を認めてもらうのである．こうして財政課長が認めた項目が予算原案となり，市長の判断を仰いで，議会に提出する予算案となる[9]．都道府県や大きな市の予算編成では，間に部長や副首長などの査定が何段階か入ることになる．

　こうした効率化の手法を使っても，自治体の政策・事業を網羅した予算案を編成するには時間が足りない．そこで講学上は，大多数の事業を継続させることを前提に，前年度分からの増減だけが査定されていると説明される．これを**漸変主義（インクリメンタリズム）**と呼ぶ．このやり方では各費目の割合は変化しにくいはずだが，図表8-3，8-4でみたように，一定期間ごとに変化が生じている．自治体を個別にみれば変化は更に大きい．これはどうしたことか．

　自治体では首長の交代による政策の入れ替えが起こりやすい．住民の要求も国に比べれば通りやすく，新たな施策・事業が試みられるのである．

　このような予算の組み替えを実現するため，限られた財源を有効利用する工夫が求められてきた．例えば，すべての事業の必要性を審査する**ゼロベース予算**や事業に期限を設ける**サンセット予算**，近年では一定金額を各事業部局に割

9）　市町村の予算過程の流れや日程については，松木茂弘 2010『自治体財務の12か月：仕事の流れをつかむ財務のポイント』学陽書房などを参照．

り振って事務事業の見直しを行わせる**枠配分方式**が試みられている.

　重要な財源である国の補助金（☞第9章）は使い道が決まっているが, それ
を取捨選択し, 自前の財源による単独事業と組み合わせて, 地域に必要な政策
パッケージを作る工夫も続けられてきた. 例えば, 第3節で触れた総合計画は,
基本構想で地域のあるべき姿を描き, それを**実施計画**で具体化して3〜5年程
度の施策・事業を示す. そこに補助金を使った事業も組み込んで, 国のお仕着
せの事業であっても地域づくりに有効活用するのである.

　毎年の予算編成に先立ち, 夏の間に実施計画から重点的に進める事業を選定
したり, 実施計画を改定したりして, 予算編成に反映させる取り組みが行われ
ていて, サマーレビューと呼んだりする. 更には, 政策評価（☞第10章）の結
果をフィードバックして, 予算を効率的に使う試みもなされる.

　本来は, この過程に議会も住民代表として関わり, 予算案の施策・事業が真
に必要かを吟味しなければならない. しかし, ここまでみたように予算編成過
程は行政部局の中で完結していて, 議会が出る幕はない. その結果, 第2章で
みたとおり議会の関与は住民要望の伝達に終始する. 予算案ができあがってか
らでは, 自分の伝えた要望が認められたかを確認するのがせいぜいで, 個々の
事業の必要性まで審議するのは難しい. こうなってしまう理由は予算提出権が
首長にのみ認められることにあるが, 自治体の主体的決定を妨げる制約を国が
課していることにもある. これは第9章でみよう.

　予算が議会で承認されて新年度に入ると, 予算執行が始まる. 計画的に予算
を使って事業を実施していくわけだが, 計画どおりに進まない場合や環境変化
が生じた場合, **補正予算**を組むことになる. また, 前年度の予算が適正に執行
されたことを示す決算資料を作成し, 9月から10月にかけての議会で認定を
受ける（☞第2章）.

性質別歳出：政策に回す余力はあるか

　前項の様々な工夫にもかかわらず, 自治体の予算編成には制約が多い. 国か
ら課された制度的な制約は第9章に譲り, ここでは財政の硬直化を考える.

　財政が硬直化すると, 実行したい政策があっても予算がつけられない事態に
陥る. 硬直化の度合いは図表8-5と8-6の性質別内訳でわかる. 表示年度は目

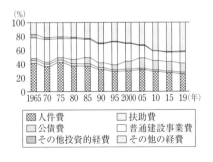

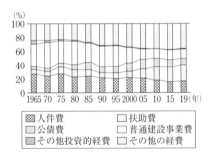

図表 8-5 都道府県性質別歳出の推移　　**図表 8-6** 市町村性質別歳出の推移

的別グラフに合わせた．凡例に挙げた費目のうち，人件費，扶助費，公債費を**義務的経費**，普通建設事業費，災害復旧・失業対策（「その他投資的経費」に統合）を**投資的経費**と分類する．これら以外を「その他の経費」とした．

　義務的経費とは，支出が義務づけられていて自由に削れない経費である．上の 3 費目の中で 2019 年度の都道府県では 25.4% を占める**人件費**が最大だ．長年の行政改革で減り続けてきたが，実は民間委託（☞第 10 章）によって物件費（その他の経費に分類）に付け替えられたのである．市町村では 23.3% を占める**扶助費**が最大だ．これは児童福祉費，社会福祉費，生活保護費等である．高齢化，幼児教育・保育の無償化などにより増加が続く．これらも一度始めたら容易に削減できない経費である．都道府県で 13.4%，市町村で 9.3% を占める**公債費**も忘れてはならない．毎年，利子を含めて返済しなければならない．

　投資的経費の大部分を普通建設事業費が占めるのは，道路，公園，学校といった社会資本の形成に投ぜられる経費と定義されるからである．社会資本の整備が急がれていた 1970 年代から 1980 年代前半にかけては，都道府県・市町村ともに 30% 台で推移していた．整備が進むにつれて徐々にシェアが下がり，2019 年度で都道府県 16.1%，市町村 13.7% である．

　義務的経費の合計は，都道府県で 41.1%，市町村で 49.2% ある．しかもこれ以外に，継続的に支払わなければならない経費があって，財政の自由度を低下させる．それを示す指標が**経常収支比率**である．

　図表 8-7 に総務省の公式を示した．経常的に入ってくる一般財源等のうち，どれだけを**経常経費**が占めるかの比率で表される．経常経費とは，毎年固定

$$経常収支比率 = \frac{人件費,扶助費,公債費等に充当した一般財源等}{経常一般財源等（地方税+普通交付税等）+減収補塡債特例分+臨時財政対策債} \times 100$$

図表 8-7　経常収支比率の公式

出所:『地方財政白書ビジュアル版』2021 年版（PDF）p. 24.

的・継続的に支出することが必要となる経費で，上述の義務的経費に物件費，維持補修費，補助費等を加えたものである．一般財源は第 9 章で詳しく説明するが，ここでは自治体が自由に使えるはずの資金としておく．そこに占める経常経費の割合が小さいほど，自由に使える資金は多いことになる．都道府県・市町村計でみると，1990 年度に都道府県 70.7%，市町村 69.7% であったものが，2019 年度には都道府県 93.2%，市町村 93.6% となった．

　かつて経常収支比率は 80% を超えると硬直化しているなどといわれた．しかし現代では，建設投資から扶助費などに政策的支出の重点が移った．また，例えば生活困窮者や社会的弱者に寄り添う政策を打ち出そうとすれば，人員の拡充・再配置や NPO への委託が中心となり，人件費や物件費の問題となる．経常経費が少なければよいというものでもない．かといって 100% に近ければ災害等の緊急事態にさえ対応できない．今の自治体は難しい財政運営を強いられている [10]．皆さんのリサーチ結果はどうだったろうか．

まとめ：自治体財政に経済理論を当てはめると何がわかるか

　本章では，その仕事をなぜ自治体が担うのかという問いをたて，経済学の理論を念頭に自治体の歳出について考えてきた．明治期の地方財政は公共財の供給で多くが説明できたが，現代の地方財政は大きく膨らみ，公共財だけでなく，価値財や外部性という考え方を加える必要があり，それでも理屈で説明できるものばかりではなかった．

　近年増加が著しい民生費は価値財で説明ができるが，それに自治体が価値を認めて担うべきかは，議論が分かれるところだろう．政府がどこまで福祉政策

---

10)　森裕之 2020『市民と議員のための自治体財政：これでわかる基本と勘どころ』自治体研究社.

を担うべきかは，大きな政府・小さな政府という政治的対立軸の中心となる論点だ．政府が担うにしても，限られた財源を高齢者福祉と児童福祉・子育て政策のどちらにより多く配分するかでも議論がある．

　とはいえ，これらにまったく支出しない選択は自治体にはない．第 2 章で触れたとおり，自治体の仕事とされる公的サービスのほとんどには関連する法律があり，所管省庁がサービスの質や量の標準を細かく定めている．それを無視して国の政策を自治体が実行しないというわけにはいかないのだ．一定の水準でしか自治体が公共財を供給できないとしたら，分権化定理やブキャナンが説く分権の効果が発揮されず，供給過剰や不足が生じている可能性がある．

　では，もっと自治体の裁量に任せた方が効率化されるか．そうともいえない．むしろ，地方歳出は拡大の一途をたどる可能性もある．

　現状でも自治体の判断に一定の自由度はあり，例えば首長や与党議員の選挙公約を契機に，子どもの医療費の無料化や学校給食費の無償化といった判断を独自に行う自治体が増えてきている．予算過程に住民の要求を反映させる段階があることも上述した．これらの寄与度は国の政策転換ほど大きくないが，民生費拡大の一因となりうる．

　自治体独自の政策判断ができることは望ましいし，自治体が競って子育て政策に力を入れるのは悪いことではない．しかし問われるべきは，地域に必要な事業かを十分に検討したのかという点である．日本の地方制度では歳入の自治がないため，政策競争が歳出面のみで行われている可能性がある．

　新たなサービスが負担増とセットで提案されれば，住民は誰もが自分事として必要性を吟味する．しかし，負担に触れずにサービス増だけが提案されれば，受益者は歓迎し，それ以外の住民は関心を示さない．この結果，公共サービスが過剰になりかねない．更に，税収が乏しい自治体が地域間競争で不利にならないよう，無理して実施することまで起きる．それを促す構造的制約が歳入の側にある．第 9 章で検討しよう．

第9章 | 財政②（歳入と中央地方関係）
自治体財政は持続可能か

10分間リサーチ 第8章と同じ要領で，次の項目を調べよう.
1. 歳入総額とその内訳（市税，地方交付税，国庫支出金，市債の金額と割合）.
2. 財政力指数，公債費負担比率などの指標.

はじめに

　量出制入（出ずるを量って入るを制す）が財政の原則だが，地方財政は逆の**量入制出**になっている．これは自治省で地方税制を担当し，鳥取県知事や総務大臣を務めた片山善博の著書『市民社会と地方自治』にある警句だ[1]．片山によると，行政として行うべき仕事を吟味して選び抜くと，その遂行に必要な税の総額が自ずと定まり，納税者への割り振りも決まるのが量出制入である．ただし，その負担を納税者が受け入れるとは限らない．納税者の判断に従って行政の仕事の範囲が決まる．それが財政膨張の歯止めとなる．まさに第7章で紹介した経済学の主張と重なる．

　しかし，日本の自治体の現場ではこの順序とは逆に，税収や国から来る財源を所与として予算編成を行うため，事業の必要性を吟味せずに安易に実行することになると片山は問題提起するのである．同様の評価は財政学の教科書にも自治体職員向けの指南書にも出てくるので，定説と言ってよいだろう[2]．

　税制のほか地方交付税や補助金，地方債などの制度が自治体にいかなる影響を与えるかという問題意識をもって，地方財政の歳入面をみていこう．

---

[1]　片山善博 2007『市民社会と地方自治』慶應義塾大学出版会.
[2]　この点を含め地方財政制度の理解には，小西砂千夫 2022『地方財政学：機能・制度・歴史』有斐閣，林宜嗣 2021『新・地方財政』有斐閣などを参照.

1. 歳入の概要

　自治体の収入を**歳入**と呼ぶ．歳出と同様，年度単位で扱われる．自治体がどこから幾ら収入を得ているのかを理解するため，まずは地方財政の合計額とその推移を把握する．その後に個別の自治体の歳入内訳を例示する．

歳入項目の分類と団体種類別歳入の推移

　図表 9-1, 9-2 にそれぞれ都道府県と市町村の歳入内訳（積み上げグラフ，左目盛）と歳入総額（折れ線グラフ，右目盛）の推移を示した．

　まずは一般財源と特定財源を区別しよう．**一般財源**とは使途が特定されず自治体の判断で使える財源で，地方税，地方交付税，地方譲与税等がある．**特定財源**とは使途が決まった財源で，道路建設の補助金などの国庫支出金，借金である地方債等がある．この使途は国が法令や要綱で定める．

　2019 年度の一般財源は，都道府県の歳入 51 兆円のうち 32 兆円（62.2%），市町村の歳入 61 兆円のうち 32 兆円（52.2%）を占める．割合でみると都道府県では 2000 年代半ば（金額では 2000 年度）にいったんピークをつけ，地方交付税削減や税収低迷で減少し，その後の税収増で再拡大した．市町村も一般財源合計はほぼ同様に推移したが，後述の固定資産税を基軸とする市町村税の安定性によって，落ち込みが小さかった．

　特定財源に目を転じると，2019 年度の都道府県の国庫支出金は 5.9 兆円（11.7%）である．2000 年代に制度改革で縮減された．地方債は 5.6 兆円（11.0%）である．後述のように 1990 年代にいったん増加し，2000 年代に入って減少に転じた．市町村の国庫支出金は 2019 年度に 9.9 兆円（16.1%）であり，2000 年代から徐々に増加してきた．地方債は 5.3 兆円（8.6%），1990 年代の急増急減を除いて，ほぼ横ばいで推移してきた．

市の歳入例

　以上は地方財政全体の姿だが，自治体ごとに大きく異なる．図表 9-3 に第 2 章でみた 4 市の 2019 年度の歳入内訳と総額（右端）を示した．ここでは冒頭

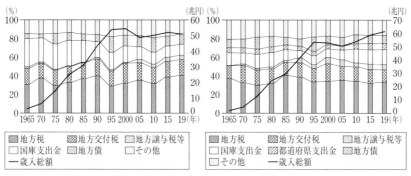

図表 9-1　都道府県歳入決算額の推移　　**図表 9-2　市町村歳入決算額の推移**

出所：『地方財政白書』各年度版に基づき筆者作成 3).

の問いを意識して地方税の割合に注目しよう．なお，地方税に手数料・使用料収入など（「その他」に分類）を加えたものを，自ら調達できる**自主財源**と呼び，地方交付税，地方譲与税，国庫支出金，地方債など，国から移転され国の判断に左右される**依存財源**と区別することがある．

　政令指定都市で人口約 370 万人の横浜市では，地方税が一般会計歳入の47.2% を占める．しかしそれだけでは巨大な人口のニーズに応え，政令指定都市の役割を果たすための費用を賄い切れず 4)，1.7% と少ないながら地方交付税を受け取り，市債を 10.4% 分発行する．後述のように，市に立地する企業に課す税が県の収入となることも一因である．

　次に，中核市で人口約 37 万人の長野市は，地方税が 34.5%，地方交付税が14.2% である．これは図表 9-2 の全市町村合計でみた歳入内訳に近い．

　ここまでは地方税が最大の財源だったが，人口 3 万 7000 人のいすみ市では地方税 21.5%，地方交付税 34.6% と逆転する．人口 3100 人の歌志内市は地方税が 4.8% しかなく，地方交付税が 59.6% である．これらは市となる要件の人口 5 万人を割り込んだ小さい市である．そうした規模の市町村は全体の 7 割以上を占め，ほとんどで税収が乏しく，地方交付税頼みの財政運営を行う．

---

　3)　作図の都合上，一般財源としての交付金等（地方消費税交付金等）は地方譲与税等に合算し，特定財源としての交付金等は国庫支出金に合算した．

　4)　政令指定都市の事務と財政の関係については，北村亘 2013『政令指定都市：百万都市から都構想へ』中公新書，第 5 章．

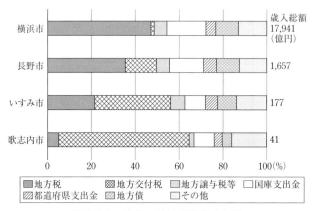

図表 9-3 各市の 2019 年度歳入内訳
出所：各市の 2019 年度「財政状況資料集」（e-Stat からデータ入手）に基づき筆者作成.

2. 地方税

　それでは歳入の内訳について**地方税**からみていく．2019 年度の税収は都道府県 21 兆円（歳入総額の 40.7%），市町村 21 兆円（33.4%）である．主な税目を紹介し，自治体が自ら課税を決定する余地がどれだけあるか確認する．

地方税の種類と原則
　基幹的税の第 1 は**住民税**である．ひとりの住民に**県民税**と**市民税**が課される．個人分と法人分があり，合計で道府県税収の 30.9%，市町村税収の 46.9% を占める（特別区と東京都は税源配分が他と異なるので除いて集計している．以下同じ）．個人分では**所得割**（所得に税率をかける部分）と**均等割**（定額部分）がある．所得割は収入に応じて負担する**応能原則**に基づく．均等割は道府県民税 1500 円，市町村民税 3500 円と低額である．これを地域社会に住む会費とみると，**負担分任原則**に基づくものと説明できる．
　第 2 は都道府県の**事業税**で，税収の 25.1% を占める．主に法人の所得に課税される．法人所得とは儲けのようなものなので，赤字企業は支払わないで済む．これでは行政サービスの受益に応じて税負担するという**応益原則**に反する

として問題になった．景気に左右されて税収が安定しない難点もあった．このため，外形標準（床面積，従業員数，資本金等の外観から判断できる基準）で課税する**外形標準課税**の必要性が論じられてきた．東京都による試みを機に，2004年に国が法人事業税の4分の1に導入した（後に拡大）．

第3は都道府県の**地方消費税**である．消費税率10％中の2.2％がこれに当たり，国が徴収したものを消費額に応じて都道府県に配分する．これが税収の26.1％を占める．その半分は人口等に応じて市町村に一般財源（一部は社会保障の財源）として配分される．消費税は地方間の格差が小さく，地方税に求められる**普遍性**の原則を満たす．法人事業税の格差が6.0倍なのに比べ，地方消費税は1.4倍なのである．消費税には**逆進性**があるが，受益に応じて広く負担してもらう点で社会保障財源に適しているともいえる．

第4は市町村の**固定資産税**である．土地，家屋などの評価額に税率1.4％をかけて算出される．市町村税収の40.6％を占める．固定資産の評価額は3年に一度見直されるが，変化が緩やかで**安定性**の原則を満たす．この固定資産税率に0.3％を上限として上乗せされるのが**都市計画税**である．

地方税には使途による区分があり，特定の目的に使う税が**目的税**，それ以外が**普通税**である．前者は街路や公園整備などの都市計画事業に使われる都市計画税，都市環境整備に使われる事業所税などがある．後者には住民税，固定資産税，法人事業税など多くの税がある．

住民税と固定資産税で，市町村の税収のほとんどを占める．これは1949年の**シャウプ勧告**に基づいて行われた税制改革による．ちなみにアメリカから招聘されたカール・シャウプ博士を団長とする税制調査団は，事務配分の原則として，①市町村優先，②能率，③行政責任明確化を掲げ，規模や能力の整った自治体に事務を割り当てるよう勧告，それを支える地方税制の基本原則として，①税制の簡素化，②税収の確保，③国との税源分離などを示した．

地方税に関する国の関与

税は法律で定めるという**租税法律主義**が近代国家のルールである．日本でも憲法84条が「あらたに租税を課し，又は現行の租税を変更するには，法律又は法律の定める条件による」と定める．これに則り地方税法が，自治体の課す

ことができる税の種類（税目）や税率を規定するが，条例で定める余地も残している．問題はそれがどこまで認められるかである．

第1に税目について，地方税法の定めの例外に法定外税がある．総務大臣との事前協議を経て条例を制定すれば，新税を賦課・徴収できる．使途を定めない**法定外普通税**には，福井県ほかの核燃料税，豊島区の狭小住戸集合住宅税などがある．過去に横浜市が馬券税の導入を検討したが，総務省が同意せず実現しなかった．使途を定める**法定外目的税**には，富士河口湖町の遊漁税，青森・秋田・岩手3県や三重県の産業廃棄物税，東京都の宿泊税などがある．

これらは種類も少なく税収も限られていて，2019年度で法定外普通税・目的税合わせて670億円，地方税収全体の0.16%にとどまる．独自の財源というにはほど遠い．むしろ，釣り人に税を課すことで入漁者数を制限し，トイレ整備などで満足度を高めるとか，産業廃棄物に税を課すことで処理場建設を抑制するというように，政策効果を狙って活用されている．

次に，税率も国の統制を受ける．地方税法の定めには3種類あって，第1がたばこ税，地方消費税などの**一定税率**である．第2が**標準税率**で，市町村民税の所得割6%，均等割3500円などと決まっている．標準なので自治体の判断で変えられる．住民税の超過課税は均等割で37県と2市，所得割は1県と1市が実施している．固定資産税や法人事業税の超過課税も行われている．他方で標準税率を下回る課税もできるが，個人住民税について2団体が実施しているのみだ．標準税率を下回って課税すると地方債の発行が禁止された，かつての制約（2005年に緩和）が尾を引いている．

第3が税率の上限を決める**制限税率**で，都市計画税などである．税の目的である都市計画事業の増減に応じて，上限を超えない範囲で税率を変えられるが，そうした運用はされていない．かつては個人市町村民税，固定資産税，法人事業税にもかかっていたが，分権改革で前二者については廃止，後者は緩和された．制度上は，標準税率は「標準」にすぎなくなった．

さて，冒頭の片山の主張を踏まえれば，真の地方自治を実現するには，上述した国の関与は廃止するのが望ましい．しかし，自治体は制限が緩和された部分さえ活用できていない．片山は，地方議会が税目ばかりか税率まで国が決めてきたことに慣らされてしまったと批判し，歳出予算だけでなく課税を含む歳

入についても，納税者の代表を自覚して審議するよう求める[5]．そうすれば税とその使途に関する情報が議会を通じて開示され，住民にとって増税してまで行う必要のある事業・サービスなのかが吟味されるというのだ．

　実際に税負担と新規事業がセットで議会に提案されるとどうなるか．真剣な議論が行われるのか．例えば，神奈川県では，水源地域の環境を保全する施策の財源として，水道料金に上乗せして課税する法定外税を知事が提案した．受益と負担を一致させるためだったが，水道事業者や都市部選出議員の反対を招き断念した．次の知事になって，広く負担を求める県民税の超過課税を提案し，その際，都市部での事業を縮小するなどして議会の承認を得た[6]．

　こうした議論を毎回行うより，国に決めてもらった方が楽だと考える首長や職員もいる．税率決定の自由度が増しても活用されないのは，自治体側の消極姿勢もあるのだ．また，自治体の税源は地域差が大きい．自治体自らが税目・税率を決めて課税できる**課税自主権**の拡大は，税源が豊富な都市が望んでも，税源が乏しい農山村が反対しかねない，合意が難しい問題でもある．

3. 地方交付税・国庫支出金・地方債

　続いて地方交付税，国庫支出金，地方債を順に取り上げる．自治体全体でみて歳入の3〜4割にとどまる地方税の不足を補う主要な財源である．

地方交付税の仕組み

　地方交付税は2019年度で都道府県計9兆円（歳入総額の17.0%），市町村計8兆円（13.2%）あり，特に財政力の弱い自治体に必須の財源だ（図表9-3）．

　地方交付税の仕組みは複雑だとされるが，地方交付税法の定めはシンプルだ．まず，地方交付税は自治体が「ひとしくその行うべき事務を遂行することができるように」，所得税，法人税，酒税，消費税の一定割合と地方法人税の全額を国が自治体に交付する税である（2条，6条）．これで交付税総額が決まる．その94%は**普通交付税**，残り6%が災害対策などのための**特別交付税**となる．

5）　片山，前掲書，第1章．

6）　久保慶明 2009「地方政治の対立軸と知事−議会間関係」『選挙研究』25巻1号．

図表 9-4　各自治体の普通交付税配分の算定式

出所：『地方財政白書ビジュアル版』2021 年版（PDF）p. 13 に加筆修正．

あとはどう配分するかの問題で，普通交付税は総務大臣が個々の自治体の財政状況を把握し，収入が不足する自治体に「衡平」に交付する（3 条 1 項）．

その方法は図表 9-4 の算定式に従う（10 条）．図表中の**基準財政需要額**とは，標準的サービスを提供するために必要な経費である．**単位費用**（道路や福祉施設の整備・管理などにかかる単位当たり費用）に**測定単位**（道路延長や人口など）を掛けて算出する．単位費用は**標準団体**（人口 10 万人の市など）や**標準施設**（学級数 18 の小学校など）を想定し，その経費を基に算出，地域の実情に応じた補正係数を掛けて実際に近づける（13 条）．

基準財政収入額とは，その自治体にとって標準的な税収入を，一定の基準で見積もり，その 75％ に地方譲与税等を加えて算出する．地方交付税はあくまで一般財源の不足分を補うための財源なので，使途が決まっている国庫補助金や地方債などの特定財源は，収入額に含まれない．

上の算定で残された 25％ 分は留保財源とし，独自施策の費用や徴税努力を促すインセンティブとする．もし 100％ で見積もるとどうなるか．自治体が努力して税収を増やしても，その分が交付税から丸々減額されるだけだ．それでは自治体のやる気を削いでしまうので，一部を削減対象から外すのである．

こうして算定された基準財政需要額から基準財政収入額を引いた不足額が，各自治体に配られる普通交付税となる．収入額が上回れば普通交付税は交付されない．2019 年度で**不交付団体**は 1 都 85 市町村ある．

過去 3 年間の平均の「基準財政収入額÷基準財政需要額」は**財政力指数**と呼ばれ，自治体の財政の豊かさを表す．1 以上は不交付団体である．産業が集積する自治体や原発が立地する自治体は，財政力指数が 1 を超える．

ここで交付税総額が所得税等の一定割合といった形で決まっていることを想起されたい．この総額と図表 9-4 式で算出した全自治体の不足分を合計した額

とは一致しない．多くの場合，後者が上回る．その差をどうするか．算定した交付税額に応じて比例配分する方法（10条2項），差が著しい場合は国税を交付税に回す割合（法定率）を上げて総額を増やす仕組みなどが用意されている（6条の3）．しかし，そのどれもが次に述べるように使われていない．

　法定率の引き上げは，1954年度に地方交付税制度が導入されてから何度か実施されたが，1960年代半ば以降はほぼ一定だ．国が赤字財政に陥ったため引き上げられないのである．そこで，これに代わる手段として**地方財政対策**が行われてきた．内閣が毎年国会に提出する**地方財政計画**（地方財政の歳入歳出総額の見込額に関する資料）を作成する中で，国と自治体が上述の差額を分け合って負担することとし，交付税額を含めた歳入と歳出の見積もりを一致させるのである．これにより差額がなくなるので，上述の10条2項も使われない．

　自治体の負担分には**臨時財政対策債**の発行が認められる．しかし，これは本来国が保障すべき財源を自治体が借入金で肩代わりすることなので，その返済を基準財政需要額に算入することが約束されている．

　このような帳尻合わせは，法にない運用上の手続である．法が定める方法で国の予算編成に間に合うよう全自治体の基準財政需要額を積み上げるのではない．あらかじめ地方債の発行見込みも含めて地方財政全体の収支をマクロに推計し，それにうまく合うように基準財政需要額を算定するのである．

　こうした地方財政対策により，自治体の仕事量と地方財政の規模が維持される．収入見込額に合わせて仕事量を減らすこともありえたわけだが，そうならなかったのは，地方の利益を擁護する総務省（旧自治省）が，地方財政規模の維持に利益を見出す自民党の支持を得て，歳出を削減したい財務省（旧大蔵省）との交渉を凌いだ結果とされる[7]．ここから生ずる課題は次節で述べる．

国庫支出金の概要と課題

　国庫支出金は自治体が特定の施策・事業を実施する経費の一部または全部を国が支出するものである．2019年度で都道府県6兆円（11.7%），市町村10兆円（16.1%）であり，地方税，地方交付税に次ぐ大きさをもつ．

---

7)　北村亘2009『地方財政の行政学的分析』有斐閣．また，地方交付税の仕組みや歴史については，高木健二2008『地域間格差と地方交付税』公人社がわかりやすい．

　国庫支出金は3つに分類される．第1に**国庫負担金**で，国と地方両方の利害に関わる事務の経費を国が一定割合負担する．対象は義務教育教員の給与，生活保護費，児童手当，道路や河川の建設事業，災害復旧などで，地方財政法に列記される．負担割合は，例えば生活保護費なら国が4分の3，残りが自治体で，自治体負担分は基準財政需要額に算入される．自治体からすると，法律で義務づけられ，かつ実施の財源がほぼ保障されている事務となる．

　第2は**国庫委託金**である．専ら国の利害に関わる事務を国が自治体に委託する経費で，国政選挙費や統計調査費などがある．国が全額を負担する．

　第3が**国庫補助金**で，特定の事業に自治体を誘導する資金である．補助率は事業費の40%とか60%とか事業によって異なる．残りは地方負担となり，自治体の一般財源を充てる．補助金を申請するかは自治体の選択だが，地方負担があっても補助がある分コスパがよいとして，予算編成で優先されやすい．

　国庫補助金の問題点として，3点が指摘されている．第1に，受益と負担が一致しない．自治体は少ない負担で施設を作れるので，地域の実情を考えずに補助金をもらうことを優先する．その結果として第2に，交付手続の手間や後の維持管理費など，かえって自治体の負担が大きくなることがある．第3に国が細部まで決めるので，自治体の創意工夫を阻害し，地域の実情に合わせた効率化が妨げられる．ただし，自治体の要望や先進例をもとに作られた補助制度も多い．それを全国展開するときの画一化が問題なのだともいえる．

地方債の仕組みと現状

　2019年度の**地方債**は，都道府県6兆円（11.0%），市町村5兆円（8.6%）である．地方債は借金であり，私たちの有利子奨学金や住宅ローンと同様，元本の返済と利子の支払いが必要となる．この毎年の支払いを公債費と呼ぶ．これが増えると財政硬直化の一因となる（☞第8章）．

　借金は最小限に限るべきで，地方財政法も公営企業，出資金・貸付金，災害復旧，借換え，公共施設建設にのみ認める．これらは，いずれ戻ってくる資金か，一時にまとまった資金が必要な場合だ．このうち公共施設の建設債は，将来に支払いを回すことが発行を正当化する．長期にわたって利用される公共施設の建設費用を建設時点の税収だけで賄うと，将来世代は負担しないことにな

る．地方債の返済で負担と便益を一致させ，世代間の公平化を図るのだ．ただし，建設の意思決定に将来世代は参加できない．このほか個別法で認められるものに，過疎対策事業債，合併特例債，臨時財政対策債などがある．

　地方債の中には，元利償還金の一部が地方交付税の基準財政需要額に算入されるものがある．これが国庫補助金と組み合わされると，自治体を強力に誘導する．例えば補助率 50% の建設事業だと 50% 分が自治体負担となるが，充当率 70% で地方債を発行すると，事業費の 50%×（1−0.7）＝15% を一般財源で用意すればよい．残り 35% 分に充てる地方債は返済が必要だが，その 50% が交付税措置されれば，更に少ない財源で事業が実施できる計算となる．

　バブル崩壊後の景気対策に自治体を動員するため，1990 年代に自治省は地方単独事業にもこの仕組みを導入した．この結果，地方債の残高が急増した．地方財政の悪化や地方交付税による政策誘導に対する批判を受けて整理されたが，臨時財政対策債の増加もあって，地方債残高は高止まりが続き，2019 年度一般会計で都道府県 87 兆円，市町村 56 兆円だ．それぞれの税収 21 兆円と比べると大きさがわかる．その改善のための指標を次項でみよう．

財政の持続可能性と国の関与

　まず，公債費負担比率（元利償還費÷一般財源）という指標がある．15% を超えると警戒ライン，20% を超えると赤信号とされる．全自治体では 2012 年の 18.6% をピークに減少して 2019 年度で 16.6% になった．しかし個別には，財政状況の悪い自治体がある．その借入金の全容は公債費負担比率だけでは把握できない．例えば，地方公営企業は独立採算が原則だが，市民病院の赤字が膨らんで一般会計からの補填が必要となると，自治体財政を揺るがす．

　そうした事態を早期に発見して改善を促すため，総務省は「地方公共団体の財政の健全化に関する法律」を 2007 年に制定し，4 つの指標を設けた．実質公債費比率は，公債費負担比率の分子に公営企業債に対する繰出金などを含めた指標である．将来負担比率は，更に第三セクターや地方公社の負債，自治体の基金や積立金なども考慮し，将来にわたる財政負担を把握する．

　加えて，普通会計の収支をとらえる実質赤字比率，全会計に関する連結実質赤字比率がある．これらによって財政状況を診断し，自治体財政の早期健全化

を図った結果，例えば 2007 年度の実質公債費比率が 12.8% だったものが，2019 年度には 8.0% にまで低下した．また，これが 18% 以上の自治体（地方債発行に国の許可が必要となる）は 2007 年度 436 団体あったが，2019 年度には 7 団体にまで減少した．皆さんのリサーチ結果はどうか．

　こうした国の関与には，過剰介入だとか地方分権に反するという批判もある．地方税や地方債に関する制約が続いた歴史から，自治体側の警戒感は根強い．一方で，夕張市のように行政が不適切な会計処理を行うと，議会が見抜くのは難しい．当面は国の監視が必要だとして，健全化法で公表され議会に報告される指標を手がかりに，住民や議会が監視することを目指すべきだろう．

4．地方財政の課題：交付税からみる国・自治体の関係

　地方財政の課題は様々指摘されるが，その中から地方交付税の課題を取り上げ，本章の副題に掲げた財政の持続可能性について検討する．

地方交付税の機能

　改めて図表 9-3 をみると，小規模自治体でも一般財源が概ね 50% 台に保たれている．これが地方交付税の役割である．この機能は，自治体間の税収格差を均す**財政調整（財源調整）**と，仕事量（支出）と税源（収入）の差を埋めてどの自治体も行政サービスを提供できるようにする**財源保障**に分解できる．

　財源保障を行うだけなら，仕事量に見合う税源を移譲する方法もある．**税源移譲**には幾つか方法があるが，個人や企業の納税先を国から地方に移すものだと考えたらよい．これを行うと財政力の地域間格差が広がる．個人の所得や企業の収益は地域によって違うからだ．それを問題視するなら，諸外国でみられるように，豊かな自治体から税源の乏しい自治体に直接，または国を通じて，税収を移転することで調整できる．この方法は自治体の自由度を高めるが，地域間の利害対立が起こるので，財政力の平準化には限界がある．

　これに比して日本の地方交付税は，最初から多くの税源を国に留めおいて自治体の共有財源とし，それを事務量に対する税収の不足分に応じて地方に配分する方法をとる．つまり，財源保障の中で財政調整も行っているわけだ．この

仕組みの方が，国が配分を決定・実行できる分，平準化を徹底できる.

　地方交付税法は3条2項で，国は交付税の交付に当たり「条件をつけ，又はその使途を制限してはならない」と定め，一般財源であることを明示する. しかし，これに続く3項で，自治体行政が少なくとも法令で「義務づけられた規模と内容」を備えるよう求める. これを怠ると最終的に交付税の減額や返還に至る規定もある（20条の2）. つまり，地方交付税の目的は「地方自治の本旨の実現」と「地方団体の独立性を強化すること」（1条）にあるが，同時に国が定める均一なサービスを日本全国で受けられるよう，法令の義務づけを所与として，そのための財源保障と財政調整を行うための制度でもあるのだ.

　問題は両者のバランスをどこで取るかである. 後者に偏ってきたのではないかという疑念が1970年代からもたれてきた[8]. 以下では，地方交付税の運用実態を掘り下げて，どこでバランスさせるかを考える材料を提供しよう.

地方交付税制度の運用：本当に一般財源か

　地方交付税制度の難しさは，配分の算定式にすぎないものが，運用の仕方で地方交付税の一般財源としての地位を揺るがしかねないところにある. ややマニアックな話だが制度の本質に関わるので，要点を列記して紹介する.

　法定事務中心の見積もり　地方財政計画の歳出額や基準財政需要額の単位費用は，「標準的行政」を想定して見積もられる. その中身が何か明確ではないが，地方交付税の解説本によると，法令で強く義務づけられた事務を中心に，法定事務でないが全国的に行われる事務を含むとされる[9]. それを詳しくみると，ほとんどに法の根拠があって，それ以外は例外的である[10]. つまり，一般財源と言いながら，算定上は法定事務のための財源となっているのだ.

　補助事業の裏負担　国庫支出金で行う事務事業（補助事業と呼ぶ）は義務づけが強く，裏負担（補助裏）と呼ばれる自治体負担が伴う. その全部または一部が基準財政需要額に算入（交付税措置）されるが，使途は決まってしまう.

8) 地方自治体の視点からこのことを論じた初期の文献として高寄昇三 1975『地方自治の財政学』（1998『新・地方自治の財政学』）勁草書房を挙げておく.
9) 石原信雄 2016『新地方財政調整制度論　改訂版』ぎょうせい，第2編第2章.
10) 地方交付税制度研究会編 2023『地方交付税制度解説（単位費用篇）』地方財務協会.

そのうえ，国庫支出金の算定基礎となる事業費が低く見積もられていることが多く，不足分は自治体負担となること（超過負担）も長く問題視されてきた．つまり，補助事業が増えると，その分の裏負担や超過負担が一般財源に食い込んでくるのである．国庫支出金のうち，義務教育など国庫負担金に係る事務を自治体が実施しない選択はない．国庫補助金は自治体の選択だが，誘導力も強いし，所管省庁の 5 カ年計画などにより半ば義務化されているものも多い．

単独事業の裁量余地　一方，単独事業には国の補助・負担がない．この多くにも法律があるが，その枠内で自治体の裁量が発揮できる．例えば，市町村の自治事務である家庭ごみの収集・処理には廃棄物処理法があって，事務の大枠を決めている．その経費は次のような計算で交付税措置される．まず，人口10 万人の標準団体で，職員 11 人の給与，処理場 1 カ所，ダンプ等 3 台，収集委託料など計約 4 億円がかかると想定する．ここから使用料等 6000 万円を控除し，測定単位は人口なので，10 万人で割った 3400 円が単位費用となる．この額と当該自治体の人口とを掛け合わせた額が基準財政需要額に算入される．

一方，市町村は同法に基づき条例や処理計画を策定する中で，ごみ収集の区分や回数，リサイクルや減量化等々を独自に決める．従って，基準財政需要額の計算結果より安く済ませることも，余分に費用をかけることもできる．

義務づけの割合　補助事業と単独事業の割合を 2019 年度地方財政計画でみてみよう．まず，一般行政経費（事務経費から職員給与や投資的経費を除いたもの）の内訳は，補助事業の地方負担分が 12 兆円（別に国負担分が 10 兆円），単独事業が 14 兆円である．前者は生活保護，介護保険，障害者自立支援など，後者は乳幼児健診，ごみ処理，義務教育学校の運営，公証事務等々である．

次に，道路建設などの投資的経費の内訳は，補助事業の地方負担分 3 兆円（国負担 3 兆円），単独事業 6 兆円である．以上の地方負担分には地方税か地方交付税が充てられる．その半分近くが補助事業の裏負担であるから，一般財源の約半分は使途が決まっていることになるわけだ．

通知による義務づけ　単独事業分を含む交付税措置の内容は，総務省の通知で自治体宛てに予算編成上の留意事項として伝えられる．内閣の重点政策（例えばデジタル化や少子化対策）のほか，いかなる事務事業に交付税措置したかが事細かく列記されるのである[11]．留意事項とはいえ，それらの事務を自治

体が実施することを求めているかのようである．これに便乗して，基準財政需要額に算入されたとおりの支出を求める省庁もある．次項で例示する．

自治体側の受容　自治体は国に指示されたから従っているとも限らない．まず，交付税措置された事業の多くは，財政に余裕があれば進んで実施したいものである．また，住民要望に応えたいが単独実施が難しい事業や裕福な自治体のみが実施できている施策に一般の自治体も取り組めるよう，国に働きかけて補助制度を作ってもらい，交付税措置してもらったものがある．

更に，自治体内の予算編成力学もある．事業課は予算要求で交付税措置されたことを根拠にする．査定側も交付税措置を優先したといえば，ゼロ査定にした事業課を納得させやすい．他方で，交付税措置されたといっても額も明確でないので予算取りに苦労するという声も現場にはある[12]．少なくとも，予算編成方針に交付税措置された事業の優先的扱いを明示している自治体は少数だ．むしろ，基準財政需要額に算入されたことを根拠とした予算要求に対して，必要な事業であるかの検証・評価（☞第10章）を求める県があるくらいである．

誰が標準を決めるべきか　法定事務や補助事業が，国会によって選び抜かれた真に必要な事務，例えば憲法25条が保障する「健康で文化的な最低限度の生活を営む」ためのナショナル・ミニマムであれば，まだよいだろう．しかし，第6章や第7章でみたように，政権の座にある者が支持を動員するための利益配分であったり，自己利益を増進するための過大な支出だというのが政治学者や経済学者の見立てであった．また，財政学者からも地方交付税はミニマムをはるかに超えた過剰な財源保障をしているとの批判が提起されている[13]．

他方で，困窮家庭への就学援助事業の国庫補助が三位一体改革（後述）で一般財源化されたところ，自治体が支出を削減し始めたとする研究がある[14]．自治体に任すなら都市の限界（☞第7章）も考慮に入れる必要がある．

---

11) 総務省「地方財政の見通し・予算編成上の留意事項等について」（2022年度）．
12) 湯田伸一 2009『知られざる就学援助：驚愕の市区町村格差』学事出版．
13) 赤井伸郎・佐藤主光・山下耕治 2003『地方交付税の経済学：理論・実証に基づく改革』有斐閣．
14) 星野菜穂子 2013『地方交付税の財源保障』ミネルヴァ書房，第4章．

学校図書の例

地方交付税の仕組みが自治体の予算編成に具体的にどう影響するのか．誰もが利用したことがある学校図書館の図書購入費用を例に考えてみよう．

仕組みと経緯　学校図書館法は，学校設置者（義務教育なら市町村）が学校図書館を整備し，図書を購入し，司書教諭を配置することなどを定める．

同法は 1953 年に超党派の議員立法で制定された．草の根の立法運動が，戦前の国家主義的教育から決別し，生徒が自分自身で考える教育を目指して，100 万人近い署名を国会に届けるなどして実現した[15]．新法に設備や図書の整備費用を国が負担することが盛り込まれたが，教科書中心の教育へと回帰する中で教材費国庫負担金の枠内でやり繰りすることとなり，それも 1980 年代の行政改革で一般財源化された．国の財政赤字を自治体に転嫁したのだった．

1993 年に文部省は学校図書館図書標準を作成，例えば小学校で学級数が 1 なら標準の蔵書は 2400 冊，2 学級なら 3000 冊などと定めた．これを受けて図書費は基準財政需要額に算入されることとなった．以来，文部省・文部科学省は 5 カ年計画を策定・更新して自治体に学校図書を標準冊数まで整備するよう求めてきた．2000 年代になると国際学力調査で読解力が低い順位だったこと（PISA ショック），子どもの読書活動の推進に関する法律や文字・活字文化振興法が議員立法で成立したことなどにより，調べ学習や生徒が良書に巡り合う場として，学校図書館の更なる充実が求められるようになった．

基準財政需要額の算定と予算配分　標準的小学校は 18 学級，図書費は約 72 万円と設定される．測定単位は学級なので，72÷18＝4 万円が学校図書の単位費用となり，4 万円×学級数が各市町村の基準財政需要額に算入される．

一方，地方交付税は一般財源である．市の教育委員会が上の算定額を予算要求しても，減額やゼロ査定がありうる．新聞報道には，道路や福祉が優先されてしまうという県教委の声が紹介されている．また，市教委が図書より学校施設の修繕を優先することさえあり，PTA の負担や地域有志の寄付で補っている地域もある．逆に標準以上の図書を購入する地域もある[16]．

---

15)　学校図書館法制定の経緯については多くの文献がある．全国学校図書館協議会刊行の雑誌『学校図書館』2023 年 6 月号・7 月号の特集「学校図書館法公布 70 周年」Ⅰ・Ⅱが入手しやすい．

　文科省の要求と自治体の姿勢　この状況を文科省は問題視し，定期的に図書標準の達成状況を公表，交付税措置に見合う整備を求めてきた．市町村別予算化率（基準財政需要額に対する図書予算の割合）を公表し，教育委員会に単位費用の 4 万円×学級数を計算させたこともあった[17]．全体の予算化率の低さを訴える省庁はほかにもあるが，市町村単位で公表するのは異例だ[18]．冊数だけを目的とせず，予算の使い方を自治体に任せることはできないのだろうか．

地方分権改革と財政

　ここまでみてきた地方交付税の運用には，日本の財政制度の特徴，ひいては国のかたちが表れている．国の政策を地方が実施するため，地方の支出割合が大きい．どこまでが国の仕事で，どこからが自治体の仕事かさえ明確でない．中央府省は広い分野に関心をもち，細部まで法令で決めている．その結果，一般財源でさえ自治体が自由にできないものとなっているのだ．

　これを行政学者は**集権・融合型**の地方制度，財政学者は**集権的分散システム**と呼ぶ．国との関係で自治体が自律的に，住民の意思に従って決定できると**分権**，国の決定に従うと**集権**である．国の政策を自治体が固有の政策とともに実施すると**融合**，国が出先機関を作るなどして自ら実施すると**分離**である[19]．

　1990 年代から分権を求める機運が高まり，まず行政面の改革として 1999 年に地方分権一括法が制定された．国・地方の対等・協力の関係が謳われ，機関委任事務が廃止され，自治事務と法定受託事務が創設された．他方，国の政策を地方に実施させる義務づけは残り，融合型の制度は維持された．

　財政面に関しては，小泉政権下で 2004 年から**三位一体改革**が実施された．①補助金の整理と一般財源化，②国から地方への税源移譲，③地方交付税改革からなる．①②が分権方向の改革だが，③による国の財政負担軽減に主眼があった．①により 4.7 兆円の国庫支出金を一般財源化したが，義務教育費や国民

---

16)　読売，朝日，毎日の各紙で "学校図書館" と記事検索した結果に基づく．

17)　文部科学省児童生徒課 2008「学校図書館図書関係予算措置状況調べ」．同地域学習推進課パンフレット「第 6 次『学校図書館図書整備等 5 か年計画』に基づき学校図書館の整備を進めましょう」，同 2024「5 か年計画概要資料」にもあり．

18)　神野直彦・小西砂千夫 2020『日本の地方財政　第 2 版』有斐閣 p. 102 も参照．

19)　大森彌・佐藤誠三郎編 1986『日本の地方政府』東京大学出版会，天川晃執筆章 p. 119.

健康保険など自治体の裁量が利かないものを選んだため，分権に寄与しないと批判された．②では所得税から個人住民税に3兆円を移譲し，国と地方の歳入割合を5対5とした．一時は歳出割合の4対6（☞図表8-2）に近接した．③で4兆円を超える交付税を削減した（後に回復）．これらの結果，大都市は税収が増えたが，小規模自治体は財政難に拍車がかかり合併に追い込まれた．

　民主党政権では，2011年度予算から補助金を一括交付金化して，自治体の自由度を高めた．これは安倍政権で廃止され，国による誘導機能が復活した．そのときから導入された地方創生関係の交付金には，自治体からの提案を国が審査し，戦略策定や事後評価を義務づける更なる統制の仕組みが採用された．

まとめ：日本において量出制入は可能か

　冒頭の問題意識に戻って，予算編成を量出制入に転換し，自治体が納税者の理解を得ながら事業を選び抜くように変えることは可能かを考えよう．そのためには地方税制だけでなく，地方交付税や国庫支出金を改革し，更には法定事務を自治体が実施する仕組みから転換しなければならない．とはいえ，数次の分権改革を経ても，制度の基本設計は変わっていない．この仕組みは歴史的に形成され，私たちの意識に根差しているため，容易には変わらないのだ．

　例えば私たちはどこまで行政サービスを求めるか，特に全国一律のサービスをどこまで望むのか．学校図書館に備える本の冊数は同じであってほしいか．

　では，生活保護はどうか．生活保護は4分の3が国庫負担で，残りの自治体負担分が交付税措置されている．後者が各自治体において予算化されたとき，基準財政需要額の算定より低い地域があることを許容できるか[20]．それによって保護率に違いが出るとしたらどうか．

　一律のサービスと自治体の独自性との間のどこに線引きをするか，そしてそれが可能かは，かなり緻密にみていく必要があるが，今や皆さんは自治体財政の現状を客観的に分析・診断できるだけの知識をもつ．現状が当たり前と思うだけの昨日までとは違う．ぜひ自分なりに考えてみてほしい．

---

[20]　この問題を含む地方交付税制度について論じたものとして，武田公子2008「交付税交付金を通じた政策誘導と財源保障機能」『金沢大学経済論集』29巻1号．

第10章 | 政策実施とガバナンス
自治体の現場はどうなっているか

10分間リサーチ ターゲット自治体について次の事柄を調べよう.
1. 指定管理者制度を使っている公共施設はあるか. 委託先はどこか.
2. その施設のサービスはよいか. 委託前や市直営の別の施設と違いはあるか.
3. 地域にNPOがあるか(内閣府のポータルサイトで調べられる).

はじめに

　自治体財政が財源不足にあることを第9章でみた. 同様に人員不足も恒常化している. かといって, 法律で義務づけられた仕事を実施しないわけにはいかないし, 住民からの要望を放置し続けるわけにもいかない. そこで取り組まれているのが, 政策を実施する際に, 少しでも費用や人員を節約する方法や自治体以外の担い手に委ねて負担を軽減し住民満足度を高める方法である.

　本章では, 自治体の役割とされた事務, 事業, 政策がどのように実施されるかをみた後, 実施現場における工夫や改革を紹介する. それらをガバナンスという概念のもとに3種に分類する. この語が第4章で登場した際には, 従来の用語で表現し切れない権力構造をとらえるために持ち込まれたものだと説明した. 本章で用いる「ガバナンス」は主に行政学で使われる用語で, 従来のガバメントの語でとらえられない新たな政策実施やサービス供給, 政策決定のあり方を表現する概念として用いられるようになったものである.

1. 政策実施の典型:階統制型ガバナンス

　政策実施とは, 議会で決定された予算や法律を執行する活動で, 主に行政機

関が担う．予算を支出して公共施設を建設し，イベントを開き，人を雇ってサービスを提供させ，補助金を対象者に配る．規制を定めた法律が守られるよう職員を配置し，監視・指導・取り締まりを行う．こうした政策実施の伝統的なあり方は，階統制（ヒエラルキー）型の組織による事務手続である．これは以下にみるように，まさに従来型のガバメント（政府）そのものだが，これもガバナンスの一種とみて，**階統制型ガバナンス**と呼ぶことにする．

階統制型組織の典型例と現状

まず，階統制とは何かを説明しよう．図表 10-1 の点線で囲った部分が首長と議会を含めた自治体だ．二元代表制のもと，有権者の直接選挙で選ばれた首長と議会が，牽制し合いながら政策を決定する．その政策を実施するのが，破線で囲った行政機構である．首長を頂点に何人かの部長，その下にそれぞれ数人の課長がおり，その課長がさらに部下を統括する．このように上司と部下の関係が連なったピラミッド型組織が階統制のイメージである．一般に，これらの間にも副首長や局長，次長や係長らがいて，数多くの階層から構成される．

続いて，階統制組織を構成する地方公務員の現状である．図表 10-2 に地方公務員総数の推移を示した．1960 年代から 1970 年代にかけて右肩上がりに増加した後の時代を描いた．それまでは教員を中心に，警察・消防や福祉分野の職員が増えてきた．しかし，図のとおり，1980 年代以降は横ばいとなった．

職員総数は 1994 年度に約 328 万人でピークをつけ，その後は減少，2022 年度は 280 万人である．減少の要因は国が課した行政改革だ．人員削減の動機は財政難であって，住民ニーズが減ったわけではない．自治体はそれにどう対処したか．非常勤や任期付きの職員，派遣職員や民間への委託に置き換えたのである．これらを含んだ非正規職員数を，データが得られる 2005 年度から黒色で示したが，正規職員の減少分を補ってきたのがわかるだろう．

これら非正規職員も，自治体が雇用し，または派遣を受け入れる限りは図 10-1 の階統制に組み込まれる．一方，第 2 節以降の新たな政策実施手法では，業務が外部に切り出される．それを担ってきた人員は他の部署に異動となる．

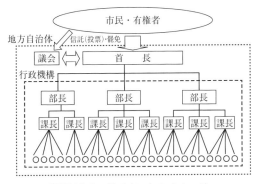

図表 10-1 ガバメントのイメージ

出所：筆者作成 1).

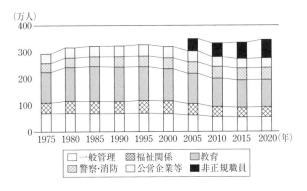

図表 10-2 地方自治体職員数の推移

出所：総務省（自治省）調査に基づき筆者作成 2).

階統制型の政策実施の実際

　階統制型組織の強みは，一律の基準に従って法を適用し，公平にサービスを提供するところにある．ここで公平とは，同程度の収入がある人には同程度の税が課され，同じ困難を抱える人には同じ支援を提供することを意味する 3).

1)　辻中豊・伊藤修一郎編 2010『ローカル・ガバナンス：地方政府と市民社会』木鐸社 p. 29 図 1-1 を一部省略.

2)　総務省「地方公共団体定員管理調査」，同「地方公務員の臨時・非常勤職員に関する実態調査」等．調査がない年は線形補間で（同じ増分で推移するとみなして）補った.

　これは階統制型組織の作動具合を考えてみるとよくわかる．ピラミッドの一番下に位置する職員が住民と向き合い，今の基準に合わないニーズをとらえたとする．上司に伺いをたてると，それが係長，課長と伝わって決定権者に到達して基準が変更される．それが今度は上から下に伝わり，末端の職員のすべてに届いて市民への応対がなされる．これにより公平性が担保される．

　この特徴は，変化が少ない環境において平等の扱いをするとか，決まりを権威的に執行することに向いている．しかし，変化に応じて柔軟に対応したり，個別の事情に応じた取り扱いをすることは不得手だ．変化が起こるたびに情報と命令が長い階段を上がったり下がったりしたのでは，ニーズに迅速かつ柔軟に応じられないことは明らかであろう．また，トップから一元的に下される命令や指示を，あらかじめ担当ごと，場面ごとに分けておくのも困難である．

　例えば生活保護でいえば，年齢，世帯人数，居住地などに応じた最低生活費の基準を厚生労働省が決めており，その基準に満たない収入の家庭に不足分の生活費等を自治体が支給することとなっている．生活保護が国の責務として行われるので，ヒエラルキーが厚労省までつながっているのだが，これにより全国で統一的な取り扱いがなされることになる．

　しかし現場では，基準を機械的に当てはめれば済むわけではない．要保護世帯はすべて異なる事情を抱えている．職員は，それを1件ずつ聞き取り，資産状況等を調査し，生活保護の必要性を判定しなければならない．また，生活保護の支給が決まれば，その後は訪問などにより生活状況を把握し，必要なら指導し，自立に向けた支援を行う．現場の職員は，個別の事情に対する配慮の必要性と一律・平等の取り扱いの要請の間で葛藤を抱えるのである．

　こうした仕事を行うケースワーカーを市では被保護世帯80ごとに1人配置する決まりがある（社会福祉法16条）．これでも世帯数が多すぎてケースワーカーの目が行き届かないが，この基準さえ守れない福祉事務所が多い．それは図10-2でみた行政改革による人員削減が進められてきた一方で，要保護世帯は年を追うごとに増えてきたためである．

　生活保護のほかにも自治体は，福祉，衛生，教育，警察など様々な分野で，

住民と直接向き合う**第一線職員（ストリートレベルの官僚制）**を抱える．その現場では，上述の葛藤によるストレスや処理能力を超えた業務量に対処するため，定型処理，門前払い，たらい回しといった特有の行動様式が編み出される[4]．これらは対象者の事情を無視し，ことさら負担をかけて窓口から遠ざけるもので，政策目的から逸脱した対応といわざるをえない．

人員不足下の政策実施

　自治体の執務室は，1フロアがぶち抜きか数部屋に分けた程度の「大部屋」に，数課が同居する．課は数人から数十人で構成され，仕事のまとまりで係（班・グループ）に分かれる．係員は数人から十数人で，係長のもとに執務机を寄せ集めた「島」を作って向かい合わせ・隣り合わせで働く．

　これを**大部屋主義**と呼ぶが，執務室の配置が雑居的なだけで，課長―係長―係員という階統制のラインは厳然と存する．むしろ大部屋主義の本質はひとつの仕事を複数人で共有する**複数担当制**と1人が複数の事務を担当する**複数業務制**の組み合わせにある．例えば，土木課の職員Aが屋外広告物（看板）の規制，甲地区の市道と水路の管理（パトロールや工事の許可）を担当し，職員Bがその副担当となる．更にBは主担当業務として，まちづくり条例と乙地区の市道・水路管理をもち，Aが副担当となるというイメージである．

　複数担当制には，協力し合って業務を処理し，繁閑に応じて仕事を補い合える長所があるが，責任の所在が不明確で，業務改善の主導権を誰も取らなくなりがちである．例えば，Aが市道の管理方法を変えたくても，先輩のBが言い出すのを待ち，Bは異動を控えて面倒は避けたがるような状況だ．

　一方，複数業務制は業務間の競合を引き起こす．処理しきれないほどに業務量が増えると，どの業務を優先して処理するかの選択権を担当者がもつようになる．上司に指示を仰いでも明確な判断が下されるわけではない．そうなると国や住民がうるさく言ってくる仕事が優先されたり，精神的負担が重い業務が避けられたりして，リスクが低く実績が評価されやすいルーティンばかりが実施されるようになる．それは住民にとって好ましい状態とはいえず，政策目的

4）　マイケル・リプスキー，田尾雅夫・北大路信郷訳 1986（原著 1980）『行政サービスのディレンマ：ストリート・レベルの官僚制』木鐸社.

も満たさない[5].

　担当者が抱える複数業務のそれぞれは，遡れば国の各省各課につながる．府省は自分たちの政策を優先して実施してほしいので，通知，マニュアル（要綱類），会議などを通じて自治体の担当者に働きかける．第 9 章でみた学校図書館をめぐる文科省の調査公表もそのひとつだ．最近では法令で自治体担当課に計画策定を課して政策実施を促す手法が広がり，その負担が問題視される[6].

　こうした問題を解決するには，人を増やすか業務を減らすかである．しかし，どちらもできないので，次節以降のガバナンス改革が登場した．

2.　自治体効率化の方策：市場型ガバナンス

　自治体は 1970 年代の低成長時代から，地方行革のもとに効率化を求められてきた．そのために民間企業を見習い，競争原理を行政の仕事に取り入れようとしてきた．これが 1990 年代に英連邦諸国で広まった NPM という考え方と結びついて日本でもブームとなった．これを**市場型ガバナンス**と呼ぶ．

NPM とは

　新公共経営（新公共管理）と訳される **NPM**（new public management）は，1990 年頃にイギリスで唱えられた言葉で，多様な行政改革手法の総称である[7]．行政の効率化を目的とし，主に英連邦諸国に普及した．

　NPM には 2 つの原理が見て取れる．第 1 は，政策実施部門の長への権限委譲と成果主義である．実施部門の採用や人事，予算，調達に関する権限を公募で選んだ長官に委ね，幅広い裁量権を与え，創意を発揮して運営方法を工夫してもらう．そのためのインセンティブとして，成果主義を導入する．成果があがれば長官の報酬が増え，失敗すればクビになるというわけだ．

5)　伊藤修一郎 2020『政策実施の組織とガバナンス：広告景観規制をめぐる政策リサーチ』東京大学出版会.

6)　今井照 2021「国法によって策定要請される自治体計画リスト」『自治総研』47 巻 515 号.

7)　欧州の NPM 理論・事例を紹介したテキストとして，大住荘四郎 1999『ニュー・パブリック・マネジメント：理念・ビジョン・戦略』日本評論社を挙げておく.

日本では三重県や静岡県など自治体独自の取り組みが端緒となって，**政策評価**が導入された．**行政評価**や**事務事業評価**とも呼ばれる．自治体で成果主義と連動させるまでには至っていないが，地方創生推進交付金など国の補助事業の中に，達成度測定を自治体に求めるものが出てきている．

NPM の原理の第 2 が，市場メカニズムの活用である．市場メカニズムとは，競争原理を働かせることと，ほぼ同義である．究極には**民営化**があり，その先には不採算事業からの撤退もある．国では，国鉄（現 JR）や電電公社（現NTT）の例がある．自治体では，独立採算で営まれる企業会計の事業が検討対象となる．例えば，公立病院の民間への譲渡である．

公共施設が複数あれば，公立のままで競争を促して運営を改善させる方法も考えられる．その一例に第 7 章でも触れたバウチャー制度がある．**バウチャー**という金券を利用者に渡し，利用者が登録された施設やサービス提供者の中から選ぶことによって競争が働くようにする仕組みである．ただし，うまく機能しない分野もある．例えば，学校選択制では，競争に敗れた学校を退場させるわけにもいかないので，序列化を促すだけになりかねない．

民営化まではいかないが，それに近い効果を得るために民間の資金や技術を活用する手法に **PPP**（public private partnership，官民連携）がある．PPPには市民参加やパートナーシップを強調した用法もあるが，ここでは NPM に寄せて，民間委託，指定管理者制度，PFI という手法を以下に紹介する．

民間委託と指定管理者制度

民間企業と契約して業務の一部を委ねる**民間委託**が広がっている．例えば家庭から出る一般廃棄物の収集についてみると，従来は自治体が清掃事務所などの現業部門をもち，清掃職員を直接雇用し，ごみ集積所に集められた一般ごみを収集して，処理場に運搬していた．この仕事を自治体が民間企業と委託契約を結んで外注するのである．一般競争入札によって企業を選定すれば，競争原理によって経費を節減できる．

民間委託の現状はどうか．100% 近い市町村が実施している業務には，一般ごみ収集のほか，庁舎管理（清掃，夜間警備，案内・受付，電話交換など），し尿収集，水道メーター検針，道路維持補修，ホームヘルパー派遣，高齢者向

け在宅配食サービス，情報システム維持，ホームページ作成・運営，調査・集計がある．学校給食（調理）はやや低くて約 70％ である[8]．

　窓口業務を民間委託する動きも政令指定都市，特別区，中核市で進んでいる．その狙いは，経費節減だけでなく，業務フローを改善して待ち時間を短縮し，市民満足度を高めるところにある．

　上掲調査の対象は，行政から民間へ実施主体が移ってきた業務である．もともと行政が民間に発注してきた業務も多い．例えば，道路や庁舎などを建設する公共事業は，自治体が資金を用意し，民間の建設会社に工事を発注してきた．設計は自治体の技術職が図面を引くこともあるが，設計会社に発注することもある．施設の企画や調査からコンサルタントに外注することさえある．これらは自治体が業務の一部を切り出して発注する点がポイントである．

　これに対して，図書館や運動施設など，公の施設の管理や運営を一括して民間に委託できる仕組みが作られた．2003 年の地方自治法改正で創設された**指定管理者制度**である．指定管理者には営利企業や NPO 法人などもなることができ，利用料金を収入とすることもできる．運営を丸ごと受託すれば，施設で働く職員の採用や人事，給与決定などの権限をもつことになる．2021 年度で全国の約 7 万 7000 施設に導入されるなど，広がりをみせている．

　施設の種類別では，宿泊休養施設や特別養護老人ホームなどに 70％ を超える市区町村が導入している．展示場や見本市，キャンプ場，福祉・保健センター，プール，文化会館には 50％ 超の市区町村が利用する．介護支援センター，競技場，大規模公園，体育館などは 40％ 超，博物館，児童クラブ，学童館，霊園・斎場，公民館，市民会館，図書館は 20％ 台の利用率だ．

　指定管理者制度の狙いは，経費節減と民間のノウハウの活用である．しかし課題もある．この制度の長短を，図書館を例に第 3 節で検討する．

PFI

　指定管理者より大掛かりに長期間にわたり，道路，河川，公園，庁舎，スポーツ施設等々の設計・建設・管理・運営の全部または一部を民間事業者に委ね

---

8)　総務省「地方行政サービス改革の取組状況等に関する調査」（2022 年 3 月 31 日公表）．以下，指定管理者制度に関するデータまでが同調査による．

る仕組みが **PFI**（private finance initiative）である．原語が定着し，1999 年制定の根拠法も PFI 法で通用する．

　この制度の目的は，民間からの資金調達，費用の節約，質の向上などだが，公共分野を民間企業に開放し，経済を活性化する狙いも大きい．

　前項の公共事業の外注と PFI が異なるのは，前者は行政が業務を個々に民間に発注するが，PFI では行政が企画・計画した後の資金調達，設計，施工，運営に至るまで丸ごと民間事業者と契約を結んで委ねるところである．

　PFI には，事業主体，事業の分野と範囲，方式によって様々な組み合わせがある．主体は建設，サービス，金融などの企業連合である．それを行政が公募して選定する．分野と範囲は，まだ実例は少ないが，上記の道路等のほか，ごみ処理場，福祉施設，学校等々の建設・改築や運営に広がっている．方式については，事業者が利用者から徴収する料金で建設・運営費用を回収するもの，行政が事業者に利用料を支払うもの，両者の折衷などがある．

　近年の実務で注目されるのは，コンセッション（免許）方式である．民間事業者が免許や認可を受けて公共施設運営権を取得する方式で，これが資金調達や安定運営の助けになる．例えば，上水道は欧州に倣って水道法が改正され，民間企業が運営権者として水道事業を経営したり，自治体が水道事業者として給水責任を保持したまま，運営権を民間企業に設定するなどが可能になった．背景には，高度成長期に建設された処理場や配水管の更新に多額の費用が見込まれることがある．世界的企業に委ねて効率化を図る，技術力をもつ自治体が受託して規模の利益を活かすといった利点を挙げる論者がいる．一方で，モデルとなった欧州で水道料金高騰や水質低下などの問題が起きていて，住民利益に資するのか，事業が持続的なのかといった懸念も出ている．

3. 効率化方策の検討

　前節でみたように，民間委託や指定管理者の普及度は分野によって異なっていた．例えば，宿泊休養施設や特別養護老人ホームでは高く，図書館では低かった．それはなぜか．まずは理論的に検討し，事例で具体的に考えよう．

政府か市場か

　この論点を考える手がかりとして，経済学の理論を紹介しよう[9]．サービスを調達（自治体が住民に提供）するのに，組織（階統制）によるか市場によるかの判断基準となる考え方である．前者が職員を雇用して直接行うもの，後者が民間委託や指定管理者制度で外部から調達して提供するものである．

　まず，財やサービスの性質である．単純でマニュアルに従えば誰でもできる業務はアルバイトや外部調達に適する．複雑で状況に応じた対応が必要な業務は内部雇用することで，経験を通じて知識を組織内に蓄積するのが望ましい．

　次に市場が競争的かどうかである．競争があって受注者が期待外れなら交代可能なことが市場調達の条件となる．庁舎管理やホームページ作成などが民間委託されるのはこのためである．

　業績測定が容易であるかも民間委託の判断基準となる．測定が難しければ，受託者が手抜きをしていてもわからないので委託に適さない．自治体は受託者の報告を求め，抜き打ち調査や利用者満足度調査などを行うが，調査に手間と費用がかかりすぎるようなら，自ら実施すべき業務だったということになる．

　実施の経験や知識を行政組織の手元に残したい業務は，民間委託せず，直接雇用した職員に実施させることが望ましい．職員が怠けないよう監督し，待遇を良くしたり，転職の障壁を設けたりして，組織に留まるよう仕向ける．

　こうした考え方の応用例とされるのが，情報システムの構築である．既存の業務手順に合わせて複雑なシステムを組んでもらうと，それ以降は受注業者に維持から改修まで頼まざるを得なくなり，高い金額を請求される．それを狙った「1 円入札」もあった．それを避けるためには，業務手順を簡略化して汎用品を使うようにするのが良い．また，情報システムの専門家を雇い，調達予定の大きなシステムを幾つかに分割して，各モジュールの設計に小さな業者が参入できるようにした県もある．そこに競争が働けば独占業者に儲けられてしまうことはないし，ノウハウが内部に蓄積されるのである．

9）　より詳しくは，秋吉ほか，前掲書，第 13 章（伊藤修一郎執筆）及び伊藤，前掲書，第
　　4 章．

具体例での検討：ごみ収集と図書館

具体例として，ごみ収集が民間委託に適した業務かを考えよう．作業が単純かについては後述のように議論があるが，民間企業向けの収集業者も多く，地域にもよるが市場の競争度は高い．路上での作業なので業績測定もしやすい．これらのことから，民間委託が進んでいることが説明できる．

一方，行政学者が一般ごみ収集車に乗り込んで参与観察を行った研究では，反論も示されている[10]．収集員は住民と誠実に接し，苦情に臨機応変に対応できないといけない．また，破袋調査（ごみ袋を破って中身を調べること）とごみ出し指導のノウハウが求められる．これらには相手を怒らせずに説得する対人技術が必要で，その知識やノウハウが民間委託によって失われるという批判である．つまり，業務の性質を単純作業とみるか，複雑性や専門性が高いとみるかが分かれ道となるが，自治体は前者とみていることになる．

より深刻な批判は，民間委託による効率化は民間の低賃金によるものであって，行政が委託を進めることで，公務労働の低賃金化を促進しているというものである．この点については，次の例をみた後に考えよう．

続いて公立図書館を取り上げる．2021年度で公立（都道府県・市区町村立）図書館3372館のうち704館（20.9%）に指定管理者制度が適用されている[11]．受託者は，取次や出版社などが出資した図書館流通センターが半数超のシェアをもつ．二番手以下はシェアが小さい．給食や学童保育，人材派遣，情報処理などの関連業界のほか，畑違いの地元企業も参入している[12]．一時期話題だったCCCは複合交流施設の受託が主で，数も10館程度だ．

指定管理者制度の狙いのひとつは，上述のとおり経費削減である．書籍購入費は一括で扱うことにより節減が可能であるから，出版社や取次の出資企業が多く受託していることに納得がいく．他方，人件費については削減余地が小さい．既に非正規職員への置き換えが進んでいるからである．2022年度の公立図書館職員総数が4万3727人なのに対して，専任・兼任職員1万2622人

10) 藤井誠一郎 2018『ごみ収集という仕事：清掃車に乗って考えた地方自治』コモンズ．
11) 文部科学省「社会教育調査」（2021年度，e-Statより入手）．
12) 桑原芳哉 2022「公立図書館の指定管理者制度導入状況：2018年度以降の動向を中心に」『尚絅大学研究紀要 A. 人文・社会科学編』54巻．

（28.9％），非常勤職員 2 万 1053 人（48.1％），指定管理者職員 1 万 52 人（23.0％）で[13]，非常勤職員が突出して多い．ちなみに民間を含めた全労働者の非正規率は 36.5％ である．

　非常勤職員等の非正規雇用には，民間委託と同様に，業務を定型的な単純作業とみて，市場から調達しようという発想がある．競争があって代わりが利くので，労働市場から低賃金で安く調達できるとみているのだ．しかし，図書館業務が単純作業ということはない．司書は資格をもった専門職である．レファレンスや選書なども任されている．にもかかわらず不安定な雇用条件におかれ，経験を積むことも難しく，自ら専門性を高める努力を続けることも容易でない．経費節減が目的の自治体が研修等に投資することも期待できない．

　司書だけでなく，教員，ケースワーカーなど専門性を要する職が非常勤・臨時・有期の職員に置き換わり，一般行政においても非正規職員が正規職員と同等の職務を担っている．業務の性質を見極めて効率化を進めているのではなく，財源不足と人員削減要請に場当たり的に対応しているのが実情なのである．

　民間のノウハウ活用という狙いは満たせているだろうか．これは見方が分かれる．ビジネスマンの調べ物を手助けし，よろず相談に応じるコンシェルジュを置いたり[14]，デジタル化やアーカイブの構築，開館時間を延長したりということになると，民間に一日の長がある分野もありそうだ．一方，おはなし会や読書会，展示など，様々なイベントは直営でも実施している．

　図書館の運営ノウハウ，特に選書，レファレンス等は長年の運営で職員に蓄えられていくものだ．指定管理者は数年に 1 回の契約更新時に見直しがある．それでは蓄積が失われてしまいかねない．また，一定期間経過後に交代の可能性があっては，十分な投資ができないこともある．この点，制度利用が進んでいるスポーツ施設や市民会館など，様々なプログラムの開発・実施に民間施設で培われたノウハウが活かせる施設との違いが見いだせる．

　そもそも公共図書館については，ここまで試みたような費用や効果の検討の前に，公共図書館の目的は何か，どのような図書館が「成功」といえるのか，

---

13)　日本図書館協会図書館調査事業委員会日本の図書館調査委員会編 2023『日本の図書館
　　　統計と名簿 2022』，日本図書館協会ウェブサイト「日本の図書館統計」も参照．
14)　猪谷千香 2014『つながる図書館：コミュニティの核をめざす試み』ちくま新書．

という原点から考えてみる必要がある．ベストセラーを複数冊備えて利用人数や貸出冊数を増やすのか，調べ物に役立つ選書とレファレンス体制を整えるか，子ども向けのイベントを充実させ，更には居場所づくりまで踏み込むか．その目的に指定管理者が資するのか，議論してみてほしい．

4. 公共サービスの多様な担い手：ネットワーク型ガバナンス

ここまで階統制型と市場型のガバナンスをみてきたが，第3の類型に**ネットワーク型ガバナンス**がある．行政学では，欧州から移入された用語法に基づき，**参加ガバナンス**とか，単に**ガバナンス**と呼ぶこともある[15]．

参加ガバナンス論

行政学にガバナンス論が登場した背景には，公共サービスをめぐるニーズの多様化や増大がある．例えば，後述する高齢者介護のニーズは膨大なものがあり，高齢者の状況も一人一人異なるので，量的充足と同時にきめ細やかな対応が求められる．これは保育や教育など様々な分野にも当てはまる．

こうした多様なニーズに柔軟に応えることは，階統制型の行政組織が苦手とすることだと第1節で述べた．長い階層を情報が上下に行き来するには時間がかかるからである．そこで自治体では，課や係を廃して組織階層を減らすフラット化やグループ化，状況に応じて係を組み替える柔構造組織，現場への決定権限の委譲など，NPMにも数えられる改革が試みられてきた．しかし，行政組織に根差した本質的な性格は変えがたく，元に戻ってしまう例も多い．

それを補うべく，より本質的な変化も起こっていて，それが**ガバメントからガバナンスへ**という表現で言い表される．ガバメントとは上述の階統制型の組織とサービス供給のあり方を指す．もう一方のガバナンスとは何か．多様な担い手が参加して，きめ細かい対応と量的充足を同時に満たす新たなサービス供給のあり方である．民間企業が参入すれば大量供給に道が開ける．利益があがるとみれば，新たな参入も見込める．企業や市民団体・NPOは，行政組織に

---

15) ガバナンスを論じた有名な論文として，Rhodes, R. A. W. 1996. "The New Governance: Governing without Government." *Political Studies* 44 を挙げておく．

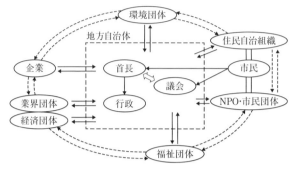

図表 10-3　ガバナンスのイメージ

出所：筆者作成 16).

ない発想をもち，公務員では入りにくい地域や集団にもアクセスできる．サービスの受け手である当事者や市民がボランティアなどの形で参加してサービス供給に関われば，見逃されがちなニーズを掘り起こすこともできる．

　ガバナンスにおいて，ヒエラルキー（階統制）に対比されるような組織の特徴は，ネットワークである．そこでは行政機関の位置づけも変化する．自らが権威的に執行するのがガバメントの役割なのに対して，ネットワーク型の参加ガバナンスにおいては舵取り役として多様な参加者を支援する立場となる．行政機関は少し背後に退いて調整役になるのである．そしてガバナンスでは，ボランティアや NPO，民間企業といった参加者のすべてがステークホルダーとして関わる．ステークホルダーとは，利害関係者という意味である．

　こうした特徴をあえて単純化して図示したものが図表 10-3 である．自治体の周辺には多様な主体が，相互に緩やかな関係を取り結ぶ．図には環境団体，住民自治組織（☞第 12 章），ボランティアや当事者としての市民，NPO・市民団体や福祉団体，そして企業や業界団体，経済団体などを記載した．

　これらがごく一部であることは言うまでもない．第 6 章で社会団体が約 9 万あり，その一部がロビー活動で政策を要求し，監視し，政策実施に協力するなどの政治参加をしていることを紹介した．また，企業は日本全国で約 360 万あり [17]，そのごく一部が参加するだけでも大きな数となる．これらが担い手と

16)　辻中・伊藤，前掲書，p. 31 図 1-2 を一部修正．
17)　総務省・経済産業省「経済センサス（企業等に関する集計）」（2021 年）．

なれば，自治体が独占している状態に比べて，はるかに供給力が高まり，柔軟な対応が可能になる．そこで自治体に期待されるのは，ネットワークに秩序をもたらし，向かうべき方向性を示し，支援するとともに，重複や空白となる地域がないよう調整し，参加者の機会主義的な行動を抑止する役割である．

本書を順に読んできた読者は，実はガバナンス論が第5章や第6章の住民参加や市民運動と密接に関係すること，行政から民間へという側面はNPMとも重なることに気づいたと思う．そうした観点から多くの理論が提唱され，扱われる事例も福祉，まちづくり，地域振興，環境と様々に広がる[18]．その中から，参加の側面を切り取って提示したのが上の説明である．

参加ガバナンスの例：高齢者介護

高齢者福祉を例に，ガバメントからガバナンスへの移行を具体的に考えてみたい．2000年の介護保険制度の施行を，介護サービス供給方式の転換点とみることができるか検討しよう．

介護保険制度は，介護の社会化をスローガンに，**措置から契約へ移行する**ことを目指して導入された．措置とは聞き慣れない言葉かもしれないが，サービスを誰にどの程度提供するかを行政が決定することを意味する．従来，公的介護は税金を原資として，市町村や社会福祉協議会などの限られた主体がサービスを提供するものだった．介護サービスを受けるには，まず利用希望者が行政の窓口に申請する．行政は，一人暮らしで低所得のために施設にも入れない人に限るといった基準を設け，あなたは家庭の事情で自助が難しそうなので助けてあげましょう，と支援を「措置」していたのである．

まさにガバメントによるサービス供給だが，供給量に限りがあって，大多数の人は公的介護が受けられない．かといって，民間の訪問介護や介護施設も数が限られており，費用も高く，利用できる者は一握りだった．この前提には家族が高齢者の面倒をみるべきだという規範があり，そのために特に女性に重い負担がかかっていた．このような介護の仕組みは，日本の老人福祉政策の始まりとされる1963年老人福祉法の制定時から続いてきたものだった[19]．

---

18) 理論や事例研究の例に，山本啓2014『パブリック・ガバナンスの政治学』勁草書房，坪郷實編2006『参加ガバナンス：社会と組織の運営革新』日本評論社を挙げておく．

　それでも 1960 年当時の高齢化率は 5.7% だったので何とかなったのかもしれない．しかし，1970 年に 7.1%，1980 年に 9.1% という伸びを示し，行き場のない高齢者が介護を目的に病院にとどまる社会的入院，十分なケアが受けられない「寝たきり老人」などが問題になった．1980 年代末のゴールドプラン策定によって高齢者介護の問題に対応する流れが強まり，社会保障財源として消費税も導入された．ゴールドプランとは，高齢化率が 10% を超える社会状況に対応するため，介護サービスの量的充足を図る計画であった．

　1990 年代の新ゴールドプランでは，自治体による介護サービスの充実や在宅サービスの推進が打ち出された．しかし，従来型の供給方式では爆発的に増える高齢者のニーズに対応できないことが明らかになり，介護保険制度の導入が準備された．そして 1997 年に介護保険法が成立し，2000 年の施行に至った．当時の高齢化率は 15% を超え，核家族化や同居家族の高齢化により，家族が支えることが不可能になっていた．そこで自立支援や利用者本位といった理念のもと，社会保険方式で高齢者を支える仕組みが構想されたのだった．

　介護保険制度は次項で述べるとおり，保険によって加入者から財源を集め，介護が必要になった者が事業者とサービスを選んで利用し，その料金の過半が保険から支払われる仕組みである．サービスの提供は，企業，社会福祉協議会，農協，生協，NPO など多様な主体が担う．これによりサービスの量と質が充実し，家族の負担が軽減された．市町村は介護保険の運営者となり，舵取り役に徹することとなった．この点は参加ガバナンスの特徴を示している．

　利用者と介護事業者が相対の契約を取り結ぶ点は市場型でもある．政府が介護報酬（利用料金）を定め，利用者の範囲や利用できるサービスの種類をコントロールしている点は階統制型の特徴も残している．

　しかし何といっても，参加者が広がった点が大きな変化だ．多数の介護事業者が参入して主たる供給者となったことをはじめ，NPO や市民ボランティアが見守りや傾聴サービス，認知症サポーターなどの活動を担う支え手となった．また，医師や介護職などの専門家，高齢者とその家族がネットワークの一端を占め，制度形成とサービスの決定過程に参加するようになった．これらは参加

---

19)　以下の歴史の記述は，厚生労働省老健局 2016「日本の介護保険制度について」．

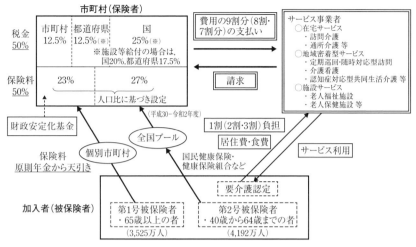

図表 10-4　介護保険制度の仕組み（2021 年度 5 月現在）

出所：厚生労働省老健局 2021「介護保険制度の概要」p. 3 を一部省略.

ガバナンスの定義に当てはまる特徴だといえる.

介護保険制度の仕組みと課題

　第 8 章でみたように高齢者福祉は自治体歳出の大きな割合を占める. ここで介護保険制度の現状と課題を理解しよう. 図表 10-4 の左上の長方形の囲みが介護保険財政であり, 市町村が保険者となって運営を担う. 介護保険財政は税金 50%, 保険料 50% で成り立つ. 税金 50% の内訳は市町村 12.5%, 都道府県 12.5%, 国 25% である. 保険料は下方に描かれた加入者が納める. 65 歳以上の第 1 号被保険者が 23% 分, 40 歳〜64 歳の第 2 号被保険者が 27% 分を納める（人口比によって変動する）.

　自立が難しくなった保険加入者が市（町村）に連絡すると, 市は専門家を派遣して要介護認定を行う. そこで体の衰えや認知症の進行などが審査され, 要介護度が判定される. 要介護度ごとに利用できるサービスの量が決まっているので, その範囲で, 図右上に描かれた在宅サービスや施設サービスなどの中から加入者が必要とするサービスを選んでケアプランが作成される. 加入者はサービス事業者と契約し, ケアプランに沿ったサービスの提供を受ける.

　サービスを利用した時に，所得に応じて 1 割〜3 割の自己負担が発生する．皆さんが病院にかかると医療費の 3 割分を病院に支払うのと同様である．残りの 9 割〜7 割は，サービスを提供した事業者が介護保険を運営する市町村に請求し，介護保険から支払われる（図の右と左の囲みの間のやり取り）．

　介護保険は保険であるから，保険料を支払う人が十分に多く，サービス利用者が一定数に収まることで成り立つ．40 歳から 64 歳までの現役世代や 65 歳以上の高齢者の多くが元気で自立した生活を送っていて，その人たちが納める保険料によって要介護者の費用を賄えることが前提である．

　若い人たちは今の元気な状態がいつまでも続くと考えがちで，保険料は払い損だと考える人もいるだろう．しかし，誰もが歳を取ることからは逃げられない．体の機能が衰えてサービスが必要になった万が一の時に備えて保険料を納め，利用しなくて済んだら幸せだと考えればよいのである．

　ほとんどの人が自分の老後の前に，親の介護に直面することも忘れるべきでない．家族の介護に直面した時，地域包括支援センターなどの窓口に相談できて，本人の希望や家族の状況に応じてケアプランを作成してもらい，サービスを受けられる，しかも費用負担は一部でよいという仕組みが，どれだけありがたいものか，そうなったときに実感するだろう．このように，介護が必要になるリスクを社会でみんなが分け合うことが，介護の社会化である．

　一方で，この仕組みは，対象者を絞った措置によって抑え込んでいた介護ニーズを顕在化させた．制度の開始から 15 年でサービス利用者は 3 倍になった．今後も高齢者の増加と，支え手の減少が見込まれている．

　その対応として，介護保険料と自己負担割合の引き上げ，サービスの制限（要介護度が低い加入者向けサービスの除外）などが始まっている．今後は第 2 号被保険者となる年齢の引き下げなども避けられない見通しだ．

　介護保険の課題には，介護人材の不足もある．低い報酬と過酷な労働条件のもとでは，やりがいを感じている人たちも他の業種に移らざるを得ない．都市部と地方圏の格差もある．高齢者が多い地方圏はサービスの利用者が多くて保険財政を支える勤労世代が少ない．人口がまばらだとサービスの供給効率が悪くて事業の採算がとれない．こうした構造は制度の維持を難しくする．

　しかし，もはや介護保険なしで家族がケアする時代に後戻りすることは考え

られない．介護離職が相次ぐような状況は，経済活動を低下させるし，豊かで幸せな社会とはいえないだろう．この仕組みを破綻させてはならない．まずは，担い手を確保し充実させていくために参加ガバナンス的な方向性を維持することは間違っていないだろう．同時に市場型ガバナンスの長所を加味して無駄をなくす工夫も必要になる．更に重要なことは，リスクと負担を公平に分かち合うことである．そこに強みがあるガバナンスは，階統制型のそれである．政府・自治体をネットワークの中にどう位置づけるか．参加ガバナンス論の大きなテーマのひとつであり[20]，制度設計の論点でもある．

まとめ：新たなガバナンスは問題解決につながるか

　ここまで，自治体の現場の実情とその改善のための取り組みを3つのガバナンスに整理して紹介してきた．公平なサービス提供の要請が続く一方で，財源や人員の不足が深刻化し，ニーズの増大や多様化が進んで，自治体は難しい対応を迫られてきた．新たなガバナンスは，それに向き合う工夫であるが，その特質を理解しない適用は，新たな課題を生んでもいた．

　それでも新たなガバナンスに向けた手法は広がりをみせている．皆さんにはリサーチで身の回りの施設への導入状況やその受け皿となる主体があるかを調べてもらった．結果はどうだったろうか．またそれが何らかの効果をもたらしているかを含め，身近な問題として考え，議論してみてほしい．

---

20) 山本，前掲書，第1章．辻中・伊藤，前掲書，第1章（伊藤修一郎・近藤康執筆）．マーク・ベビア，野田牧人訳 2013（原著 2012）『ガバナンスとは何か』NTT出版．

第11章 コモンズと自治
自治体はなぜ必要か③

10分間リサーチに代えて　次の3事例に共通の構造がないか探ってみよう.
事例1　白いサンゴの鳴き砂ビーチとマングローブの河口が広がる島に, リゾートホテルが建設されて観光客が押し寄せている. これが増え続けると, 鳴き砂は黒く汚れて鳴かなくなり, ホテルの照明でウミガメも産卵に来なくなり, 貴重な自然とともに島の魅力が失われるのではないかと住民が懸念する.
事例2　温室効果ガスの削減に貢献しようと, ある自治体が行動計画を策定したが, 市民に行動を変えてもらうことは容易でなく, 大国が参加しない枠組みに小さな自治体が貢献するより, 他にやることがあるとの批判もある.
事例3　県の特産だった魚の漁獲高が減って久しい. 漁協が自主規制を決め組合員が従った結果, 群れが再び来るようになった. 組合長は県が科学的根拠を示したこと, この魚を県民が大切に思う心が地域の食文化などに残ることが成功の鍵だったと語る.

はじめに

　地方自治はなぜ必要か. この問いに本書を通じて取り組んできた. 政治思想や公共財の理論で, 今の自治体が担う役割のかなりの部分をカバーしたつもりだが, まだ説明し切れない仕事が残る. 例えば, 環境保全や資源保護, 景観・町並み保全, まちづくりなどである. これらをなぜ自治体が担うのか. いかなる解決策が採られていて, 自治体がどのように関わるのか考えよう.

1. 政策課題の共通構造：コモンズの悲劇と社会的ジレンマ

　まずは冒頭の事例に共通の構造として次の2点に着目しよう.
　(1) 問題となるものの性質, その利用者（受益者）の範囲と利用形態
　(2) 利用の持続可能性と制限

事例の共通点

離島の例では，美しい景観や自然が，住民に生活の潤いや満足感を与え，観光客には癒しや感動を与える．ホテルや飲食店，マリンショップなどの観光業者と従業員は収入を得る．鳴き砂の汚れが波に洗い流されるように自然も再生し長期の恩恵が得られるものだが，観光客数が一定限度を超えれば，浜や植生を踏み荒らし，船や車が海や大気を汚し，ホテルや店を建てるためにマングローブが切り倒されて，もはや回復不能となる．

では，利用を制限することはできるか．ホテルや店の建設を止められるか．利益が見込めるなら更なる建設計画が持ち上がり，島民による土地売却を止めることは難しい．隣地の民宿や土産物店が賑わっているなら，自分もと考える者は出てくる．それが許されないとなったら，なぜ自分だけがだめなのかと怒るだろう．フェリーの本数を減らすなどの入島制限はどうか．すでに営業している者の儲けが減るような取り決めに，皆が合意できるか．自前の船を仕立てるなどの抜け駆けを取り締まれるか．

残りの事例も簡単にみておく．温暖化の例では地球環境が危機に瀕していて，その利用者は私たち人類である．経済活動で排出された温室効果ガスが一定限度内なら海や植物が吸収する．その限度を超えれば氷河が溶けるといった不可逆の変化が起こる．国際会議では，排出制限を求める一部の先進国と，これから発展を遂げたい途上国との対立もあり，合意に至っていない．大枠がまとまらないまま自治体が住民に節電などを呼びかけても，協力は得られにくい．

枯渇しつつある水産資源から利益を得てきたのは，まずは沿岸の漁業者達だ．それを仕入れる流通業者と，その先には消費者がいる．漁業者が漁獲制限をすれば，漁獲量は回復するが，沿岸一帯で足並みを揃えなければ効果がない．制限期間を耐えるのは辛く，常に抜け駆けの誘因がある．

共通構造とコモンズの悲劇

ここで理論的に整理しよう．事例からは次の共通構造を抽出できる．

(1) 人々に利益を与えるが，その利用が限度を超えると破壊されてしまう．

(2) 複数人に共同で利用されている．オープン・アクセスから，限られたメンバーシップまで幅はあるが，他者の利用を排除することが難しい．

こうした構造をもつ財や資源のことを**コモンズ**と呼ぶ．もともとコモンズと
は共有ないしは共同利用される放牧地のことを指す．コモンズは適度な利用な
ら毎年利用することができる．しかし，豊かになろうと皆が競って牛を増やせ
ば，牧草が食いつくされ踏み荒らされて再生しなくなり，土壌が流出して砂漠
化してしまう．アメリカの生物学者・人間生態学者のギャレット・ハーディン
が，人口問題，環境汚染などについて，各人が短期的な自己利益を追求する結
果，皆が破滅してしまう構造を**コモンズの悲劇**として論じたことを機に[1]，
様々な分野の同様の課題を表す喩えとして使われるようになった．

コモンズの悲劇は，上述のような構造ゆえに解決が難しいとされるが，集落
の共同管理によって長く日本の農業を支えてきた里山の入会地のように，悲劇
的な結末に陥らないコモンズも存在する．経済学者のエリノア・オストロムは，
こうした事例が世界各地にあることを指摘し，それを分析して，コモンズを適
切に管理し，利用し続ける条件を示した[2]．本章の課題は，そこに自治体がど
う関わるか，なぜ自治体がそうした仕事を担うのかを探ることである．

一応の定義を示そう．オストロムはオープン・アクセス（共同利用）の資源
を**コモンプール財**（**CPR**: common-pool resources）と呼んで，共有されるコ
モンズとは区別しているが，ここでは区別せずにコモンズの語を用いる．ここ
でいうコモンズは，共同利用される再生可能な財，資源，環境などである．節
度をわきまえて利用すれば永続的に利用可能だが，利用者の近視眼的な自己利
益追求を招きやすく，限度を超えた利用によって容易に破壊される[3]．

以上のような定義に公共財との類似性を感じた読者もいるだろう．オストロ
ムは本書第 7 章で扱った各種の財との異同を理論的に整理している．図表 11-
1 は横軸に競合性（コモンズ論では控除性），縦軸に排除可能性をとっている．
非競合的で排除困難な公共財は左上に，競合的かつ排除可能な私的財が右下，
非競合的で排除可能なクラブ財が左下，コモンズが右上に位置する．

1) Hardin, Garrett. 1968. "The Tragedy of the Commons." *Science* 162. 邦訳はシュレー
ダー・フレチェット編，京都生命倫理研究会訳 1993『環境の倫理 下』晃洋書房に所収.
2) エリノア・オストロム，原田禎夫・齋藤暖生・嶋田大作訳 2022（原著 1990）『コモン
ズのガバナンス：人びとの協働と制度の進化』晃洋書房.
3) 伊藤修一郎 2006『自治体発の政策革新：景観条例から景観法へ』木鐸社.

競合性（控除性）

排除可能性		低	高
	難	公共財	コモンプール財
	易	クラブ財	私的財

図表 11-1 コモンズや公共財の位置づけ

出所：オストロムらの著作4) から訳出，一部加筆.

コモンズの悲劇に類する構造は，事例でみた地球環境から水産資源，観光資源となる自然環境，更に地下水や温泉，山菜などの森林資源まで，私たちの生活の場に多く見出すことができる．ほかにも政府財政に適用されることがあり，ゼミで共同利用するコピーカードにも当てはまる．清潔な都市環境や秩序ある町並み，歴史的景観などにも応用できる．人々が気ままにゴミをポイ捨てすれば生活環境が悪化し，周囲と調和しない高層マンションを建てれば景観が破壊されてしまうからである．こうしてコモンズを列記すると，資源保護，環境保全，廃棄物処理やリサイクル，景観保全，観光振興，まちづくり，地域振興といった自治体の仕事と対応関係にあることに気づくのである．

コモンズの悲劇と社会的ジレンマ

上に挙げた資源や財をめぐる問題は，見かけは様々だが共通の構造ゆえに，利用者がとりうる戦略とそれがもたらす帰結に共通点を見出せる．それを抽出し，ゲーム理論という分析方法で記述したのが図表 11-2 だ．わかりやすく2人の利用者（プレイヤー）のゲームに単純化し，プレイヤー1の戦略を表側におき，それを選んだときの利得をセルの左側に，プレイヤー2の戦略は表頭に，利得はセルの右側に示す．放牧する牛の頭数や漁獲量を制限する戦略を協力，好きなだけ放牧・漁獲する戦略を裏切りと呼ぶ．プレイヤー1が協力，プレイヤー2が裏切りを選んだ時の利得は，{1，4} の組み合わせとなる．

このように記述されるゲームは囚人のジレンマと呼ばれる．より一般的には社会的ジレンマという．よりよい利得を得るためどの戦略をとるべきかは，プレイヤー1は左の数字を縦に，プレイヤー2は右の数字を横に比較すればよい．そうして得られる結論は，相手がどの戦略を選んでも，裏切りが各プレイヤー

4)　Ostrom, Elinor, Roy Gardner, and James Walker. 1994. *Rules, Games, and Common-Pool Resources*. Ann Arbor: University of Michigan Press, p. 7.

プレイヤー2

		協力	裏切り
プレイヤー1	協力	3, 3	1, 4
	裏切り	4, 1	2, 2

図表 11-2 コモンズの悲劇のゲーム論的記述

出所：筆者作成.

に最良の利得をもたらすというものだ.

　こうして相手の出方を考えた上で最良の利得を得ようと選択した結果を均衡と呼ぶ. 囚人のジレンマの均衡は，両者とも裏切りを選ぶことである. 放牧地でいえば，皆が多くの利益を得ようと牛を増やすという選択だ. その結果，過放牧となって一部の牛が死に，利得 {2, 2} しか得られない. これが続くと仮定して，{裏切り，裏切り} の利得を {0, 0} に設定してもよい.

　しかし，この均衡はパレート最適（☞第7章）ではない. 両プレイヤーとも協力を選んだ方が，よりよい利得を得られ，それがパレート最適となる.

　では，あなたなら利益の追求をやめて我慢するか. もし自分が協力するとして，相手はどうか. 自分が制限しても，誰かが抜け駆けして牛を増やすのではないかと心配になるだろう. 図表11-2のゲームでいえば，{1, 4} となるのを恐れるプレイヤー1の心境である. こう考えていくと，結局誰も自制できず，皆が過剰な利用を続けてコモンズの破壊に至る. これがジレンマであり，皆が協力すれば利得が大きくなることがわかっていても抜け出せないのである.

　第6章で紹介したオルソンの集合行為や第7章の公共財にも，実はジレンマ状況が発生していた. そこではフリーライダーを排除できないことが問題だった. これも自己利益を追求する個人が，他人の努力や負担にただ乗りしようとすることによって，囚人のジレンマと同様の帰結に至るのだ.

2. 3つの解決策と自治体の役割

　以上のような囚人のジレンマ状況を，どうやったら打破できるか. これが本節で扱う論点になる. そのための協力行動をどう取り決めるか. その取り決めをどう守らせるか. いかにして違反者を発見するか. 維持管理の費用をどのように割り当て，どう支払わせるか. これらはひとつひとつが難問であり，それ

を解決するために政府や自治体が必要だという理屈づけが登場する.

事例にみる解決策

まずは冒頭に取り上げた事例について，思いつく解決策を列記してみよう. 離島の観光客増加には，観光業者による自主的な利用制限がある. ツアー時間の限定やツアー船数の制限などによって島に入る観光客数を減らすのだ. 自治体の条例でツアーにガイドをつけることを義務づけて入島数を制限したり，法定外目的税（☞第9章）としての入島税を課すといった方法もある. 砂浜をホテルのプライベートビーチにすれば，ホテルが大切にするので，鳴き砂やウミガメの産卵場所が荒らされる心配はなくなるという発想もありうる.

地球温暖化については，まず国連気候変動枠組条約締約国会議（COP）を挙げるべきだろう. 各国が温室効果ガス削減目標を設定し，その運用ルールを定めることが目指されている. しかし，前述のような各国の思惑の違いから，実効性のある目標設定も運用方法も合意できていない. 他方で，他国の削減に協力した分を自国の削減分とみなすとか，排出権を設定して余った権利を市場で取引できるようにするといった誘導方法が提案されるなどの進展はある. こうした枠組みに位置づけてこそ，地域の貢献も意味あるものにできる.

水産資源については，国際協定による漁獲枠の設定から，国内の県，漁協，個々の漁船への割り当てまで，様々なレベルの取り決めと，それを守らせるための監視，取り締まり，支援などの取り組みがある.

こうした解決策を整理すると，大きく3つに分けることができる. 第1は私有化によるものである. 市場による解決と言い換えることもできる. 第2は権力によるもので，政府による解決といってもよい. 第3が自治によるもので，共同体による解決ともいえる. 自治体の関わりは，権力をもつ主体として第2の解決を担い，第3の解決に地域の人々を向かわせる役割である.

市場，政府，ネットワークという3分法を第10章で紹介した. 市場と政府（組織）を対比し，更に共同体やネットワークなど第3の道を提示する整理法は，社会科学でよく用いられる. ただし，あくまで図式的整理だ. 権力には二面性があり（☞第4章），共同体にも両極の評価がある（☞第12章）.

私有化：市場による解決

　第1は私有化による解決である．コモンズが共同利用されていることが問題の原因なのだから，私有化してコモンズでなくしてしまおうという発想で，人は自分のものなら大切にするという前提がある．例えば，放牧地を分割して払い下げたり，離島でプライベートビーチを設定したりすることだ．

　この方法の難点は，誰のものとするか，分割するならどう分けて，どこを誰の取り分とするか，その対価を幾らに設定するかに合意しなければならないところだ．また，分割できない財や分割しにくい資源もある．例えば，公海上を回遊する魚群や地球を取り巻く大気である．

　これにも対処法はある．国際協定で母川国に権利を認め，漁獲枠を取り決め，大気に温室効果ガスの排出権を設定することだ．しかし，分割時の合意の問題は残る．どの国も少しでも多くの割り当てを要求するからである．また，割り当てられた枠を国内で共同利用する限り，コモンズであり続ける．

　分割できたとしても，分割する方が共同で利用するより非効率である可能性もある．例えば，分割した放牧地に柵を設けるなどしてしまえば，牧草の生育が悪く牛が飢える区画と，牛が肥え太ってもなお牧草が余る区画が生じても，前者の利用者が後者に入って放牧するといった融通が利かなくなる．

　もちろん牧草の余剰分を取引することはできる．牧草を刈り取って運搬しても，一時的に柵を取り払ってもよい．地球温暖化の問題に関して，排出権が足りない国が余った国から買い取ることと同様である．

　問題は，その取引がまとまるか，そういう取引を行う市場があるかだ．そもそも合意できるような関係であれば，コモンズのままで譲り合って利用することができたはずだ．お互いの信頼関係がないから分割しか解決法がないのであって，そのような関係性では分割後の課題解決に合意することも難しいだろう．議論の場の設定や決め方のルールを話し合う間に牛は死んでしまう．

権力：政府による解決

　第2は権力による解決である．この解決方法は，第三者が強制力を行使してコモンズの利用者に決まりを守らせるもので，シンプルかつ明快だ．

　現代社会で強制力をもった第三者とは，通常，政府機関を意味する．まずは

プレイヤー2

		協力	裏切り
プレイヤー1	協力	3, 3	1, 2
	裏切り	2, 1	0, 0

図表 11-3 コモンズの悲劇の権力による解決

出所：筆者作成.

政府が法律を制定し，ルールを設定する．水産資源保護の事例で考えうるルールは，国内の漁業者に漁獲量を割り当てる，船の数を制限する，休漁期間を設ける，大量捕獲する漁法を禁止するといったこと，離島の観光なら入島制限をする，入島税を課す，ツアー方法に制限をかけるといったものである．

次に，ルールが守られているかを監視する，執行機関によるモニタリング（遵守状況調査）である．違反者が見つかれば捕らえて罰則を科する．罰則は違反によって得られる利得以上の制裁でなければならない．それによって抜け駆け，裏切りをすることが得にならない構造に変化させるのである．政府や自治体の必要性は，この第三者の役割を果たすところに求められる．

権力による解決をゲーム理論で記述すると，図表 11-3 となる．裏切りを政府が発見して−2の罰則を科する結果，例えばプレイヤー2が協力したときのプレイヤー1の裏切りは，利得が4−2となって協力の利得の3を下回る．その逆も同様で，両者が裏切った場合は {2−2, 2−2} となる．こうして，このゲームの利得は協力が裏切りを常に上回り，協力の均衡が成立する．

権力による解決にも難点はある．その第1は費用が高いことだ．規制（☞第8章）を定め執行するには多額の費用がかかる．執行職員と巡視船，車両，監視カメラなどの装備が必要になる．行政改革のもとで増員・予算増は容易でない．費用面では，私有化や後述する自治的解決の方が望ましいことになる．

難点の第2はモニタリングの難しさである．例えば水産資源保護は，比較的成果が出ている魚種もあるが，違反がないか広い海域を見張るのは難しい．漁業権者の出漁のチェックはできるとして，夜間の密漁にはどこも悩まされている．地下水や温泉の汲み上げの監視は，地域が特定されている点で可能なはずだが，地盤沈下や温泉の枯渇は今でも起こる．公害対策は成果があがった分野だが，都道府県が専門部署を置いて監視を続けた結果である．

第3の難点は，第10章でみたように現場職員が面倒な業務を避けたがるこ

とだ．これは規制執行にも当てはまる．裏切りを防ぐために政府に規制を委ねたのに，その政府が執行を怠けるとしたら，その監視は誰がするのか．

　これに関連して第4に，取り締まりが緩いか不正確だと，規制の実効性が低下することだ．ゲーム理論では，違反取り締まりを受ける確率と罰金を掛け合わせた期待値を考慮して，プレイヤーは戦略を決めるものだと想定する．これを踏まえると，罰則を重くするのも一法だ．ただし，重すぎる罰則は発動できず逆効果だし，自治体が制定する条例は，ごく軽い罰則しか規定できない．

自治：共同体による解決

　私有化にも権力にも難点があった．そこで第3の道としての自治的解決である．これは囚人のジレンマのもとで両者裏切りの均衡になるところを，当事者間の何らかの相互作用によって協力の均衡にもっていこうとする方策である．温室効果ガス排出量削減協定を国家間で結ぶのも，離島で観光業者が自主協定を結んで入島制限を行うのも，資源枯渇に危機感をもった漁協が自発的に漁を制限するよう取り決めるのも，これに当たる．

　皆が自発的に協力することが，皆が裏切るよりも，各利用者によりよい利得をもたらす．しかも，その方が権力による解決よりも安上がりである．なぜなら執行機関が介入する必要がないからである．また，当事者の相互監視が機能するので，違反状況のモニタリングも容易であることが多い．

　自治的解決には，私有化や権力を機能させる働きもある．分割や割り当てを決め，分割後の問題に対処するには，当事者の自治的な話し合いや合意が必要になる．政府の規制に従ってもらうには，規制を受ける者の納得感がなければならない．そのためには，導入時に利用者の合意が必要だということになる．そして当事者間の合意をまとめるのが，まさに自治的解決なのだ．

　一方で自治的解決の難点は，言うまでもなくジレンマの構造にある．皆が進んで協力するなら，最初から悲劇などとは呼ばれないはずだ．それでもオストロムによれば，世界には持続的に利用されてきた資源が存在し，そこでは利用と維持管理に関するルールが合意され，ルールを遵守することへの信頼に足るコミットメントが示され，相互監視が実行されてきたというのである[5]．

　では，それはどのように成り立つのか．節を改めて説明する．

3. 自治的解決は可能なのか

　自治的解決は可能か．オストロムは，それが成立するための8条件を挙げて
いる．ここでは地方自治との関連性も加味して，6項目にまとめて紹介する.

自治的解決の成立条件
　成立条件の第1は，利用者の利得を含むゲームの構造に関する情報が共有さ
れることである．例えば，魚を取り過ぎてしまえば資源が再生しなくなり枯渇
してしまうが，各自が自制した漁をすれば長期にわたって利益を享受できる.
こうした理解が広がることで漁業者の協力を得られる．このためには自治体が
科学的データを示すなどして，漁業者の理解を深めることが有用である.
　第2の条件は，参加者が固定されていることである．オストロムはコモンズ
の境界と権利主体の範囲が明確に区切られていることと表現する.
　コモンズを利用する「ゲーム参加者」の顔ぶれが定まれば，人となりが分か
って行動が予測しやすくなる．コミュニケーションが強まり，より協力行動が
とりやすくなる．顔ぶれの固定は，利用者間の相互作用が繰り返される**繰り返
しゲーム**を生む．そこでは過去の経験を踏まえ，将来も関係が続くことを前提
に選択がなされる．つまり過去の協力で利益を得てきたほど，今後も同様の協
力で利益が得られるとの期待が高まる．逆に，裏切りは協力関係を破壊し長期
的利益を得る機会を失うと予想できるので，裏切りの歯止めとなる.
　第3の条件は，ルールの制定，修正，紛争解決プロセスへの参加が利用者に
認められることである．上述のように，納得できないルールは守られない．納
得感を得るには制定や修正に参加して意見を言えることが必要だ.
　第4の条件は，ルールが遵守されているかの監視を人任せにせず，利用者自
身がコミットすることである．オストロムは，漁場を輪番で割り当てることで
漁の権利をもった漁師が他者の抜け駆けを見張るように仕向けたり，最も違反
しがちな誘因をもつ利用者たちが対峙するように権利を配分することで，相互

5）　オストロム，前掲書，第2章.

監視が行われる仕組みが工夫されている例を取り上げている.

　第 5 の条件は，事実上の強制力があって，それが違反の様態に応じて発動されることである．オストロムは「段階的な制裁」と呼んでいる．第 2 の条件で触れた繰り返しゲームにおいては，違反者を継続的な取引関係から排除することが制裁となる．後述する村八分もこの種の制裁のひとつである．違反の重さに応じて，仲間外れにする取引の種類や期間を調節できる．

　この種の制裁は 1 回限りのゲームでは機能しない．その漁場で普段操業していない外国の漁船であるとか，島には暮らしていない観光客などは，取引から外されても痛くも痒くもない．だからこそ第 2 の条件が意味をもつのだ．

　かくして成り立つ自治的解決には，脆弱な部分がある．そこで第 6 の条件は，協力の規範・文化・歴史によって補強され，コモンズを組織・管理する主体の権利が権力によって承認されることである．例えば，法律や条例の規定の中に地域の慣習的なルールが取り込まれ，法的効力をもつといったことだ．

入会地の伝統的（自治的）解決

　自治的解決によって維持されてきたコモンズに，日本の**入会地**がある．夏空の青に入道雲と稲穂の波が映える傍らに茅葺の集落があり，背後に里山がある．こうした日本の原風景の一部をなす里山は，伝統的な農業において欠かせぬコモンズである．集落が共同で利用し管理するため，入会地と呼ばれる．

　今のような化学肥料がなかった時代には，里山で採集した落葉，刈り取った下草，枝葉などを，刈敷・緑肥として田畑に敷いて鋤き込んだり，発酵させて堆肥として用いたりして，作物を育てるのに必要な栄養分を補った．そのためには広い山野が必要で，村落が共同で利用，管理し，個人による占有や排他的利用は排除された．山菜，木の実，燃料などの供給源ともなっていた[6]．

　この伝統的コモンズの管理方法が，自治的解決のひとつのモデルとなりうる．例えば，入山する人数を制限し，1 家に 1 人だけが入山できるとか，山に入る時は山札を所持しなければならないとか，下草や枝葉を採取するときは道具を

---

6)　以下の記述は，北條浩 2014『入会・入会権とローカル・コモンズ』御茶の水書房，宇沢弘文・茂木愛一郎編 1994『社会的共通資本：コモンズと都市』東京大学出版会，第 4 章（杉原弘恭執筆）などに基づく．

限定して大量には取れないようにする，山に入る時期や期間を制限する，採取物・採取量を制限し1人で背負えるだけにするなどのルールがあった．

こうしたルールに違反すると制裁が科せられた．掟破りは村八分になった．八分とは火事と葬式を例外とした残りの付き合いのことで，そこに村人の協力が得られないという制裁である．昔の農村社会では田植えや刈り入れは共同作業であり，集落の人々の協力が得られなければできなかった．家を建てたり屋根を葺き直したりという作業もまた，村人総出で行うものであったから，こういった生活に必要な作業が何もできないという非常に厳しい制裁だった．

この他に入会地の利用者には維持管理の役務が課され，違反者がいないかを監視する役割があり，寄合に参加する義務もあった．寄合とは入会地の利用のルール変更時に意見を述べ，合議し，違反者が出た時にはどの程度の制裁を科するかを決めるための集まりで，議会の役割も，裁判所の役割も果たした．

入会地を自治的解決のモデルとすることには，わずかな成功例だけが残っている可能性を否定できないという反論があり，世界的にも国家介入により共同利用が排除される傾向にあることが示されている[7]．

日本の入会地には今も旧村落住民の共有財産として残るものもあるが，明治初期の地租改正を機に所有権が設定され，多くが市町村財産に編入されていった．その過程で入会地の利用権を失うことへの激しい反発があり，**財産区**の制度が創設された．財産区とは入会財産の管理のために創設された地方自治体の一種で，地方自治法の定める特別地方公共団体である（☞第2章）．意思決定のための議会または総会（または財産区管理会）をもつ．ざっくり言えば，近代的な地方制度のもとで，明治以前から続く集落（旧村）の入会権を認めた制度なのである．しかし，旧来の慣行で認められた入会権者と財産区の法的権利者（全住民）とには大きなずれがあり，運営上の問題を生じている[8]．

4. コモンズの悲劇と自治体：景観政策を例に

ここまでコモンズの悲劇の解決策を，自治体と関連させながら提示してきた．

7）秋道智彌編 2014『日本のコモンズ思想』岩波書店，第2部5（佐藤仁執筆）．

8）泉留維ほか 2011『コモンズと地方自治：財産区の過去・現在・未来』日本林業調査会．

それが実際の問題解決につながるか，景観政策を具体例として検討する．

　まず景観がコモンズといえるか点検しよう．第1に景観は利益を生む．癒しや誇りのような精神的利益から，地価上昇や商売繁盛など経済的利益まである．

　第2に，こうした利益を得るのは，地権者や住民，商店主から，観光客，開発業者，自治体までを含む．個々の土地や建物には所有者がいても，それらが形づくる総体としての景観は誰のものでもない．共同利用される資源である．

　第3に，個人が利益を最大限追求すれば壊れてしまう．例えば，海辺の景観が評判の地域で開発業者が高層マンションを建てると，業者は眺望が楽しめる部屋を多く販売できるが，建物が景観を壊してしまう．優れた景観は利用者の協力によって成り立つのである．協力とは個人の利益の最大化を自制することを意味し，古い町並みで伝統的な工法を守るとか，農地や草原をむやみに開発しないとか，観光地を汚さない，ごみを持ち帰るといった協力もある．

　以上の3点は第1節で抽出したコモンズの性質に合致しており，ゲーム理論で記述すれば，囚人のジレンマの構造が描き出せるのである．

景観条例は権力か自治か

　景観を保全するために，自治体は議会の承認を得て景観条例を制定する．それがどのタイプの解決策に当たるかを考えよう．

　景観条例とは，建物の高さや容積，デザインなどの基準を設定する地域のルールである．多くは建築業者や建築主に計画を届け出させて，基準を守るよう行政指導を行う方法を採る．行政指導は第8章でも触れたが，いわば協力するよう説得する活動である．説得に応じない者に罰則を科す条例は少数である．つまり，強制力をもった権力的な解決とはいえないことになる．

　強制力のない条例にどのような意味があるのか．景観条例の制定が住民に気づきを与え，共有財産としての景観の価値が理解されると，第3節でみた自治的解決の第1の成立条件を満たす．このことをゲーム理論で考えてみよう．

　試みに，景観に惹かれて人々が住む住宅地を想定し，景観から得られる利益を2，現在の建物から得られる利益を1とする．2人のプレイヤーが協力（現状維持）すると {2＋1，2＋1} の利得となる．片方だけの裏切り（倍の高さの建築）では，裏切った方が建物から得る利益が倍になり，もう一方の景観利益

		プレイヤー2	
		協力（現状維持）	裏切り（倍の高さ）
プレイヤー1	協力	3, 3	1, 2
	裏切り	2, 1	2, 2

図表 11–4 景観問題の保証ゲーム的記述

出所：筆者作成.

が失われて {2＋2, 1} となる．両方裏切ると景観利益が失われて建物の利益だけの {2, 2} となる．これは裏切りの均衡に陥る囚人のジレンマである．

景観条例によって共有財産としての景観の価値が理解されるようになれば，自らの建築で価値を減じた景観を利得に加えるような厚かましい評価はできないはずだと想定しよう．そうすると図表 11–4 のように，相手の協力に付け込んだ裏切りの利得は 4 ではなく，景観利益を除いた建築利益だけの 2 になる．これは 2 つの均衡をもつ**保証ゲーム**（鹿狩りゲーム）である．相手が協力すると自分も協力で応じ，相手が裏切るなら自分も裏切ることが最良の選択となるので，{協力, 協力} と {裏切り, 裏切り} の 2 つの均衡をもつ．コモンズの問題が保証ゲームの構造をとりうることはオストロムも指摘する[9]．

2 つの均衡のうち協力の均衡を選んだ方が得だが，相手が必ず協力するとは限らないので，うかつに協力は選べない．条例の更なる意義は，ここで行政が説得に乗り出すことだ．これが協力の均衡の成立を促進するのである．

こう考えてくると，景観条例は自治的解決であるといえそうだ．町並みと調和する建物には建築費の一部を助成する景観条例もある．図表 11–3 の権力的解決とは逆に，協力の利得を上乗せすることで，囚人のジレンマにおいて協力の均衡を成り立たせるのである．税金を使って個人資産に助成することも，市民の共有財産としての景観のためであれば正当化されうる．

罰金や懲役刑はなくとも，違反者の氏名や企業名を公表すると定める景観条例はある．これも村八分的な制裁といえる．氏名や企業名を公表されると，その地域では仕事がやりにくくなるからだ．前節の自治的解決の成立条件でいえば，第 5 の繰り返しゲームにおける協力関係から排除するという制裁である．

この制裁が 1 回限りのプレイヤーに通用しないことは前節でみた．例えば，

---

9) オストロム，前掲書 p. 49, 55. 伊藤，前掲書，第 10 章.

東京から地方にきてリゾートマンションを建て，売り払ったらすぐに別の地方に移っていくような建築業者にとって，氏名公表は恐れるべき制裁ではない．眺望を謳い文句に部屋を売り切ればよいので，地域の共有財産としての景観の価値を損ねることにも無関心である．これをゲームの利得に反映させると保証ゲームにはならない．読者には，助成の効果と併せて試してほしい．

　実際には，景観紛争が発生してから条例を制定して手遅れとなった例が多いが，早い段階で制定でき，自治体が景観保全にコミットする意思を示した結果，事業者が手続に時間がかかるのを嫌って候補地から外した例もある[10]．

権力的解決と合意：景観法の例

　景観条例はバブルに向かう 1980 年代から，開発圧力に対抗する手段のひとつとして全国に広がった．しかし，上述の弱点ゆえに，強制力のある制度を求める声が自治体から上がった．そこで景観法が 2004 年に制定された．

　景観法の主要な政策手段は 2 つある．ひとつは景観地区で，権力的解決策といえる．地区を指定し，そこでは建物の高さやデザイン，色彩などの基準に適合しないと建物を建てられない仕組みだ．違反者には罰則の適用もある．

　もうひとつの手段は景観計画である．これは自治的解決策といえる．景観計画は自治体全体を対象とすることが多いが，地区ごとに景観の基準を設定し，その中に建築物のデザインや色彩などに関する定めをおく．これに基づき行政指導や勧告を行って緩やかに誘導していく．デザイン基準違反には変更命令と罰金という強制力を行使できるが，肝心の（最も紛争になりやすい）高さ制限には使えない．あくまでも説得によって従ってもらう手法である．

　以上をまとめれば，景観法には権力的手段と自治的手段の両方が用意されており，自治体が選んで使う点に特徴がある．やる気のある自治体が活用するように設計されていて，まったく景観法を使わない自治体があってもよいのである．この点をとらえて分権時代の法と称されることもある．

　せっかくできた景観法だが，十分に活用されているとはいえない．景観計画を策定して景観誘導を行っている自治体が 655 ある．自治的手段はよく使われ

---

10)　その例として，NHK 制作・著作 2005『DVD 湯布院癒やしの里の百年戦争　プロジェクト X』NHK エンタープライズ．伊藤，前掲書，第 5 章．

ているのだ．他方，権力的解決法である景観地区の利用は 33 市区町村の 56 地区に留まり，非常に少ない現状にある[11]．その中には人が住まない公共施設や新たに整備された住宅地などが含まれる．つまり，既存の住宅地で住民合意を得て指定した地区は更に少ないということだ[12]．

　景観法の制定によって，自治体は景観問題を解決する手段と権限を得た．しかも分権時代にふさわしい，自分たちの判断で利用できる制度を手にした．それなのに景観条例と強制力の点で大差ない景観計画が使われて，効果が高いはずの権力的手段が導入できていない．実は景観法ができる前から都市計画法に強制力のある制度があり，高さや容積などの制限に使えたのだが，十分に活用されてこなかった．景観地区を含め，これらが使われないのはなぜか．

　まず住民の立場になって考えよう．景観を守ることができれば地域にとってよいとわかっている．一方で罰則つきの規制が自分に適用されるのは嫌だとか，子どもに広い家が建てられる余地を残してやりたいとか，売却時の価格が下がってしまわないかといった，協力をためらう気持ちもある．そして，自分が賛成しても反対する住人がいるだろうという疑心暗鬼がある．こうなると，誰かが示した懸念を口火に，反対論が燃え広がりかねないのである．

　地区に住み続けるつもりの人は概ね賛成で，反対者はごく一部という場合も，規制が導入できないことは多い．皆が協力する保証がないジレンマ状況において，誰が反対者を説得し合意を調達するのかという問題があるからだ．住民有志が合意を取りまとめて規制を導入できた例は少ない．

　住民が申し立てて行政機関を動かせないか．住民団体による提案制度が法定されているが，地権者などの 3 分の 2 の同意を得るといったハードルが課せられている．そこまでいけば合意は成ったようなものだが，それでも反対者の所有地を除いて指定したりする．行政職員は住民代表ではないので，保守的な運用をとる．財産権に制約を課すことへの反発を警戒するのである．

　第 10 章でみたように，職員が進んでリスクをとって自ら説得に動くことは期待できない．専門家をアドバイザーとして派遣して住民の相談に応じたり，景観計画や景観条例を使って緩やかに誘導を図り，住民の中で合意形成の機運

---

11) 国土交通省都市局「景観法の施行状況」（2022 年度末）．

12) 伊藤，前掲書．

が高まるのを待つことになりがちである. 住民だけで取り組むよりはよいが,
そうしている間に景観が壊れてしまうことはある.

選挙で選ばれた住民の代表である首長や議員には決められないのか. 一部の
地区を指定して規制をかけるところに難しさがある. 市長や議会は市全体の代
表であって, 当該地区の住民意見を代表しているとはいえないからである. そ
う考えると, 地区の重要事項を審議する代表機関が欲しいところだ. 例えば,
財産区の管理会や入会地の寄合のイメージである. 次章で考えよう.

忘れてならないのは, 首長や議員は開発や経済活性化を望む業界の支援も受
けていることだ. 地区住民の合意が整わない中では, 反対者を説得してまで規
制を進めようとしないことの方が普通なのだ.

結局, 景観の事例では, 景観法が制定されたことで問題が解決されたかのよ
うにみえて, 肝心の地区指定の合意は先送りされただけなのだ. やはり地区住
民による自治的解決が必要で, それを促すことが自治体の役割となる.

3 つの解決策の補完性と自治体

景観問題の検討を通じてわかったことは, 権力による解決には第 2 節で挙げ
た執行における難点のほかに, 導入の難しさがあることだった. それらを乗り
越えるには, 結局のところ自治的解決が必要になった. そこに自治体の関与が
あると, 単に利用者だけで自治的解決を図るよりも有効な場合があった. 一方
で, 自治的解決にも脆弱性があって, 権力による解決で補強しなければ, 肝心
なところで機能しなかった. ここにも自治体が必要とされるわけだ.

第 2 節で触れたように, 私有化による解決でも, 分割方法や配分をめぐる困
難を乗り越えるためには利用者間の合意が必要で, そこには自治的解決が求め
られた. 逆に自治的解決を成立させる条件には, 利用権者の範囲を確定するこ
とが含まれていた. これはオープン・アクセスから特定の集団に権利を絞り込
むという, 私有化に近いプロセスを意味する. 更に言えば, 私有化による解決
には, 政府による市場の整備や所有権の保護が必要である[13]. つまり, 3 つの
解決策は, 択一というより, 相互に補完し合う関係にあるといえる.

---

13) ダグラス・C. ノース, 竹下公視訳 1994 (原著 1990)『制度・制度変化・経済成果』晃
洋書房.

　こうした3つの解決策の補完関係は，経済活動や日常生活における課題の多くに当てはまる．例えば，公害や都市問題に対して，自治体は汚染物質排出企業との協定や宅地開発指導要綱など，**権限なき行政**と呼ばれる自治的解決手法を編み出した一方で，その脆弱性を補うために環境影響評価制度などを導入し，なお欠ける部分は法整備を国に働きかけてきたのである．

　一方で住民による自治的解決を支える権力を担い，他方で権力的解決を機能させるための住民自治を促す．ここに自治体の必要性を見出すことができる．単に国策の執行機関ではないわけだが，そこに限界も存するのである．

まとめ：コモンズ論と自治体の守備範囲

　本章では，自治体はなぜ必要かという問いを再び取り上げた．同じ問いを掲げた第7章では，公共財の理論を用いて自治体による財政出動を正当化した．第8章では私的財の一部について，価値財の概念を用いて自治体による政策介入を擁護する考え方を紹介した．そして本章でコモンズ論を援用し，コモンズ（コモンプール財）に関して自治体に求められる役割を提示した．

　これらをまとめ，オストロムによる財の分類（図表11-1）に落とし込むと，図表11-5の網掛けした部分が自治体の守備範囲になる．公共財とコモンズの大半をカバーし，クラブ財と私的財の一部にも関与することになる．

　これにより守備範囲が広いことはわかったとして，自治体の政策介入は，解決策でいえば自治なのか権力なのか．第6章でみたように一度始めた公共事業は止まらず，住民との軋轢が反対運動にまで至るようなあり様は，権力としか言いようがない．一方で，第10章や本章でみたような，法律の執行に当たっても指導や勧告を好み強制力の行使を避ける姿勢から権力は窺えない．

　両方を併せもつ性格は，長期にわたる制度改革と，自治体の日々の営みによって形づくられたものだ．それを次章で歴史と比較の観点からみよう．

公共財	コモンプール財
クラブ財	私的財

図表11-5　自治体の守備範囲
出所：図表11-1の一部に筆者加筆．

第12章 | 国のかたちと自治の単位
住民は自治体をつくれるか

10分間リサーチ ターゲット自治体について以下の項目を調べよう.
1. どの市町村の合併で成立したか（市区町村ウェブサイトや市史等に載っている）.
2. 近所に自治体・町内会はあるか. どのような仕事をしているか（市区町村のウェブ
サイトに出ていたり, 町内会独自のページがあったりする）.

はじめに

　ここまで日本の制度を暗黙の前提として, 地方自治（自治体）はなぜ必要か
を問うてきた. しかし, 国土の隅々に基礎的自治体があり, そのどれかに所属
して行政サービスを受ける仕組みは当たり前なのか. 本章では, 自治体がなか
ったらどうなるのか, 住民の必要性に応じた設立や解散は可能かを考える.

　これらの問いは, 前章の市場, 政府, 共同体という3つの方策をどう配分す
るかにも関わる. まずは多様な地方制度を許容するアメリカの例を紹介し,
「当たり前」を取り払う. 次に日本に目を転じ, 市町村合併や自治会・町内会
の結成という自治の単位の編成に着目して地方制度の歴史を概観し, 住民主導
で自治体を設立して生活課題を解決することが可能かを考える.

1. アメリカの地方制度：自治体のない地域と自治体の設立

　アメリカには基礎的自治体がない地域があり, 住民が必要だと考えれば, 住
民発議によって市や村が設立できる. その意味するところを考えよう.

直接連邦制下の地方制度の多様性

アメリカ合衆国は**直接連邦制**を採る．**連邦制**とは権力集中を抑制しつつ政体の統合を図る**連邦主義**を制度化した国家のあり方の総称だ[1]．統治構造には幅があるが，教科書的には，連邦政府と州政府で立法権を分割することが憲法に明記された制度と定義され，日本などの**単一制国家**と区別される．政治的に連邦政府と州が対等に扱われ，財政的に分権的になる傾向にある．

アメリカの直接連邦制は，州が限定列挙の授権を行って連邦を創設する仕組みだ．州が先に存在し，英国からの独立戦争を経て，州の連合体が国家を作ったという経緯が反映されたものである．それは地方制度にも及び，その設計は各州の権限に属する．各州の制度は多様であるが，一般的に州の下に**カウンティ**（郡）が置かれる．カウンティとは州の内部機関だが，議会などの住民を代表する機関が置かれるようになり，自治体の性格が強まってきている[2]．

カウンティの下の層も州によって異なる．以下では標準例を描いてみる．

第1に**タウン**や**タウンシップ**がある．これを自治体とする州もあるが，法人化されず憲章をもたないカウンティの行政機関とする州が多い．人口が少ない広大な地域を管轄し，道路管理と法執行など限られた事務を扱う[3]．

第2にカウンティの直轄地域，つまり行政機構がカウンティだけしかない地域もある．こうした地域でも基本的サービスはカウンティが提供する．

第3にシティ，バラ，ヴィレッジなどの自治体（**municipality**）である．自治体は後述のように法人化され，多くは憲章をもち，広範な権限を行使する．カウンティとの関係は，これも概していうと，カウンティの指揮監督を受けない独立した地位をもつが，住民はカウンティと自治体の両方に税を支払う．

オハイオ州の自治体の位置づけを視覚的に示したのが図表12-1である[4]．

---

1) 岩崎美紀子 1998『分権と連邦制』ぎょうせい，第2章．
2) 以下の記述は，小滝敏之 2004『アメリカの地方自治』第一法規に主に依拠し，Stevenson, Sandra M. 2009. *Understanding Local Government*, 2nd ed. Newark, N.J.: LexisNexis, Bowman, Ann O'M., and Richard C. Kearney. 2011. *State and Local Government*, 8th ed. Boston: Wadsworth, Cengage Learning なども参照した．
3) Bowman and Kearney 前掲書 p. 289.
4) Brennan, Mark A., Jeffrey C. Bridger, and Theodore R. Alter, eds. 2013. *Theory, Practice, and Community Development*. New York: Routledge.

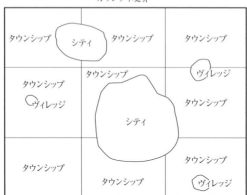

図表 12–1　オハイオ州の地方制度
出所：Brennan ほか編（注4）p. 33 図 3.1 を訳出.

州政府が地図に線を引いて管轄を決めたかのようなカウンティ（図の外枠）と，それを分割した 9 のタウンシップがある設定だ．そこに人々が集まって集落ができ，人々が自治体を作ろうと合議して後述の手続を踏むと，タウンシップから型抜きした穴のようにみえる自治体ができるというわけだ．オハイオ州では，シティが人口 5000 人以上，ヴィレッジが 5000 人未満という基準がある．

　この他にアメリカでは，**学校区**や**特定区**という，特定の目的のためだけに設立された自治体がある．学校区は名前どおり，学校を設置する目的で設立された自治体で，一定の地域の固定資産税を使って学校を運営する．特定区は，それぞれ消防，港湾，公園といった限定された目的のための自治体である．これらでは税金を集める場合もあるし，手数料で運営される場合もある．

自治体がない地域と CID

　自治体のない前項第 1，第 2 の地域では，タウンシップやカウンティが提供するサービスが十分でない場合もある．農場や山暮らし以外の一般住民はどうしているのか．**CID**（common-interest developments）と呼ばれる，デベロッパーが開発した私的住宅開発地を紹介する．その多くが市域外の自治体未設立地域（unincorporated areas）にあり，住宅所有者の自治組織かつ管理組合（**HOA**: homeowners association）が設立され，地域の運営や管理を担う．

　アリゾナ州ピマ郡に所在する，とある CID を覗いてみよう[5]．治安はカウンティ（郡）の保安官が担う．費用は固定資産税で賄われる．消防及びごみ収集は民間委託だ．上下水道は近隣のツーソン市が提供する．日本と同様に電気・ガスは民間公益事業者による．いずれの費用も公共料金（fees）である．

　管理組合（HOA）は全居住者に加入義務がある．道路補修，共有施設の修景，プールやテニスコートの維持管理を行う．費用は使用料（dues）で賄われる．管理組合が行うとはいっても，工事などは外注である．

　管理組合の運営費用は，全居住者に課せられた一般管理費（dues）で賄われる．管理組合に専従職員はおらず，居住者がボランティアで担う．役員は選挙で選出され，任期は 1 年である．年次総会と臨時会議で取り決めがなされ，規約が制定される．規約の中身はペット禁止，指定場所以外の駐車禁止，商売禁止等々である．これらは日本のマンション管理規約と類似している．

　違反者には罰金や原状回復義務が課せられるが，強制力はないので，最終的には裁判所に訴えて，資産の差し押さえにより履行される．しかし，居住者が違反することは稀だ．なぜなら，居住者は資産価値を高く維持する共通利益（common-interest）をもつからである．

　以上をまとめると，自治体がない地域でも最低限の行政サービスはカウンティと近隣の市から提供され，残りを民間委託と自主管理で賄うのである．

アメリカにおける基礎的自治体の作り方

　アメリカでは市の徽章や市境標識に Incorporated 1916 などと誇らしげに記されている．法人化の意だが，この有無でタウンシップと自治体が区別される．では自治体はどのようにして作られるのか．主権者である住民の授権が必要だと表現される．その代表的な手順は，州の憲法や法令に基づいて住民が発意し，**チャーター（憲章）**を制定して，自治体を設立することになる．

　憲章とは，自治体の権限や組織を定める州法の一種である．州法であるから州議会で制定される．憲章の制定方法は州により様々だが，近年は**ホームルー**

---

5)　アリゾナ大学のガラスキウィッチ教授（社会学）の提供資料に基づく．市域における CID については，齊藤広子 2004「米国カリフォルニア州の CID 管理における HOA の役割とそれを支える法制度」『都市計画論文集』39 巻 3 号参照.

ル・チャーター（自治憲章）が主流になっている．ホームルールとは，自治体が自分たちの問題は自分たちで決める権限のことである．それを憲章で定める方式が自治憲章だ．19世紀後半に，州の不当な干渉に反発・対抗する自治体の運動の成果として生み出され，全米各州に広がった．

　自治憲章の制定手続は，住民が憲章起草委員を選出し，同委員会が憲章案を作成，州議会に提出するという流れになる．州議会で可決されると，当該地域の住民投票にかけられ，賛成多数を得ると，州法としての効力をもつ．

　こうして設立された自治体は，州法に反しない範囲で立法権（条例制定権）をもち，広範な規制とサービス提供を担う．それらは警察，消防，司法（自治体裁判所），保健衛生，土木・交通，都市計画，文化・娯楽施設に及ぶ．

　以上のことからわかるように，自治体を設立する理由は，顔見知りばかりのコミュニティから都市へと成長するに伴い，自らルールを制定して執行する必要性に応えること，人口増に応じた行政サービスの拡充，そして後述のように税金の徴収と使途を自らコントロールすることである．

自治体設立の事例

　自治体設立の実態はどうなっているか．教科書には全米でみると毎年法人化が行われていると書かれている．例えば1990年から1995年の6年間で145地区が法人化され，33の非法人化（解散・廃止）があったとされる[6]．

　2つ例を挙げる．マサチューセッツ州ケンブリッジ市は，1630年に植民された最も歴史のある地域のひとつで，1846年に市が設立された．この時に憲章が制定されたわけだが，マサチューセッツ州が制限的なホームルール制度を採用した1966年に，自治権を強化する条項を加えた修正がなされた．その後も，市の組織改革や新税導入のたびに州の承認を受け，修正されてきた．

　ケンブリッジ市の組織は議会・市支配人（council city-manager）型[7]を採用する．2年に1回の直接選挙で選出される9人の議員からなる議会が，立法

---

6)　Bowman and Kearney 前掲書 p. 277.
7)　アメリカの市組織は小滝，前掲書，第4章のほか，自治体国際化協会2006『米国の地方自治体における組織体制と人事制度』CLAIR Report 293号（同協会ウェブサイトで入手可）．

や政策決定を担う．ちなみに，アメリカの自治体議会では，住民の意見も受け付けながら，議員間で議論が交わされる．ケンブリッジ市には市長もいて，議員の互選で決まる．市長は教育長を兼ねる．議員の数は少ないが，人口 10 万人の市相応の行政組織が整っている．行政実務は議会が任命した**市支配人**が担い，財務部，福祉民生部，公共事業部など様々な部門を指揮する．

　最近の例に，ジョージア州サンディ・スプリングス市の設立がある．大企業の事業所が集まる商業地と高級住宅地からなり，フルトン郡に属する自治体未設立地域だった．住民は富裕層を中心に長年，独立運動を続けていた．カウンティの非効率な運営に不満をもち，自分たちが納めた税金が他地区の貧困対策に使われて受益と負担が見合わないと考えたためだ．州政府の政権交代に伴い，2005 年に州議会に主張を認めさせ，住民投票を経て，市を設立した．

　この活動への評価は，徹底した民間委託と人員削減で効率化を図りサービス向上を実現したことへの称賛と [8]，豊かな地区の税収の一部を失ったカウンティが財政難になり再分配政策が困難になったことへの批判の両面がある [9]．残された地区への悪影響は前者も認めるが，何十年にもわたり苦労なしに税という形の「補助金」を受けてきたカウンティに同情しないと述べている [10]．

　これをどうみるか．第 13 章で公共哲学の原則と照らして考えよう．

2. 日本の地方制度の歴史

　さて，ケンブリッジ市が法人化された少し後に，日本では明治政府が地方制度の整備に着手し，全国に隙間なく基礎的自治体を敷き詰めた．その過程で住民が関わる余地はなかったかに留意しつつ，地方制度の歴史を概観しよう．

---

8) オリバー・W. ポーター，東洋大学 PPP 研究センター訳 2009（原著 2006）『自治体を民間が運営する都市：米国サンディ・スプリングスの衝撃』時事通信出版局．
9) NHK クローズアップ現代 2014 年 4 月 22 日放送「"独立"する富裕層：アメリカ 深まる社会の分断」．
10) ポーター，前掲書 p. 105-106.

地方制度の模索と明治の大合併

　第 8 章で明治 4 年の戸籍区設置に触れた．そこを出発点に，府県内を二層で区画した**大区小区制**を経て，明治 11 年（1878 年）に**三新法体制**に移行した[11]．これも府県の下に郡を設け，郡の下に町村をおく，三層制の採用だった．ただし，都市（3 府 5 港，その他の市街地）は別扱いで，区が設置された．

　このとき明治政府は府県会を設置し，同じく新設した地方税の課税，徴収，予算，決算を審議する権限を与えた．明治 13 年（1880 年）には区と町村にも議会の設置を認めた．これは地域の公共的問題への対処とその経費（協議費）について審議させ行政事務遂行を円滑にすることに主眼があったが，民権論に呼応して各地にできた民会を制度化した面があり，自治的性格を読み取れる．

　この時期，近代国家の統治を担う新制度が模索された．それを地方自治研究では，**自然村**（領主支配，農業生産，生活が一体化した共同体）から行政の単位としての**行政村**を分離したと表してきたが[12]，近年は，近世の身分制社会の職能身分（農民や職人など）のまとまりとしての村と，領域をもちその住民を網羅する行政村とは質的に異なるという見解も提示されている[13]．

　地方制度の整備が一段落するのは，明治 21 年（1888 年）の**市制町村制**，同 23 年（1890 年）の**府県制・郡制**の制定による．府県，郡，町村の三層制を基本に，都市部では府県の下に市が設置された．郡にも郡会が設置されたが，府県と郡は国の行政機関の性格が強く，知事と郡長は内務省が任命した．

　市町村は法人格をもち，市町村会（議会）が設けられ，自治体としての性格を強めた．議員は選挙で選ばれたが，後述の制限的な仕組みであり，議決できる公共事務も限定された．財源は，林野などからの財産収入と国税・府県税の納付額を基準に課税する**付加税**に限られ，固有の税源は少なかった．

　町村では議会が町村長を選出できたが，郡長の監督を受けた．市は反政府運動の拠点とならないよう自治権が制限され，市長は市会の推薦候補から国が任命，府県知事の監督を受けた．三大都市には市長を置かず府知事が兼務した．

　市町村長には国の行政機関としての役割も与えられた．機関委任事務の発祥

11）　本章でも明治・大正期は和暦を優先して表記する．
12）　元となる歴史研究を知るには，大石嘉一郎 2007『近代日本地方自治の歩み』大月書店．
13）　松沢裕作 2013『町村合併から生まれた日本近代：明治の経験』講談社選書メチエ．

である．この役割を果たせるよう，人口 2400 人（300〜500 戸）程度を標準にして町村合併が進められた．**明治の大合併**である．町村数は明治 21 年（1888年）の約 7 万 1000 から明治 22 年（1889 年）の 1 万 6000 弱にまで減少した．

この過程で町村の意見が聴取され，地形，人情風俗，産業，町村をまたいで共有される生産施設の有無，財政力格差などが考慮された．これを欠くと紛争や抵抗運動が起こり，旧村地域に十分な数の町会議員を割り振るなどして利益代表が図られない限り解消されないからだった [14)]．旧村の結びつきは強く，多くが大字や区として新町村内に存続することが認められ，行政の補助的存在となって今の自治会・町内会につながった [15)]．

明治期地方制度の設計思想（☞第 1 章）は，地方有力者に政治経験を積ませて統治の担い手とし，地域社会の安定を図るものだ．いわゆる**名望家支配**である．そして，国会開設等で生じうる国政の動揺から切り離す狙いもあった．

これは**等級選挙**という仕組みに反映された．地租または国税を 2 円以上支払う者を公民とし，選挙権を与える．納税額を多い順に足し上げて，例えば町村なら納税総額が半分に達するまでの公民を 1 級とし，選出議員の半分を割り当てる．残りの大多数の公民が 2 級となり，議員の半分を選ぶ（市は 3 区分）．自治といっても，高額納税者の票が偏重される仕組みであるうえ，議員は無給の名誉職だったため，有資産者以外は参加が難しかった．

選挙では，国政選挙で地租軽減や民力休養を掲げた民党（民権派勢力）と官吏側に立つ吏党とが争ったように，各地方に民党支部が設立され，税のほか道路建設などの地域固有の問題をめぐって吏党と対立し，激しい選挙戦が繰り広げられた．議会には旧町村を引き継ぐ部落間の利害対立が持ち込まれた．

明治も後半になると，市町村が担う行政事務は，国からの委任事務を中心に教育，勧業，土木，衛生等の分野で拡大した．これに応じて，地域の有力者を中心にして，農業生産向上を図る農会，伝染病対策のための衛生組合，納税組合や産業組合，徴兵や動員に協力する在郷軍人会等々の行政補助団体が結成さ

---

14) 松沢，前掲書，第 6 章．大石，前掲書，第 2 章．
15) 日高昭夫 2018『基礎的自治体と町内会自治会：「行政協力制度」の歴史・現状・行方』春風社の補論 1 は，長野県上田市内の自治会と明治 4 年の町村の名称の同一性を調べ，約 59% の旧町村の中心区域が現在の自治会に引き継がれていると判定した．

れた．その活用と府県・郡の指導により行政機能の向上が企図された．

大正デモクラシーと戦中・戦後

　大正デモクラシーの時代になると，自治権拡充を求める運動が広がった．大正 10 年（1921 年）に，全国町村会の要求と政党勢力の賛同を受け，郡制が廃止され町村への二重監督がなくなった．また，地方税を払えば選挙権が得られるように公民権が拡大し，町村では等級選挙が廃止された．これにより労働者や小作人が地方議会に進出した．こうした無産者が過半数を獲得する議会も出現した．大正 15 年（1926 年）には，市長が市会による選挙で選ばれるようになった．また，前年の国政選挙に続いて，地方議員の**男子普通選挙**が実施された（市会の等級選挙も廃止）．知事公選も要求されたが実現しなかった．

　以上のような改革は，地方自治研究において，官治の中にも自治の要素が認められ，大正デモクラシーによって民主化と分権化が進んだと評価される．

　都市の財政需要と町村の教育負担の拡大で市町村は財政難に苦しんだ．これに対処するため，大正 7 年（1918 年）**義務教育費国庫負担制度**が創設された．政党からは両税（地租と営業税）委譲要求が出されたが実現しなかった．

　昭和に入ると世界恐慌の波が及び（昭和恐慌），特に農村が疲弊した．その救済のため，**時局匡救事業**（公共事業による雇用対策，1932 年～1934 年）が実施され，中央から地方への補助金が増加した．

　中国大陸での軍事行動拡大に伴い，地方団体に多くの業務を担わせる戦時体制が整備され，今の地方財政制度の原型が生まれた．1937 年に**臨時地方財政補給金**が創設された．1940 年の**地方分与税**などを経て地方交付税に至る財政調整制度の萌芽である．同年，市町村民税も創設された．一方で市長は議会の推薦で国（町村長は府県）が任命するなど，自治権は制約された．首都防衛が焦眉の急となった 1943 年に東京都制が採用され，東京市は官選の都長官に率いられた都に吸収された．戦時動員のため，町内会・部落会が整備された．

　日本が第二次大戦に敗れると連合国軍の占領下で，日本国憲法に地方自治の保障が明記され，地方制度を一体として規定する**地方自治法**が制定された[16]．

16）　戦後改革について詳しく学びたい読者は，天川晃 2017『天川晃最終講義：戦後自治制度の形成』左右社を参照．

知事と市町村長が直接公選となり，内務省が解体され，官選の府県知事を通じた国の地方統制が終焉を迎えた．これは同時に，それまで国の行政区画としての性格が強かった府県が完全に自治体となったことを意味する．ただし，機関委任事務が都道府県にも適用され，国の事務執行機関の側面が温存された．

　地方政治民主化の根本に，女性参政権，普通選挙，直接民主政的制度の導入がある（☞第5章）．行政民主化としては，市町村所管の自治体警察と公選の教育委員会が設置された．しかし，東西冷戦の激化による戦後改革の見直し（**逆コース**）の中で，前者は都道府県警察へと統合され，後者は首長の任命制となった（☞第2章）．同様の動きに，**自治省**の設置や東京都特別区長公選制廃止，中央省庁の出先機関の相次ぐ新設や機関委任事務の増加があった．

　財政面では，シャウプ勧告（☞第9章）に基づき財政基盤の安定が目指された．市町村税が強化され，**地方財政平衡交付金**（後の地方交付税）が導入された．事務を効率的に処理できるよう，適正規模を人口8000人とし，市町村数を9800から3分の1にすることが目指された．1950年代を中心とした**昭和の大合併**である．それまでの合併で市町村数は，1953年時点で約9900団体にまで統合されていたが，1965年までに約3400団体へと減少した．

　この後の地域政策の展開や新制度の運用とその評価，一連の地方分権改革については，ここまでの章ですでに述べたとおりである．

3. 市町村合併と分離・独立

　ここまでみたように，日本における地方制度の整備は，国の事務を担う行政組織を編制する意味合いが強かった．しかし，住民の要求や抵抗はあった．住民が地域の問題に無関心だったわけでもない．それを国が受け止めれば変化が起きていた．では，アメリカのような住民主導の自治体設立もできるのか．

　現行の地方自治法7条にも廃置分合・境界変更の規定がある．これにより市町村の一部を独立（分立）させたり，市町村をいったん廃止して新設したり，2以上の市町村を新設（分割）したり，自治体設立に近いことができる．しかし，この制度は後述のように使いにくい．実は，アメリカでもジョージア州では，サンディ・スプリングス市設立まで50年間，例がなかった．州の法制度

の不備や民主党が強いといった政治状況が設立を妨げていたのだった[17].

日本で市の独立はありうるか

　実は日本にも市の独立があった. 戦前・戦中に軍事目的で強制合併させられた市町村が, 強制されたことへの反発や公共投資の不遇感などを動機として, 戦後に各地で「独立運動」を起こしたのだ. 神奈川県相模原町に合併させられた旧座間町の住民は衆議院に請願まで行った. その結果, 1948 年の地方自治法改正で, 旧市町村の有権者の 3 分の 1 の直接請求による住民投票で過半数を得た後, 都道府県議会の賛成を得れば, 従前の区域に戻すことが認められた.

　座間町の独立は, 法改正の見込みがたつと相模原町議会が分離案を可決し, 神奈川県議会が承認して実現した[18]. 第 6 章で登場した逗子市も軍港都市横須賀から独立した. 法定手続はハードルが高かったが, 2 年間で 50 件の住民投票が実施され, 23 件が分立（分離）した[19]. 残る 27 件の大半は都道府県議会で否決された. このため住民投票で有効票の 3 分の 2 以上の同意があれば都道府県議会の同意を不要とする再改正がなされた. これをクリアした例もあったが, 要件が厳しく, 望んでも実現できなかった地域もあった.

　サンディ・スプリングス市により近いのは特別市制運動である. 横浜市, 大阪市など五大市に東京市を含めた六大市は, 大正年間から都市計画が適用されるなど, 大都市として特別の扱いがなされるようになった. 五大市は更に自治権拡充と都市整備に充てる財源を求め, 特別市制度を要求した. これは市が府県の区域外に独立して府県と同等の権限をもち, 市域からあがる税収を府県に収めることなく市の収入にできる制度である. これが占領下の 1947 年に制定された地方自治法に規定され, 実現可能性が高まった. しかし, 大都市域の税収を失う府県は, アメリカで市が独立した郡以上に深刻な影響を受ける. このため府県は大反対し, 実現に必要な住民投票が市域ではなく府県域で実施されることとなった. これでは過半数の同意を得ることは難しい. その後も対立は

---

17)　ポーター, 前掲書.

18)　西南学院大学法学部創設 50 周年記念論文集編集委員会編 2017『変革期における法学・政治学のフロンティア』日本評論社, 小林博志執筆章.

19)　鹿谷雄一 2001「住民投票と市町村合併」『大東法政論集』9 号.

図表 12-2　合併シミュレーション

	A 市	B 村
人口	284,155 人	21,273 人
面積	241 km²	70 km²
高齢化率	20%	30%
第 1 次産業就業者比率	1%	10%
議員定数	36 人	22 人
歳入（財政力指数）	1070 億円（0.84）	60 億円（0.45）
実質公債費比率	14%	19%
職員数	2,312 人	146 人
介護保険料月額基準額	2,792 円	2,660 円
住民票交付手数料	350 円	450 円
小学校・中学校・保育所	46 校・23 校・50 所	4 校・1 校・1 所
図書館・病院	1 館・22 院	0 館・0 院

出所：筆者作成.

解消せず，代わりに政令指定都市制度の導入で妥協が図られた．

　以上の事例からは，日本でも制度が許せば基礎的自治体の創設が起こる可能性を見出せる．平成の大合併（後述）による自町・自村の消滅に不満をもつ人々もいる．それなのになぜ分離の動きが表面化しないのか．現行法には旧町村住民による請願・住民投票の規定がなく，分離を申請できるのは新市町村だけだ．そのためには新市町村の議会の承認が必要となるが，ごくわずかの代表しか議会に送り込めない旧町村民が過半数を得ることは至難なのである．

合併シミュレーション

　続いて市町村合併についてみよう．普段から廃置分合の規定が使えるが，特例法などで国が推進した場合に大合併が起こってきた．現地では，利害や愛着によって賛否が割れる．いくら国が旗を振っても，住民の意思を無視しては進められない．それを実感してもらうため，図表 12-2 に架空の合併話を用意した[20]．あなたが B 村（A 市）の住民だったとして，この話に賛成するか．

　A 市は大企業の工場が立地する中心都市だ．B 村編入で中核市となる基準（当時）の人口 30 万人を超える．新たな権限で A 市に隣接する B 村南部を一

[20]　群馬県前橋市と富士見村の例を参考にしたが，現実には 5 市町村の合併話であり，本文よりはるかに複雑な経緯をたどった．データにも多少の違いがある．

体として開発でき，更なる発展が見込めると市幹部や経済界は期待する.

　B村南部にはA市に通勤する若い住民が家を建て移り住む. 彼・彼女らには A市編入に期待感もある. 他方，B村北部は農業地帯で昔から住む高齢者が多い. 村財政が厳しいことは理解するが，合併したら小中学校が統合され，役場がなくなって寂れ，不便になるのではないかと不安をもつ. B村域を代表する議員が減ることを懸念し，村の名がなくなることに抵抗感をもつ.

　平成の大合併では，各地で村を二分して賛否が巻き起こり，両派ののぼり旗が立ち，首長リコールや議会解散を求める運動が起きた. 国が合併を促進するために特例法に定めた合併協議会の直接請求と住民投票も活用された. これらも一種の住民による自治体設立（反対）運動と解釈できないこともない.

平成の大合併とその評価

　2000年代に進められた**平成の大合併**は，地方分権改革が進む中で，経済界からの要請，分権化の受け皿形成，財政難への対応という複数の要因が背景にあった. 国は上述の直接請求と住民投票，合併市町村への交付税措置や起債の優遇，議員の在任特例，人口3万人以上での市制施行などの促進策を設けた. 同時期に進められた地方交付税の削減に危機感をもった市町村は，期限が設けられた優遇策に飛びつき，約3200あった市町村は1718となった.

　効果については評価研究の途上にあるが，3点指摘しておく. 第1に議員数の減少は大きい. 平成の大合併直前の1999年に約4万人いた町村議会議員数（非合併町村を含む）は2010年までに約2万8000人減少し，約1万2000人となった. 一方で市議会議員数が2003年〜2006年に5000人強増えて後，3000人ほど減少した. 差し引き2万5000人強の減少となったとみられる[21]. 合併で議会そのものがなくなった影響は大きいが，この時期に議員定数の法定枠が撤廃されたので（☞第2章），合併だけの効果とはいえない.

　第2に職員数もこの時期減少したが，緩やかだった（☞第10章）. 公務員の退職勧奨はできず，定年退職者の補充制限だけでは限度があるからだ.

　第3に財政状況だが，駆け込みで起債による施設建設が行われた例も多く，

21）　データは総務省「地方公共団体の議会の議員及び長の所属党派別人員調」.

合併参加自治体が増えるほど統合コストがかさむこともあって[22]，必ずしも効率化されたとはいえない．目論見どおりに公共施設が統合され，旧町村役場が支所になり，組織や職員が削減されても，良いことばかりではない．地区の中心地の衰退が進むからだ．議員数の削減も地域代表の減少を意味する．

　つまり，基準のおき方で評価が異なる．これが顕著に表れるのが災害時だ．編入合併された地域における東日本大震災への対応を調査した研究は，次の問題点を挙げる．職員減少と支所への格下げによって情報収集，応急対応，意思決定に遅れが生じた．政治リーダーを失い，求心力や発信力が低下した．独立した町村でないと報道対象とされず，支援が届きにくくなった[23]．

　原発事故対応の研究は，合併しないメリットを挙げる．職員が1時間で町内の被害状況を把握したとか，人口約8000人の町が早朝に避難指示を出して夕方までにほぼ全町民を30 km離れた場所に避難させたといった例だ[24]．

　ただし，合併によって消防や病院などが統合・直営化され，対応力が増す側面があることも考慮すべきとの指摘もあり[25]，こちらも評価が定まらない．

　異論の余地がないのは役所と住民の距離が開いたことだ．これは国も意識していて，旧町村を単位とした時限的な**合併特例区**や一般的制度である**地域自治区**が用意された．市町村を区に分け，そこに事務所を設置し長の権限の一部を分掌させ，地域協議会を通じて住民意見を反映しながら処理する制度である．地域協議会の委員は首長が任命し，区は法人格をもたない．利用例は少なく，2022年度末で13町村に128地域自治区があるだけだ[26]．

4. 自治会・町内会の結成と役割

　市町村と住民の間には，地域自治区よりずっと小さい単位の自治会・町内会

22)　中澤克佳・宮下量久 2016『「平成の大合併」の政治経済学』勁草書房，第11章.
23)　室崎益輝・幸田雅治編 2013『市町村合併による防災力空洞化：東日本大震災で露呈した弊害』ミネルヴァ書房，幸田執筆章.
24)　今井照 2014『自治体再建：原発避難と「移動する村」』ちくま新書，第1章，第2章.
25)　河村和徳 2014『東日本大震災と地方自治：復旧・復興における人々の意識と行政の課題』ぎょうせい，第12章.
26)　総務省調べ（総務省ウェブサイト「市町村合併資料集」内）.

がある[27]．住民が任意かつ自発的に結成する自治組織だが，その機能や歴史を踏まえ，準公共団体と呼び[28]，第三層の政府に位置づける説がある[29]．こうみるなら，日本でも住民による自治体設立は珍しいことではなくなる．

　なお，部落会，町会，睦会，区，自治公民館などの呼び名もあるが，「自治体」との混同を避けつつ，最も一般的な「自治会・町内会」を用いる．

自治会・町内会の組織と仕事

　自治会・町内会は全国どこにでも存在し[30]，30 万団体を数える．1993 年の調査で最多となり，今は人口減少とともに漸減してきている[31]．なじみが薄い読者のため，高度経済成長期に拓かれた住宅地の自治会を描いてみる．

　あなたは○○ケ丘三丁目 12 番地の 4 に住んでいる．祖父母が分譲地を買って間もなく，市の働きかけで○○ケ丘三丁目自治会が結成された．その下に番地単位で組が作られ，あなたの家は 12 組だ（更に班に分かれる組もある）．組長（班長）が順番に回ってきて一定期間（例えば半年）務める．

　主な仕事は自治会費の集金，市の広報紙や文書類の配布，回覧板回付，ごみ置き場の管理だ．別に清掃当番をおく組もある．会費は自治会会計に納め，ごみ用ネット，清掃用具を買って各組に配布，防犯灯の電気代や修理費とする．

　めぐり合わせで自治会本体の役員になると，年 1 回の総会，月 1 回の役員会に出席し，防犯，衛生など 10 近くある部長のどれかを兼ねる．各部の仕事は，防犯・防火・交通安全などのパトロールや夜回り，地区清掃，害虫駆除，防災訓練，消火設備点検，運動会，各種の募金，敬老祝金贈呈等々である．

　このほか，防犯協会，交通安全協会，消防団，体育振興協議会，社会福祉協議会などと共催で行うイベントも多い．こうした行政協力団体は行政分野ごと

---

27)　以下の記述は主に伊藤修一郎 2007「自治会・町内会と住民自治」『論叢現代文化・公共政策』5 巻に拠っている．

28)　西尾勝 2000『行政の活動』有斐閣 p. 161-162.

29)　日高昭夫 2003『市町村と地域自治会：「第三層の政府」のガバナンス』山梨ふるさと文庫．

30)　日高 2018 前掲書，巻末資料 3 によれば，自治会・町内会が全行政区域にある市区町村が 78.7%，4 分の 3 以上の区域にある市区町村が 15.5% である．

31)　伊藤，前掲論文及び 2008 年，2013 年，2018 年，2020 年の総務省調査（「地縁による団体の認可事務の状況等に関する調査結果」に掲載）を参照．

に設置され，第2節でみた行政補助団体に起源をもつものもある．自治会・町内会は，その理事や役員，委員を出し，会費を納め，活動に協力する．

　自治会・町内会の下部組織には，老人会や子ども会がある．あなたが昔参加したラジオ体操やキャンプは子ども会の主催だが，資金や人材は自治会が出している．子どものための夏祭りや盆踊りを企画・運営することもある．

　また，地方の古くからの集落では，公民館・公会堂と呼ばれる集会施設を自治会・町内会が所有・管理し，第11章でみた入会地も管理する．道路の維持補修を住民総出で行い，神社の祭礼に町会単位で参加する[32]．

更なる役割と市町村との関係

　ここまで典型例を描いてみたが，地区の成り立ちや特性によって異なる．リサーチで皆さんに調べてもらった内容と比べてどうだったろうか．

　ほとんどが市役所の役割だと思った人もいるだろう．そのとおりだ．多くの仕事が市町村の依頼で行われる．そのために自治会長を行政区長や行政協力員といった非常勤職に任命し，業務を委託する形式がとられる．委託といっても民間委託と異なり，加入者数に応じた若干の報酬を支払い，業務を特定せず包括的に依頼する[33]．報酬は会長個人でなく自治会会計に入る場合が多く，仕事だけが増えていく．福祉の申請や税務申告の取次まで求められる地域もある．この負担を避けようと脱会する人，最初から加入しない人が増えている．

　加入率は全国平均で2010年の78.0% から2020年の71.7% に低下した[34]．地域差があり，概して都市部で低い．人口20万人以上の都市で加入率90% 以上を維持する市も1割程度あるが[35]，東京都内の市区は2003年の約61% から2013年の約54% まで下がっている[36]．加入率が下がると広報紙配布やごみ置き場の管理ができなくなる．広報紙を新聞折込やポスティングとし，（ごみ出し困難な高齢者の増加もあって）可燃ごみを各戸収集とした市もある．

32）　日高 2003 前掲書，第3章，第4章．
33）　行政協力制度については，日高 2018 前掲書に詳しい．
34）　総務省 2022「自治会等に関する市区町村の取組に関するアンケートとりまとめ結果」．
35）　日高 2018 前掲書，巻末資料3．
36）　東京の自治のあり方研究会 2015『最終報告』東京都．

　加入率低下を市町村は深刻にみており，自治会・町内会の意義や加入手続の周知に努めている．東日本大震災を契機に，加入促進条例を制定した市町村も出てきた．自治会長を長年務めた者の大臣表彰制度も設けられた．

　業務委託だけなら民間企業に移すこともできるのに，なぜ市町村は自治会・町内会を重視するのか．意見集約や合意形成の役割が大切だからだ．

　行政が住民の希望を知り，政策への理解を得るにはどうすればよいか．住民の側も，空き家やゴミ屋敷，危険な交差点など様々な生活課題にどう向き合うか．行政は各戸に聞き取りを行い，住民は各々行政に申し立てることもできるが，自治会・町内会があれば，役員に相談し加入者間で議論できる．その合意内容や要望事項は，各自治会を束ねる連合自治会（自治会連合会）がパイプ役になって行政に伝える．これを行政は地区住民の意思とみて重視する．

　自治会・町内会が結束して反対すれば公共事業は進められない．自治会・町内会を通じた苦情・要望であれば行政はおろそかにしない．逆に，住民運動（☞第6章）に行政が冷淡なのは，普段は地区の問題に興味を示さない一部の者が，地区外の人間と一緒になって騒いでいるだけとみるからである．

　このほか自治会・町内会は，第3章でみたような選挙における地域代表の選出機能をもつ．昭和・平成の大合併で減った議員を代替する役割もある．

自治会・町内会の歴史

　自治会・町内会には市町村と同じ起源をもつものがある．前述のとおり，明治の大合併で消えた村が，区や大字に名称を変えて残った．これらは自治の単位として，合併後しばらくは水利，簡易な土木，衛生，教育，防犯・消防などを担った．それが，市町村財政が整うにつれて行政へと移管された[37]．こうした経緯から，補助的役割が今の自治会・町内会に残ったというわけだ．

　大正から昭和初期にかけ都市化が進んだ地区では，第2節で触れた衛生組合，親睦団体などを母体に町内会や町会が結成された．急速な都市化に伴う生活上の諸課題に取り組み，地域社会を急激な変化から守る必要性に応えたものだ[38]．そのためには，一部有力者に限定された旧来の名望家支配に代わって，

---

37)　鳥越皓之 1994『地域自治会の研究：部落会・町内会・自治会の展開過程』ミネルヴァ書房.

全世帯が加入して共同して課題に取り組む，開放的な組織が求められた[39]．

　そこに目をつけたのが東京市である．1929 年から町会整備を始めた．これに追随する動きも各地で起こった．1940 年には国（内務省）が乗り出し，町内会・部落会等を市町村の監督のもとにおいて防火，風紀取締，食糧配給などを担わせ，戦時国防体制に編入，1943 年には法定して地方制度に組み込んだ．

　敗戦後の占領下で，連合国総司令部は町内会・部落会等の解散・禁止を命じた．国民を戦争に動員するための手段とみたのだ．しかし，混乱期の防犯や食糧配給を担う住民組織は必要だったから，市町村は名称を変え，会長個人に業務を委嘱するなどして実質的に存続させた．1952 年の講和条約発効に伴い禁止が解除されるや，市町村は復活を後押しした．下水道やごみ処理場が未整備で，住民によるドブ浚いや害虫駆除が必要な時代である．行政は手足となる組織を必要としたのだ．世論調査で 6 割が賛成するなど住民の支持もあり，地盤涵養を図る議員や地元世話役からの働きかけもあった．この結果，敗戦直後の約 20 万団体から，1980 年の調査で約 27 万団体を数えるまでになった．

　法制化は，市町村や町内会役員から要望されたものの実現せず，今も自発的な任意団体という位置づけだ．地方自治法 260 条の 2 に認可地縁団体の定めがあるが，法人格を取得して不動産の名義人になるなど，財産管理の便宜を図る規定にすぎず，自治会・町内会全体の 10% 強が利用するにとどまる．

　結局のところ，自治会結成は住民による自発的行動か．原武史著『団地の空間政治学』には，1960 年代前後に建設された団地で住民が自治会を結成した様子が描かれる[40]．同時期に入居した近い世代の住民は，子育て・教育，通勤，買い物・物価，文化・娯楽等々の課題を共有し，自治会を拠点に住民運動まで展開して市町村と対峙し，政治活動にも関わった．このため，保守的な地域に波風が立つのを避けようと，自治会結成の阻止に動いた市長もいた．

　一方，戦前から続く町内では，旧組織とのつながりから戦前の支配秩序の復活だと警戒されたり，地主や自営業者が町会長と行政協力団体役員を兼務する

38) 社会学に多くの研究蓄積がある．例えば，岩崎信彦ほか 1989『町内会の研究』御茶の水書房，倉沢進・秋元律郎編 1990『町内会と地域集団』ミネルヴァ書房．
39) 玉野和志 1993『近代日本の都市化と町内会の成立』行人社．
40) 原武史 2012『団地の空間政治学』NHK ブックス．

ことが有力者による地域支配と解釈されたりすることもあった[41]．しかし，勤め人がいなくなる日中に地元にいられる人たちが，やむなく役職を引き受けることで，かろうじて地域社会が回っているという側面もある．これは，その後のコミュニティ行政が，新たな自治の担い手育成を目指した際，自治会・町内会に頼らざるをえなかったことに表れている（☞第 6 章）．

自治会・町内会をどうみるか

　ここまでみたように，自治会・町内会は地域によって成り立ちが異なり，リーダーや加入者によって組織の運営が異なる．しかし，共通する特徴もある．それらは世帯単位の加入，全世帯加入の建前，地区の排他的占拠（他に競合する組織がないこと），生活全般に関わる包括的な役割をもつことである．

　前項の最後で触れた支配秩序の復活とか，第 4 章でみた官僚支配モデルがいう保守層の地盤といった特質はどうか．これには地域ぐるみの選挙運動など一定の根拠もあるが，実証研究により反証が示されて共通項から除かれた[42]．しかも，近年は政治参加を促す点からソーシャル・キャピタルや市民社会の構成要素とされるなど（☞第 13 章），肯定的評価が提起されるようになった．

　本節冒頭で触れた第三層の政府とみるのは行政学者の日高昭夫で，上の 4 つの共通項に行政の末端機構性という特徴を加えて評価した．この特性にも疑問が呈せられていたが，全国調査で広く共有されることが示された[43]．日高によれば，一定領域にひとつしかなく，その居住者全員が構成員となり，包括的機能を果たす組織は自治体にほかならない．しかも，税（会費）を徴収し，自治会長は市町村と機関委任事務のような関係性を取り結ぶというのだ[44]．

　日高は，自由な加入資格と個別機能を特徴とする市民団体や NPO などと区別して自治会・町内会を理解するために「政府」と呼ぶが，あえて額面どおりに受け取ったら，自治会・町内会の結成を地方政府の設立といえるか．

41）　例えば，都政調査会（阿利莫二，高木鉦作，松下圭一，小森武，鳴海正泰執筆）1960『大都市における地域政治の構造：杉並区における政治・行政・住民』第 3 章．
42）　中村八朗 1965「都市町内会論の再検討」『都市問題』56 巻 5 号（森岡清志編 2012『都市空間と都市コミュニティ』日本評論社に所収）．
43）　日高 2018 前掲書，第 4 章．
44）　日高 2003 前掲書．

政府というには，まだ何かが足りない．第11章を踏まえると，社会的ジレンマ構造をもつ課題の解決に当たって強制力を行使できるかが，自治組織と政府を分かつといえないか．自治会・町内会の特徴が，コモンズの悲劇に取り組む際に有効に働くことは確かだ．全世帯加入の組織による取り決めには納得して従うのが普通だ．相互監視が働いて裏切りやただ乗りも難しい．包括的機能をもつため，制裁を科しやすい．逸脱行動に対して，ごみ置き場を使わせない，防犯灯を取り外すといった不利益を科すことはよくある．しかし，集落が共同して農業生産を行っていた時代の村八分のような強い効果は，もはやない．息苦しさを感じれば退出が進む．そして，加入率が下がれば，全員で決めたという建前も通じなくなる．やはり自治組織ということになる．

まとめ：これからの住民自治はどうなるか

ここまで，住民の必要性に応じた自治体の設立や解散が日本でも可能かを考えてきた．歴史を遡ると，いくつかの例が見出せたが，限られたものだった．自治会・町内会の結成はあったが，議論が分かれるところだ．第1節のアメリカの HOA に近い組織が市町村の領域内でも必要とされているとみれば，むしろ行政サービスの不足をうかがわせる．合併により市町村の規模を拡大し続け，行政改革・人員削減（☞第10章）に励んだ帰結といえる．

今や，その自治会・町内会の存続さえ危うい．第4節で描いた○○ケ丘は，子どもの声が響き渡っていたかつての姿から様変わりして，公園には人影もみえない．雑草や庭木が伸び放題の空き家が目立ち，高齢化で自治会役員のなり手がおらず，市からの委嘱の返上を話し合っている．

仮に解散にまで至ったら，これまで自治会が担ってきた役割は誰が引き受けるのか．市役所が職員を派遣できるのか．サービスを提供するだけなら民間委託に置き換えることもできそうだが，合意形成や生活課題に共同して対処する機能は失われたままになりかねない．なるに任せてよいか．

これまでに積み残した論点とともに，次章で根本から考えてみたい．

第13章 | 自治の課題と公共哲学
| 自治制度をどう組み立て，動かすか

10分間リサーチ　ターゲット自治体について以下の項目を調べよう
1. 入手可能なランキングで何位にあるか[1].
2. 第10章で調べたNPO数と1の結果と関連があるかも考えよう.

はじめに

　自治体（地方自治）はなぜ必要か. この問いを起点に，自治に関わる問いを各章副題に掲げ，考察の材料を提供してきた. その過程で幾つかの問いが浮上した. それらは，地域格差はどこまで許容できるか（第1章），その関連で国がどこまで地方の面倒をみて格差を是正すべきか（第9章），直接民主政的手段をどこまで取り入れるか（第5章），地域の課題を誰が担うか，自治体が担うべきはどの範囲か（第7〜12章），そして，豊かな地域を囲い込むような自治体設立は許されるか（第12章），である.

　これらの問いは，地方自治の問題というだけでなく，国のかたちに関わる問題であり，社会のあり方について私たちが何を良しとするかに関わる問題でもある. これに答えるには，倫理的な価値判断が必要となる. 費用便益分析にかけても出てくるのは判断材料だけで，それを評価する判断基準は別に用意しなければならない. そこで本章では，政治倫理の問題を原理原則に立ち返って考究している公共哲学の著作をいくつか紹介し，読者自ら考えるための手がかり

---

1)　例えば，住みよさ（東洋経済新報社刊『都市データパック』（一部ウェブ上にあり）），
　行政革新度（日本経済新聞社産業地域研究所2009『全国市区の行政比較調査データ集』），
　情報公開度と政務活動費情報公開度（全国市民オンブズマン連絡会議ウェブサイト），住
　みたい自治体（リクルート社SUUMO）などがある.

を提供しようと思う．そして最後は地方自治研究に立ち返り，自治体を機能さ
せるものは何かを探究する最近の研究動向に触れて，まとめとする．

1. 政府設立の思想的根拠

第11章のコモンズ論は，人々が協力し合えないジレンマ状況から始まった．
これに似た状況から説き起こし，政府の設立を導く政治思想を取り上げよう．
自治体の設立というわけではないが，発想の助けになるはずだ．

ホッブズ『リヴァイアサン』

コモンズ論で最も引用されるのは，1651年に刊行されたトマス・ホッブズ
『リヴァイアサン』である[2]．同書第13章で**自然状態**が描かれる．人間は本来
平等であるがゆえに，他人に対する敵愾心や猜疑心，自負心といった，紛争の
原因となるものをもつ．これが「万人の万人に対する戦争」を引き起こす (p.
216)．自然状態では，自己保存のために力を行使することが許され，それは他
者の身体にまで及ぶ．いつ何時侵略者に襲われるかもしれないので武器が手放
せなくなる．安全が保障されないので経済活動が成り立たず，貧しく劣悪な状
態に陥る．

武器を捨て，戦争状態からどのように脱するか．続く2つの章で，理性が指
し示す行動規範としての自然法が検討される．第1は「平和を勝ちとるための
努力は，希望が持てる限り」続けよという規範である．ここから導かれる第2
の規範は「『あらゆるもの』を自由に扱う権利を進んで放棄」せよ，ただしそ
れは「平和と自己防衛のために必要であると判断され」，「他の人々の同調が得
られるという前提条件」を満たした場合に限る，というものだ (p. 225-226)．

更にここから「結ばれた契約は履行すべし」という第3の自然法が導かれる．
そのためには「強制力を確立する必要がある」．そうすれば契約を破ることで
期待できる利益よりはるかに重い処罰によって履行を促すことができると続く

---

2) ホッブズ，角田安正訳 2014・2018（原著1651）『リヴァイアサン 1・2』光文社古典
新訳文庫．引用は断りのない限り第1部から．なお，2022年に索引付きの全訳，加藤節
訳『リヴァイアサン 上・下』ちくま学芸文庫も刊行された．

(p. 248-249)．では，その強制力をどうやって確立するか．

　第 17 章で，ホッブズは自然法があるだけでは不十分だと論じ，国家の生成と題して，あらゆる力をひとりの人間またはひとつの合議体に授けることを提案する．その際，「みずからを治める権利を，私はこれこれの人に（あるいは，これこれの合議体に）譲渡する．ただし，それには条件がある．すなわち，あなたもみずからの権利を同じ人物に譲渡し，その人物のすべての行動を正当と認めなければならない」と宣言がなされる（第 2 部 p. 20-21）．

　このようにして，人々が相互に契約した結果できた強大な怪物が，ホッブズのいう**リヴァイアサン**であり，国家の別名である．このリヴァイアサンによって，際限ない闘争から人々が抜け出すことができるというのである．確かにこのロジックは，コモンズ論における権力による解決によく似ている．

ロック『統治論』

　人々が合意して何らかの政治権力を打ち立てる行為は**社会契約**と呼ばれる．このアイディアを，政府の設立やその廃止という本書の問題意識に，より近づけて論じているのが，ジョン・ロックの『統治論』（『統治二論』『市民政府論』）である．アメリカ独立革命にも思想的影響を与えたとされる[3]．

　ロックも自然状態から説き起こすが，それを戦争状態とみるホッブズと異なり，自然状態で一定の平和が保たれるとみる．そこには自然法が存在するからである．人々は，自然法の範囲内で自由に行動でき，思うように自分の財産を処分し，自分の身体を扱うことができ，権限を相互に行使し合う平等な状態にある（§4）．同時に自然法は「誰も他の人の生命，健康，自由，あるいは所有物を侵害すべきでない」と命ずるのである（§6）．

　一方で，それを命ずる自然法の執行は各自の手に委ねられるので，誰もが違反者を処罰する権利をもち（§7），加害者に賠償を請求する権利をもつ（§10）．

---

3)　ジョン・ロック，伊藤宏之訳 2020（原著初版 1690）『全訳　統治論　改訂版』八朔社．本文中の§は後篇の段落番号を指す．邦訳は他に加藤節訳 2010『完訳　統治二論』岩波文庫，角田安正訳 2011『市民政府論』光文社古典新訳文庫などがある．基本は伊藤訳に拠ったが，一部を原文（ヨーク大学（カナダ）ウェブサイトで入手）から抜粋し，適宜訳をつけた．

しかし，自分自身が関わる事件を自ら裁くことは，身びいきや復讐心ゆえにやり過ぎて，混乱と無秩序を生む（§13）．つまりロックも，自然状態が戦争状態に移行しかねない問題をはらむものだとみているのである．

こうした自然状態を終わらせるのは，ひとつの共同体（one community）に加入し，ひとつの政治体を作ることに互いに合意することだけだとロックは論ずる（§14）．これが社会契約であるが，その目的は所有権（生命，自由，財産を含む所有物に対する権利）を保全するためである（§85）．この同意（consent）は何人で行ってもよいが（§95），それによってできた政治体がどの方向に進むかは，多数派の決定によって決められる（§96）．

共同体に集う目的である所有権保全の主たる手段は，法を制定することである．そのためにはまず基本法によって立法権力（the legislative power）を確立する（§134）．立法権力は所有権の保全のために信託されるのだから，その信託に反した立法権力を排除し取り替える最高権力は人々の手にある（§149, 222）．私たちが高校までに教わる**抵抗権**である．

なお，『統治論』は自治体について触れていないが，少なくとも都市国家かそれに近い自律性の高い団体を想定しても違和感はない[4]．

2. 政府・自治体の守備範囲：自由と平等をめぐって

ここまで政府が設立される論理をみてきた．続いては，設立された政府がいかなるものかを考えたい．ただし，ホッブズやロックの思想は，生まれた歴史的文脈が本書の設定と大きく異なる．そこで，ロックを出発点のひとつとして，現代の格差問題や政府の役割を論じ，それぞれ異なる結論に至る2人の公共哲学者を取り上げ，本章の問いに関わる部分を中心に説明する．

ロールズ『正義論』
現代の社会契約論の代表はジョン・ロールズの『正義論』であろう[5]．ロー

---

4)　小滝敏之 2009『自治・統治の歴史・思想と哲学：西洋近世自治論』公人社 p. 354 は，ロックやルソーにおいて，信託がなされる政府（government）には，地方政府（自治体）も含まれると論じている．

ルズはロック同様，初期条件（原初状態）を設定し，思考実験を始める．そこでは，自分の出自や地位，能力，そして社会的・自然的状況を知り得ない．めぐり合わせで有利不利が決まったりしないし，「各人固有の情況に合わせて諸原理を仕立て」たりもできない．すなわち平等・対等であると仮定される．そのような条件のもとで，合理的な諸個人が合意するであろう正義の一般原則を導くのである（p. 26）．

その原則は，第1に「基本的な権利と義務を平等に割り当てる」べきことである．そして第2には「社会的・経済的な不平等（たとえば富や職務権限の不平等）が正義にかなうのは，それらの不平等が結果として全員の便益（そして，とりわけ社会で最も不遇な人びとの便益）を補正する場合に限られる」というものである（p. 21-22. 訳注は省略）[6]．

本テキストの問題関心に重なるのは第2原理で，**格差原理**と呼ばれる．ロールズは形式的な機会の平等だけでは不十分だし，実力主義も不平等の是正には十分ではないと考える．そして，生まれついて資産や社会的地位，才能に恵まれたというだけで利益を得ることがあってはならないと主張する．

ではどうするか．地位や才能まで平等にするというのではない．その代わりに，それらを社会の「共通の資産」とみなし，「生まれつき恵まれた立場におかれた人びとは誰であれ，運悪く力負けした人びとの状況を改善するという条件に基づいてのみ，自分たちの幸運から利得を得ることが許される」ような社会システムを創設するよう提案する（p. 136-137）[7]．

そうした再分配の問題，すなわち市場経済における政府の役割は，同書第5章で論じられる．格差原理に合致するように憲法が制定され，立法機関や社会制度がつくられるという構想である．そこでの政府の主な役割は，囚人のジレンマに対する権力的解決を担い，積極的に公共財を供給し，累進的な再分配政

---

5) ジョン・ロールズ，川本隆史・福間聡・神島裕子訳 2010（原著1999，初版1971）『正義論　改訂版』紀伊國屋書店.
6) 2つの原理の定式化された言明は p. 402-403 に，原初状態については第3章に記述される.
7) この部分を理解するには，マイケル・サンデル，鬼澤忍訳 2011（原著2009）『これからの「正義」の話をしよう：いまを生き延びるための哲学』早川文庫NF，第6章が有用である.

策によって富の分配を是正して機会均等を保障することになる（第42-43節）．

ノージック　最小国家論

　ロバート・ノージック『アナーキー・国家・ユートピア』に登場する最小国家の理論は[8]，「ロックの自然状態」から議論を始めて国家の必要性を問い（p. 12），ロールズとは異なる結論に至る．自然状態から一足飛びに政府の設立に行くのではなく，中間の段階を経る論理構成が本書の問題関心によく合致する．

　ロックがいうように，自然状態では誰もが「権利を実行し，自己を防衛し，賠償を取り立て」る．それはグループで行うのが便宜だ．これをノージックは「保護協会」と呼ぶ．次第に，多くの保護協会が生まれ，職員を雇い，対価を得て保護サービスを提供するようになる．それらは一時期競合するが，やがて闘争や棲み分けによって，ひとつの地域にひとつの保護協会が活動するようになる．ノージックのいう「支配的保護協会」である（p. 18-25）．

　支配的保護協会は，地域内の多くの人々に保護サービスを提供していても，次の2点で国家ではない．第1に実力行使の権限の独占を欠いており，第2に地域内のすべての人に保護を提供しているわけではないからである．この判定基準は，自治会・町内会をどうみるかの議論に通ずるところがある．

　さて，このような状態は，保護協会と取引関係のない独立人が，保護協会のクライアントの権利を侵害するといった不都合を生む．この状態から脱するために国家が形成されるのだが，ノージックの論理運びは次のようなものだ．

　保護協会は依頼人から彼・彼女の権利の委譲を受けて保護サービスを提供する．その中に，他人の侵害行為に対する正当防衛の権利を含めて委譲してもらい，それを保護協会は行使する（p. 161-162）．クライアントの正当防衛権の行使を委任された保護協会は，クライアントに危険が及ぶのを避けるため，独立人に自力救済の実行を禁止する．禁止を守らせるのは，保護協会がもつ実力（強制力）である．そのような権利の性質上，いったん支配力をもつ協会が現れると，それのみが独占的に行使するようになる（p. 171-172）．

---

8) ロバート・ノージック，島津格訳 1992（原著1974）『アナーキー・国家・ユートピア：国家の正当性とその限界』木鐸社．

この禁止は独立人の権利を侵すので，保護協会は独立人が被る損害を賠償しなければならない．その最も安価な方法は，保護協会の「クライアントとの間の紛争状態をカバーする保護サービスを供給すること」だ．これは保護協会が存する領域の全員に保護サービスを提供することにほかならない．以上により，自然状態から誰の権利も侵さず最小国家が成立する（p. 174-180）．

自治の問いを考える：ロールズとノージックを手がかりに

ノージックは最小国家を「正当化可能な国家として最も拡張的なもの」と位置づけ（p. 253），これをわずかでも超えると人々の権利を侵害すると主張する．この立場は**リバタリアン**（自由尊重主義）と呼ばれ，ロールズに代表される**リベラル**と対比される[9]．この2つの立場は，地域間格差の是正を国がどこまで行うかといった問題を考える手がかりとなる．

ロールズの格差原理によれば，どの地域に生まれたかで人生が決まってしまうような地域の格差は，積極的に是正されるべきだということになるだろう．ロールズもすべてを平等にせよと主張するわけではないが，例えば東京がひとり勝ちするような社会制度は認めないはずだ．仮に認めるとした場合，東京がもつ経済発展のポテンシャルを共有資産ととらえて，それが生み出す富を不利な地域へ再分配する仕組みを工夫するよう求めるだろう．

他方，ノージックは最小国家を超えたものは正当化できないという立場から，「勤労収入への課税は，強制労働と変わりがない」とまでいう（p. 284）．その根拠は，ロックにもあるように国家（政治体）は所有権の保護を目的とするところに求められる．所有権を侵害しなければ実行できない再分配やパターナリズム（価値財の供給を含むだろう）は，国家の目的に反するのである．このような再分配の断固たる否定を踏まえれば，豊かな地域の税収を国家が吸い上げて，そうでない地方に回すなど論外として退けると考えられる．

サンディ・スプリングス市のような，豊かな地域を囲い込む自治体設立（☞第12章）をどうみるか．ノージックに従えば，郡による所有権の侵害からの防衛となるだろう．他方，郡内の最も貧しい地区が更に苦しくなるような税源の

9）ノージック，前掲書．この第2部で理屈づけが展開されるが，それはロールズ『正義論』（初版）への批判として執筆されている．

付け替えは，ロールズの正義の原理に適合しない．仮に新市運営の効率化によって住民サービスの総計が以前より増加しても，否定されるはずである．

松下圭一『政策型思考と政治』

　日本の論者も取り上げよう．第3章でシビル・ミニマムの提唱者として紹介した松下圭一は，ロックの理論を基礎に地方自治を論じた．松下が自治体に関して論じる内容は多岐にわたり，特定の思想的系譜には収まらないが，次の2点によって，ロールズとノージックの間にあるようでもあり，次節で取り上げるコミュニタリアンと問題意識を共有するようでもある．

　第1に地域間格差についてである．革新自治体の理論的支柱となったシビル・ミニマムは，生存権，教育を受ける権利，労働基本権などの**社会権**を保障する条件整備として，一定水準の公共サービスや施設整備を求める．この点で平等志向といえる．しかし，際限なく平等を求めるものではない．松下は「政策としては，ミニマム保障以上は，本来，できない」と言い切り，「ミニマム以上は個人の自由選択という『リベラリズム』の領域」とする[10]．ここでいうリベラリズムは，自由の尊重という本来の字義で使われている．

　更に松下は日本の1980年代以降について，すでにシビル・ミニマムの「量充足」を終え，「質整備」の段階に入ったとみる．そこでは，地域課題を追求し国を政策提案で先導する「先駆自治体」と，依然として国の下請けに甘んじる「居眠り自治体」とに分化して格差が拡大していると観察する．松下は自治体間の連帯と「居眠り自治体の自立」による格差縮小に期待をかけているが，むしろ自治体間格差が必然とみている点が本書の文脈には重要である[11]．

　第2に中間団体の扱いについてである．松下は，社会契約論がロックを含めて，個人と国家の間の「中間項」（現代における自治体，政党，企業，圧力団体などの中間団体）を否定しているとみる．ロックによれば，自然状態におかれた個人は集団から切り離され，どこにも所属しない．そこから中間団体を介さず，個人が社会契約によって全体へと統合される．これこそが社会契約論の中心となる仕掛けであることは松下も認めつつも，中間団体が地球規模で広が

---

10)　松下圭一 1991『政策型思考と政治』東京大学出版会 p. 35.
11)　松下，前掲書 p. 289-291.

る現代の社会状況に合わないと指摘するのである[12].

　松下はロックの理論を現代に活かすには「読み直し」が必要だとした．そのためにミル（☞第 1 章）を援用し，「都市型社会」への移行という歴史的現実を認識するよう訴えた[13]．それが説得力をもつかは読者の判断に委ねるが，ロック理論に中間団体の欠如をみる松下の目のつけどころは，後述のコミュニタリアンが，社会から切り離された個人を想定する原子論だとしてロールズやノージックを批判する観点に通ずるものだといえる．

3. コミュニタリアニズム

　第 10 章や第 11 章で三分法的整理に接した．ロールズを政府派，ノージックを市場派とみれば，共同体派は誰か．第 1 章のトクヴィルを挙げればよいわけだが，上の 2 人と同時代の**コミュニタリアン**を取り上げよう．

マイケル・サンデルと共通善

　日本で著名なコミュニタリアンといえばマイケル・サンデルだろう．人気講義をもとに書かれた『これからの「正義」の話をしよう』（『正義』）が概要をつかむのによい[14]．講義なので，大半は具体例を通じた様々な哲学上の論点と学派・伝統の検討に充てられる．コミュニタリアンとしての主張は第 9 章から登場し，最終の第 10 章で，この立場に従った，あるべき政治が示される．

　サンデルによるとコミュニタリアニズムは，私たちが負うべき道徳的責務に関する考え方が，ロールズに代表されるリベラルとは異なる．人を殺さないといった理性が求める義務があると考える点は同じだが，他者の権利の尊重などに関して違いがある．リベラルにとって私たちが負う責務は，「みずからが負うと同意した責務だけ」なのだという（p. 352）.

---

12)　松下圭一 1987『ロック「市民政府論」を読む』岩波書店 p. 124-125. なお，松下理論の評価と位置づけについては，後房雄 2017「大衆社会論・構造改革論から政策型思考へ：公共政策研究への松下圭一の道」『公共政策研究』17 号.

13)　松下 1987 前掲書，第Ⅵ章.

14)　サンデル，前掲書.

　これに対するコミュニタリアンの考えは，私たちは望まなくても「連帯と忠誠の責務」を受け入れているというものだ．それは合意や契約に基づくのではない．「コミュニティと伝統から生まれた道徳的要求」に従うのである（p. 346-347）．サンデルによれば，家族，都市，国家，民族の一員として自己の人格がある．そうしたコミュニティこそが，私たちのアイデンティティを形づくる．そのコミュニティに属する重みゆえに，同意したか否かにかかわらず，道徳的責務を受け入れるのだとサンデルは論ずるのである．

　では，コミュニティは何を求めるのか．そこに所属することで何が求められるのか．サンデルの『正義』には，異なるコミュニティに属する人々の間で鋭く意見が対立する道徳的問題や，最も親しい（ちか）コミュニティとより広いコミュニティが求める道徳的要求に引き裂かれ苦悩する人物の例が次から次に登場する．アメリカ社会を分断するような対立点も取り上げられる．ここからいえるのは，歴史と伝統，構成員，組織や関係性が違えば，求められるものも違うということだ．リベラルな政治哲学が提示するような，誰でもどこでも従うべき一般原則があるわけではなさそうなのだ．

　サンデルの説明によれば，「われわれのように多元的社会に生きる人びとは，最善の生き方について意見が一致しない．リベラル派の政治理論は，政治と法律を道徳的・宗教的な賛否両論から切り離すための試みとして生まれた」という（p. 380）．そのための正義の原理というわけだ．しかし，そのような道徳問題を政治から切り離してしまう態度をサンデルは問題視する．

　ではどうするのか．サンデルは，**共通善**（common good）というものがあるはずだから，共に探そうと呼びかけるのである．

　しかし，共通善の中身が何かは，定義のような形では示されない．コミュニティによって求めるものが違うのだから当然ともいえるし，用語法も定まっていない言葉なのである．例えば，ロックは共通善と「公共善（public good）」を互換的に使っている[15]．マディソン（☞第5章）もこれと同様で，個人的利益との対比で用いている．更に進むと，公共善は日本国憲法の「公共の福祉」に通ずる．公共の福祉は人権を制限する際に使われることによって，善とは逆

---

15)　ロック，前掲書§131．前掲伊藤訳の索引（公共善）も参照．ただし，前掲加藤訳では「共通善」と「公共善」に訳し分けられている．

の否定的な意味合いも伴う．共通善もこれと同じように理解される場合もある．これをサンデルは区別して，特別な意味を込めて使っているのである[16]．

　サンデルの説明をみよう．彼はアリストテレスを引きながら，共通善は「最高の市民道徳」をもつ市民によって熟考され見極められるものだとする．そうした市民の徳は政治共同体への参加を通じて陶冶される（p. 305-307）．そして，「共通善に基づく政治」と題した結論部分で，「正義にかなう社会が善き生についてともに判断することで成り立つ」（p. 408）と説き，私たちに，意見の違いを無視したり関わらないようにするのではなく，道徳的に意見が分かれる公的問題に関与し，論争するよう求めている．

アリストテレス『政治学』

　ここでサンデルも参照しているアリストテレス『政治学』を覗いてみよう[17]．同書第1巻第2章は，人々の毎日の生活のために家が自然発生し，更なる必要性に応じて村が，そして「究極の共同体」として国家が生まれると論じる（上 p. 30）．必要性に応じて段階的かつ自然的に国家が発生するとみる点は，ノージックに似ているが，国家の目的がまったく異なる．アリストテレスは，第3巻第9章で，財産のため，軍事同盟による安全保障のため，経済・交易のためといった，考えうる世俗の目的をことごとく否定し，国家は「善の中で最高のもの」を目指し（上 p. 22），人々が「善く生きるために存在している」のだと繰り返し論じるのである（上 p. 31）．

　では善い生き方とはいかなるものか．国家とどう関わるのか．答えるのが難しいが，第7巻第1〜3章を読むと，「勇気，正義，思慮，節制の徳」（下 p. 220）に基づいて行動するのに応じて幸福が得られ，それが望ましい生き方になるということのようである．その実践は，公的活動から退いた哲学的な生き方にはない．国家の運営に関わる政治的な生き方をすることこそが，個人と公共の両方の観点からみて，幸福で「最善の生」だと論じられる（下 p. 214）．

　『政治学』の大部分は，最善の国制は何かを探る比較検討に費やされる．本

16）　菊池理夫 2011『共通善の政治学：コミュニティをめぐる政治思想』勁草書房．
17）　アリストテレス，三浦洋訳 2023（原著：紀元前330年頃）『政治学　上・下』光文社古典新訳文庫．

書のテーマに関わるものとして，民主制（政）と共和制（政）をめぐって，マ
ディソンの共和政擁護論（☞第5章）に通ずる議論を見出せる．

囚人のジレンマと共通善

　本節冒頭で共同体派に位置づけたコミュニタリアニズムだが，連帯と忠誠の
責務や共通善と共同体的解決とはどうつながるのか．もう少し詳しくみよう．

　この系譜に連なるとされる政治学者のマイケル・ウォルツァーによれば，リ
ベラリズムではフリーライダーに対抗できないが，「コミュニタリアニズムと
は，完全にフリー・ライダーが一人もいない状態という夢」だという．リベラ
リズムは個人の権利を重視し，「自分が最善だと思うように生きることを許容」
する．そこには所属する集団から離れる退出の自由も含まれる．集団に忠誠を
示さず，問題解決に貢献するより退出を選ぶことが，「リベラルな社会」がフ
リーライダーに悩まされる理由なのだ．そうした人びとをつなぎとめるために
「国家はますます強力なものになりがち」となる[18]．

　これに対してコミュニタリアンは，上述のサンデルの議論と併せて考えると，
コミュニティと伝統が求める徳と共通善に従うことで，フリーライダーの発生
を防ごうとするのである．ここでいうコミュニティは，ロックのいう政治体と
同様に，主に国家が想定される．同時に，人種や宗教のコミュニティもありえ
るし，自治体を持ち出しても場違いではない．なぜなら，上述の夢の実現を語
るとき，ミルによる地方自治の擁護が持ち出されるからだ．ウォルツァーも，
旧来の小規模で同質的な社会と異なり，多元化された現代社会において「市民
の徳を発展」させるには，「シティやタウンやバラーと称されるもの，つまり
都市や町を強化」し，近隣共同体の様々な委員会を育成し，「地域の問題に責
任を負う準備のある市民の集まりを探」すことが必要だと論じている[19]．

　サンデルの『正義』に戻って，サンディ・スプリングス市のような豊かな地
域の独立をどう考えるかの手がかりを探してみると，リベラルとは別の理由で
否定的にみる個所が見出せる．富裕層が学校，教育，交通，警察，娯楽・文化

---

18) マイケル・ウォルツァー，萩原能久・齋藤純一監訳 2012（原著 2007）『政治的に考え
　　る：マイケル・ウォルツァー論集』風行社，第7章 p. 199-201.
19) ウォルツァー，前掲書 p. 206-207.

等の公共サービスから離れ，自前で調達する「退出」（☞第 7 章）が進むと，残
された人々だけでは支えきれなくなる．これにより人々が集い市民道徳を学ぶ
場が失われ，「民主的な市民生活のよりどころである連帯とコミュニティ意識
を育てるのが難しくなる」．これを防ぎ，公共の領域を再建するためには，富
裕層に課税し，再分配に充てることが是認されると論ずるのである [20]．

4. 自治の仕組みを機能させるには

　ここまで公共哲学を手がかりに，政府（自治体）設立の論拠を探り，その権
限行使の目的と範囲を検討した．いうなれば優れた自治の仕組みを考究した．
　しかし，完全無欠な仕組みを作っても，運用次第で期待外れのものとなる．
ここからは少し角度を変えて，自治制度を機能させるものは何かを考えよう．
その後に，この問いを踏まえた近年の地方自治の研究動向を紹介する．

ロバート・パットナムとソーシャル・キャピタル

　自治体の業績（政策の良否や政策実施の巧拙，応答性，透明性など）は，ソ
ーシャル・キャピタル（社会資本）が豊かなほど高くなる．この仮説をイタリ
アの州政府を比較することで検証してみせたロバート・パットナムの *Making
Democracy Work* が 1993 年に刊行されて以来 [21]，民主主義の制度を機能させ
る要因としての社会のあり方が注目されるようになった．
　イタリアでは 1970 年に分権改革が行われ，州が全国に導入された．同じ仕
組みの州政府が同時にスタートしたのに，20 年間で業績に差がついた．その
違いを生んだものは何か．それは制度以外の何かであるはず，というわけだ．
　その何かは，地域の経済力だというのが通説だったが，パットナムはソーシ
ャル・キャピタルだと主張した．その定義を噛み砕いて説明すると，「資本」
であるから資金や機械・設備のように生産に関わるものだが，資金などとは異
なる，目には見えないものである．もう少し具体的には，信頼，規範，ネット

---

20)　サンデル，前掲書 p. 416.
21)　ロバート・D. パットナム，河田潤一訳 2001（原著 1993）『哲学する民主主義：伝統と
　　改革の市民的構造』NTT 出版.

ワークのような, 人々の協力を促して物事を成し遂げるのを助け, 社会の効率性を高めるもので, それを端的に備えているのが社会組織であるという[22].

　ここで社会組織とは, NPO やスポーツクラブなどの**自発的結社（アソシエーション）**のことだ. 一般にアソシエーションとは, 目的を同じくする者が集う団体で, 自由なメンバーシップと個別機能を特徴とするものをいう. しかし, ここでは参加の自発性に特徴づけられた団体と広く定義づけておく.

　ソーシャル・キャピタルの理論では, 自発的結社の数が多いほど, ソーシャル・キャピタルが社会に豊かに存在するとされる. また, 住民の社会課題への関心が高いほど, 政治参加が盛んであるほど, ソーシャル・キャピタルが豊かだととらえられている. これを次項で扱う市民社会と言い表すこともある.

　ソーシャル・キャピタルは, その定義から, 社会の課題解決に寄与し経済活動を盛んにする機能をもつ. だが, ここで注目するのは, 原著名にあるとおり, 地域の民主主義を動かし, 自治体を機能させる資本としての役割である.

　このメカニズムをパットナムは, 前節で触れたウォルツァーを引用しながら説明する. 市民共同体（civic community）の市民は, 「活動的で, 公共心に富み」, 「意見が対立しても, 相互に助け合い, 尊敬し合い, 信頼し合う」. そうした信頼が縦横に織り合わされることによって, 市民共同体はフリーライダーをより容易に克服できるようになる（p. 106-107）. その核心にあるものが「市民的徳（civic virtue）」である. この徳を備えた人は, 公的問題に関心をもち, 積極的に関わり, 私的なあらゆる目標を後回しにしてまで, 「公益（原著では public good）」が何かを見極めて, その実現を図るのである（p. 105）. ここでいう公益（公共善）は, サンデルの共通善と同じ意味で使われていると解しておく.

　また, パットナムはトクヴィルを引用しながら, 市民共同体の規範が, 自発的結社の群がり出るような社会構造にこそ根づいていて, そこで育まれるものだと論ずる. すなわち, 自発的結社は「内部に向けてはそのメンバーに協力の習慣や連帯, 公共心を教え込む」（p. 107）. 外部に対しては, 利益を表出させ, 多くの賛同者を得, 人々の力を結集して, 社会的協同に貢献する（p. 108）. こ

22）　パットナム, 前掲書 p. 206-207 の定義を言い換えた. 以下も同様である.

うした社会において人々は，協力して自ら社会課題を解決するとともに，民主的政府，すなわち自治体（州政府）を機能させるのである．

　パットナムはこの仮説を，詳細な事例研究，千年を遡る過程追跡，そして緻密なデータ分析を組み合わせて検証してみせた．その一端は別のテキストで紹介したし[23]，何より原典を読んでほしいのでここでは触れないが，同書に触発されて，ソーシャル・キャピタルを扱う研究がブームとなり，日本を含め，その多くが自治体をフィールドに検証を行っている．そうした研究展開は，次にみる市民社会論という大きな括りで定着しつつある．

市民社会論

　それでは市民社会論の枠組みをもつ地方自治研究をみよう．まず市民社会とは何か．ウォルツァーによれば，**市民社会**は「強制によらない人間によるアソシエーションの空間を意味しており，さらには，この空間を満たす……一連の関係のネットワークをも指」す．共通善と同じく古代ギリシアに遡り，中東欧の反体制運動を導いた著作家によって再興された理念だという[24]．

　ここで市民とは民主的な政治共同体において「自由な参加と十分な関与と政策決定を行えるメンバー」のことである．市民であることが何よりも素晴らしいことで，「善く生きるとは，政治的に活動的で，同胞市民とともに働き，共通の運命について共同で決断を下すことなのである」[25]．

　市民社会を扱う日本の実証研究において，市民社会の定義は社会の領域または社会団体に焦点を合わせたものだ[26]．前者は図表13-1の白地部分で表され，政府セクター（国，自治体，政党など），市場セクター（営利企業），親密圏セクター（家族，友人など）の3領域を除いた領域を指す．

　後者の定義はその領域に列記された団体を指す．図表13-1でいえば，市民

23）　伊藤修一郎 2022『政策リサーチ入門：仮説検証による問題解決の技法　増補版』東京大学出版会．

24）　ウォルツァー，前掲書 p. 216.

25）　ウォルツァー，前掲書 p. 217-218.

26）　辻中豊・森裕城編 2010『現代社会集団の政治機能：利益団体と市民社会』木鐸社，第1章．後房雄・坂本治也編 2019『現代日本の市民社会：サードセクター調査による実証分析』法律文化社，序章（後・坂本執筆）．

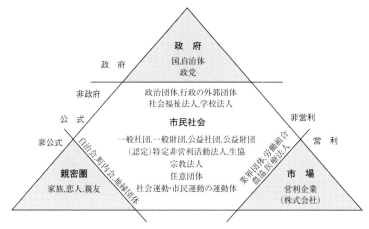

図表 13-1　市民社会の位置づけ

出所：坂本編（注 27）p. 2 図 1-1.

社会の語感に合致するのは特定非営利活動法人や社会運動・市民運動の運動体であろう．特に前者には特定非営利活動促進法が適用されるので公益面が強調される．しかし，市民社会研究において必ずしも公益性は問われない．図の業界団体や農協のような利益団体も含まれるし，任意団体の中には文化サークルや趣味の団体も含まれる．また，自治会・町内会もここに含まれるのである．

　市民社会研究の問題関心としては，政治参加や市民運動，ガバナンス，コモンズ，地域コミュニティ，ソーシャル・キャピタルなど，本書の第 5，6 章，第 10〜12 章と重なっている．これに加えて，ボランティア，NPO，協同組合などの組織と運営，それらを規律する法制度などが扱われる[27]．

　地方自治研究で重要な論点は，本当に市民社会は自治体に違いをもたらすのかである．計量的検証が試みられているが，困難もある．第 1 に自治体の業績を一元的にとらえる指標の作成が難しいことだ．この点はリサーチで皆さんにも調べてもらった．第 2 にソーシャル・キャピタルの豊かさや市民社会の現状をどう測るかである．皆さんには NPO の数で考察してもらったが，納得いく説明はできただろうか．他に試みられている指標としては，ボランティアや献

27）　坂本治也編 2017『市民社会論：理論と実証の最前線』法律文化社．後・坂本編，前掲書．

血への参加率，寄付金額，投票率，新聞の購読率，自治会加入率，ご近所付き合い（アンケートデータ）等々があるが，決定版は未だ登場していない[28].

市民社会を活写する事例研究は蓄積されてきている．本書に登場した例でいえば，第5章の情報公開を求める市民運動，原発に反対する巻町の商店主たち，第6章の逗子の市民運動における生協やテニスサークル，自然食の会等々，東京の母親たちの勉強会やサークル活動，第9章の学校図書館法を求める運動などを思い浮かべるだけで，その一端を垣間見ることができる．

他方で，それが自治体の政治行政にどれだけの違いをもたらしたかについては，別の検証が必要となる．上のような活動の多くが地方政治や自治体行政に不満をもつ住民の抵抗運動として行われているからである．その成果は自治体を変えたのか，その効果は一時的なものでなく今も続いているかが問われる．

まとめ

ここまで，積み残した問いに答えを出せるよう，公共哲学にまで探索範囲を広げて，手がかりを求めてきた．期末試験の択一式問題のような明快な答えが出ていないことに不満をもった読者がいるかもしれない．しかし，私たちが現実世界で直面する問題は，立脚点によって見え方が違い，評価の基準も違えば，導き出される結論も異なるものである．

大切なことは，異論を頭ごなしに排さず，他者の意見をよく聞き，議論することだ．とはいえ，自分の意見を述べることは勇気がいるし，冷静に他者の意見に耳を傾けることも難しい．サンデルやパットナムが描く共同体の市民のようにはうまくいかないだろう．であれば，自分なりに考察を深めるところから始めてはどうか．そのために本書を役立ててもらえるとありがたいと思う．

---

28) 例えば，辻中豊・伊藤修一郎編 2010『ローカル・ガバナンス：地方政府と市民社会』木鐸社を参照されたい．

人名索引

ア 行

アーンスタイン（Arnstein, Sherry R.） 85, 86

秋元律郎 57, 63, 217

アリストテレス（Aristotle） 230

石橋湛山 14, 15

伊藤博文 13, 14

ウォルツァー（Walzer, Michael） 231, 233, 234

大嶽秀夫 58, 62

オーツ（Oates, Wallace E.） 115, 123–125, 127

オストロム（Ostrom, Elinor） 184, 190–192, 195, 199

オルソン（Olson, Mancur, Jr.） 97, 98, 111, 186

カ 行

片山善博 145, 150, 151

蒲島郁夫 93–95, 101

サ 行

境家史郎 93–95, 101

サンデル（Sandel, Michael J.） 224, 228–233, 236

シャウプ（Shoup, Carl） 149

菅義偉 7

鈴木俊一 106

ストーン（Stone, Clarence N.） 70, 71

タ 行

ダール（Dahl, Robert A.） 57–61

竹下登 7

玉野和志 105–107, 217

チャンドラー（Chandler, J. A.） 6

辻清明 8, 17, 68

津田梅子 13

ティブー（ティボー）（Tiebout, Charles M.） 121–123

トクヴィル（Tocqueville, Alexis de） 6–11, 13–15, 17, 20, 24, 25, 37, 74, 75, 228, 233

ナ 行

ノージック（Nozick, Robert） 225–228, 230

ハ 行

ハーシュマン（Hirschman, Albert O.） 117–121, 123

ハーディン（Hardin, Garrett） 184

バクラック（Bachrach, Peter） 58, 61

バッジ（Budge, Ian） 75–77, 86

パットナム（Putnam, Robert D.） 232–234, 236

原武史 217

バラッツ（Baratz, Morton S.） 58, 61

ハンター（Hunter, Floyd） 56–58, 60

ピーターソン（Peterson, Paul E.） 126, 127

日高昭夫 207, 214, 218

ブキャナン（Buchanan, James M.） 115–117, 144

福沢諭吉 13

ブライス（Bryce, James） 6–8

細川護熙 7, 89

ホッブズ（Hobbes, Thomas） 221–223

マ 行

松下圭一 51, 68, 218, 227, 228

マディソン（Madison, James） 76, 82, 229, 231

三島通庸 131

美濃部亮吉 49, 51, 106

ミル（Mill, John Stuart） 2–6, 8, 10–13, 15, 24, 25, 35, 117, 228, 231

村松岐夫 33, 60, 68

村山富市 7, 89

モッセ（Mosse, Albert） 14
森元孝 107, 108

ヤ 行
山県有朋 14

ラ 行
ルソー（Rousseau, Jean-Jacques） 75, 223
ロールズ（Rawls, John） 223–228
ロック（Locke, John） 222–229, 231

事項索引

ア 行

アーバンレジーム →都市レジーム
相乗り 48, 50–52, 55, 106
足による投票 121, 123, 124, 127
アソシエーション 233, 234
安定性(税の) 149
意見公募手続 →パブリック・コメント
依存財源 147
一定税率 150
一般財源 146, 149, 152, 154–161
イニシアティブ 76–78
入会地 184, 192, 193, 215
インクリメンタリズム →漸変主義
影響力(influence) →権力
NPM 168, 169, 175
M+1の法則 47
エリートモデル 59–63, 68–70
応益原則 148
応能原則 148
オープンガバメント 86
大部屋主義 167

カ 行

改革派知事 52
概括例示主義 25
外形標準課税 149
介護の社会化 177, 180
介護保険 177–180
解職請求 →リコール
開発政策 72, 126, 127
外部性(外部経済) 118, 132–135
カウンティ 201–203, 205
画一主義 15, 22–24
格差原理 224, 226
革新(定義) 48
　——自治体 51, 52, 105, 106
　——首長(知事) 50–52, 87, 88, 103

革新中道 48, 49, 51
個所付け 32, 55, 89
課税自主権 151
価値財 132, 133, 136
学校区 127, 202
合併特例区 213
ガバナンス
　階統制型—— 163–166, 175, 178, 181
　市場型—— 168, 175, 178, 181
　ネットワーク型—— 175, 176
ガバメント 2.0 86
間接民主主義(間接民主制) →代表民主政
　(制)
官僚支配モデル 60, 68, 106, 218
議会基本条例 31
危害原理 2
議会事務局 30, 105
議会無能力論 33, 36
機関委任事務 20, 32, 161, 206, 209, 218
基準財政収入額 152
基準財政需要額 152–155, 157–162
規制政策 126
基礎的自治体 21, 200, 203, 205, 211
義務教育費国庫負担制度 208
義務的経費 142, 143
逆進性(税の) 149
教育委員会 23, 106, 160, 161, 209
強首長・弱議会 31, 32
行政委員会 23, 24
行政改革 106, 142, 160, 164, 166, 168
行政協力団体 214, 217
行政区 21, 42
行政区長・行政協力員 215
行政指導 133, 194, 196
行政村 206
行政の集権(行政的中央集権) 9–11, 13, 20
行政評価 169

行政補助団体　207, 215
業績測定　172, 173
共通善（common good）　228–234
協働　86, 87, 90
共同体による（共同体的）解決　187, 190, 231
共和政（制）　76, 231
区
　　明治期地方制度の――　130, 206
　　自治会としての――　207, 214, 216
　　→　特別区，行政区
クラブ財　115, 184, 185, 199
クラブの理論　115
繰り返しゲーム　191, 192, 195
計画細胞　87
景観条例　194–197
景観法　196–198
経常経費　142, 143
経常収支比率　142, 143
ゲーム（論，理論）　185, 186, 189–192, 194–196
決算（定義）　27
　　――認定　27, 28, 141
権限なき行政　103, 199
原初状態　224
限定列挙（制限列挙）　27
県民税（道府県民税）　148, 151
権力（power）　59
　　――資源（リソース）　59
権力による（権力的）解決　187–190, 196–199,
　　222
権力分散　5, 17
公営事業会計　134
公害　50, 51, 101–103, 128, 133, 138, 189, 199
公共財　113–117, 121–124, 129–132, 134, 136,
　　184–186, 199, 224
公共性　104
公共善（public good）　76, 229, 233
公共選択論　116, 117
公債費　137, 139, 142, 154–156
公証事務　136, 137
工場（企業）誘致条例　125
公選（制）

教育委員（準）――　24, 209
　首長――　22–25
　知事――　14, 208, 209
　特別区長――　16, 25, 209
広聴　86, 87, 103
交付税　→地方交付税
広報　85, 86, 103
広報紙　85, 89, 214, 215
戸籍　130, 134, 136, 206
国庫委託金　154
国庫支出金　146, 153, 154, 157, 158, 161
国庫負担金　154, 158, 160
国庫補助金　49, 138, 141, 152, 154, 155, 158, 161,
　　162
固定資産税　125, 127, 146, 149, 150, 202
コミュニタリアン（コミュニタリアニズム）
　　228, 231
コミュニティ行政　106, 107, 218
コモンズ（定義）　184
コモンズの悲劇　182–186, 193, 219
コモンズ論　199, 221, 222
コモンプール財（CPR）　184, 185, 199
固有権説　16, 17
コンセッション　171

　　サ　行
再議制度　25
財源調整　→財政調整
財源保障　156, 157, 159
財産区　19, 193, 198
財産権　76, 116, 117, 197
最小国家　225, 226
財政再建団体　119
財政調整　156, 157, 208
財政力指数　152
再分配（政策）　126, 127, 205, 224, 226, 232
査定　140, 159, 160
参加ガバナンス　175–179
三新法体制　206
三層制（地方制度）　206
三位一体改革　159, 161

CID　202, 203
事業税　138, 148-150
時局匡救事業　208
市支配人　24, 204, 205
自主財源　147
市場(定義)　114
市場による解決　187, 188
市場の失敗　114, 133
市制町村制　206
自然状態　221-223, 225-227
自然村　206
自治会・町内会　32, 42, 67, 68, 87, 105-109, 207, 208, 213-219, 235
自治基本条例　90, 91
自治憲章　→ホームルール・チャーター
自治事務　20, 158, 161
自治的解決　189-196, 198, 199
市町村合併　200, 209, 211
執行機関多元主義　23
実質赤字比率　155
実質公債費比率　155, 156
実質的参加　84, 85
シティ・マネジャー　→市支配人
指定管理者(制度)　169-175
私的財　114, 132, 133, 184, 185, 199
自発的結社　4, 11, 233
シビル・ミニマム　51, 138
市民運動　87, 88, 94, 104, 107, 177, 235, 236
市民共同体　233
市民参加のはしご　85, 91, 103
市民社会　218, 233-236
市民税(市町村民税)　148, 150, 208
市民団体　66, 88, 99, 175, 176
市民討議会　87
事務事業評価　169
シャウプ勧告　149, 209
社会契約　75, 222, 223, 227
社会権　227
社会資本(公共投資としての)　142
社会団体　95, 98, 99, 176, 234
社会的ジレンマ　185, 219

私有化による解決　187-190, 198
　入会地の所有権設定　193
集権(定義)　161
集権的分散システム　161
集権・融合型(地方制度)　161
集合行為(論)　96-98, 102, 113
囚人のジレンマ　185, 186, 194, 195, 224, 231
住民運動　49, 51, 77, 94, 102-105, 111, 216, 217
住民参画　→パブリック・インボルブメント
住民自治　15, 24, 74, 199, 219
住民自治組織　5, 66, 176
住民税　148-150, 162
住民投票　77-83, 90-92, 108, 110, 111, 204, 205, 210-212
住民投票条例　78, 80, 81, 83, 91
熟議　77, 87
首長制　23
首長政党　46, 52
準公共財　114, 115
少数与党　48, 52, 90
小選挙区(制)　34, 37, 41, 42, 46
　衆院選の――　41, 53
情報公開　52, 88, 89, 99, 104, 236
将来負担比率　155
条例(定義)　27
昭和の大合併　209, 216
女性参政権　209
所有権　198, 223, 226
審議会　66, 67, 77, 85, 86, 99
人件費　142, 143, 173
新公共経営(新公共管理)　→NPM
新産業都市　49, 71, 138
垂直的行政統制モデル　68
水平的政治競争モデル　68
ストリートレベルの官僚制　→第一線職員
声価法　56, 57, 63-65
請願　77, 83, 84, 94, 98, 105-107, 210, 211
税源移譲　156, 161
制限税率　150
政策実施　163-165, 167, 168
政策の実験場　12

政策評価　52, 141, 169

政治の反対機能　52

政治の集権（政治的中央集権）　9, 13

成長マシン（成長連合）　69–73, 78

制度的保障説　16

政府による解決　→権力による解決

政務活動費　30

政令指定都市　21, 39, 147, 211

ゼロベース予算　140

全員協議会　30

専決処分　25

選好　31, 52, 121–124

潜在的影響力（論）　33–35, 62

漸変主義　140

相互依存モデル　68

総合計画　137–141

争点法　56, 58, 59, 61, 63

ソーシャル・キャピタル　218, 232–235

測定単位（交付税算定の）　152, 158, 160

租税法律主義　149

措置から契約へ　177

タ　行

第一線職員　167

大区小区制　206

第三層の政府　214, 218

退出（exit）　117–121, 123–126, 219, 231

大選挙区（制）　42, 47

代替執行　22

代表民主政（制）　75–78, 80, 83, 84, 91, 108, 111

タウン　8–10, 201

タウンシップ　8, 201–203

タウンミーティング　7, 8, 75, 86

多元主義（モデル）　56–61, 63, 68–70, 74

多選自粛条例　55

多様性　4, 11, 12, 17, 24, 52, 54

単一制国家　201

単位費用（交付税算定の）　152, 157, 158, 160, 161

男子普通選挙　208

団体自治　15

単年度主義　139

地域（間）格差　18, 149, 156, 180, 226, 227

地域間競争　123, 124, 127, 144

地域権力構造　56–59, 63–67

地域自治区　213

チェック・アンド・バランス　23, 27, 35

地方公共財　115, 117, 123

地方交付税　139, 145–147, 151–153, 155–162, 208, 209, 212

地方債　137, 139, 145–147, 154–156

地方財政計画　153, 157, 158

地方財政対策　153

地方財政平衡交付金　209

地方自治の本旨　15, 16, 24, 90, 157

地方消費税　149, 150

地方税　146–151, 153, 156, 206

地方分権一括法　161

地方分権改革　16, 20, 41, 161, 212

中核市　21, 147, 211

中間団体　87, 227, 228

忠誠（loyalty）　120

中選挙区（制）　41, 42, 46

　　衆院選の――　47

超過課税　138, 150, 151

超過負担　158

町村総会　21, 75

町内会（町会）　→自治会・町内会

直接供給　133

直接請求　77–82, 104, 108, 210, 212

直接民主政（制）　8, 75–79, 91, 111, 209

陳情　77, 83, 84, 94, 98

抵抗権　223

ティブー・モデル　121–123, 127

底辺への競争（race to the bottom）　125, 126, 128

デモ　77, 100–102, 111

伝来説　16

等級選挙　207, 208

東京都制　20, 208

投資的経費　142, 158

討論型世論調査　87

特定区（アメリカの）　202
特定財源　146, 152
特別市制運動　210
特別地方公共団体　19, 193
都市ガバナンス論　71
都市計画税　149, 150
都市の限界　126-128, 159
都市問題　51, 102, 138, 199
都市レジーム　69-71

ナ　行

ナショナル・ミニマム　159
二元代表制　22-25, 27, 35, 47, 48, 53, 164
二層制（地方制度）　20, 24
認可地縁団体　217
ネットワーク　108, 176-178, 232-234
農民運動　102

ハ　行

バウチャー　118, 169
発言（voice）　117-121, 123
パブリック・インボルブメント　84, 86
パブリック・コメント　84
パレート最適（パレート効率性）　124, 186
PFI　170, 171
非競合性（競合性）　113-115, 184
非決定権力　61, 62
非排除性（排除不可能性）　114, 184
百条調査権　27
標準施設（交付税算定の）　152
標準税率　150
標準団体（交付税算定の）　152, 158
評判法　→声価法
付加税　206
福祉の磁石（welfare magnet）　125, 126
複数業務制　167
複数担当制　167
府県制・郡制　206
不交付団体　152
扶助費　142, 143
不信任議決権　23, 28

負担分任原則　148
普通会計　134, 155
普通税　149, 150
普通地方公共団体　19, 21, 25
普遍主義　→画一主義
普遍性（税の）　149
フリーライダー　114, 186, 231, 233
分権（定義）　161
分権化定理（分権定理）　123, 124, 144
分離　161
平成の大合併　80, 211-213, 216
法人化　14, 201, 203-205
法人事業税　→事業税
法定外（普通／目的）税　150, 151, 187
法定受託事務　20, 32, 161
ホームルール・チャーター　90, 203, 204
補完性原理　15, 90
保護協会　225, 226
保守（定義）　48
　　──首長（知事）　50, 51
保守系無所属議員　46
保守中道（首長）　48, 50
保証ゲーム（鹿狩りゲーム）　195, 196
補助金　→国庫補助金

マ　行

マルチレベルの政治システム　53
道普請　114
民営化　6, 169
民間委託　142, 169-174, 203, 205, 219
民主主義の学校　1, 6-8, 18, 54, 76
無所属
　　──議員　45-47
　　──首長　48
無党派
　　──議員　46
　　──首長（知事）　48, 50, 52
無投票当選　55
明治の大合併　207, 216
名望家　31, 67, 102
　　──支配　207, 216

——レジーム　71
名目的参加　84-86, 103, 107
目的税　149

ヤ　行
野党　48
融合　161
予算(定義)　139
　——(編成)過程　139-141, 159
　——提案権　23, 25, 27, 34, 141
　——編成方針　140, 159
与党　27, 48, 52, 55, 90

ラ　行
リヴァイアサン　221, 222
リヴァイアサン・モデル(仮説)　116, 128
利益(政治分析のための定義)　119
　共通(共同の)——　4, 6, 7, 97, 203
　自己——　76, 111, 116, 159, 184, 186
　自治体全体の——　11, 32, 34
　私的(個人的)——　11, 104, 113, 229
利益集団　61, 74, 127

利益団体　45, 235
リコール　77-79, 91, 92, 108-110, 212
リバタリアン　226
リベラル(リベラリズム)　226-229, 231
量出制入　145, 162
量入制出　145
臨時財政対策債　153, 155
臨時地方財政補給金　208
レファレンダム　77
連携協約　22
連結実質赤字比率　155
連邦　76
　——主義　116, 201
　——政府　12, 23, 108, 128, 201
連邦制　124, 201
　直接——　201
労働運動　102
ロビイング(ロビー活動)　95, 97-100, 108

ワ　行
枠配分方式(予算の)　141

著者略歴

1960 年　神奈川県に生まれる.
　　　　東京大学法学部卒業.
　　　　神奈川県勤務（土木部, 企画部, 総務部）.
　　　　ハーバード大学ケネディ政策研究院修了（MPA）.
　　　　慶應義塾大学大学院政策・メディア研究科後期
　　　　博士課程修了, 博士（政策・メディア）.
　　　　群馬大学講師・助教授, 筑波大学教授を経て,
現　　在　学習院大学法学部教授.

主要著書

『自治体政策過程の動態』（慶應義塾大学出版会, 2002 年）
『自治体発の政策革新』（木鐸社, 2006 年）
『ローカル・ガバナンス』（共編, 木鐸社, 2010 年）
『公共政策学の基礎』（共著, 有斐閣, 2010 年［第 3 版 2020 年］）
『政策リサーチ入門』（東京大学出版会, 2011 年［増補版
　2022 年］）
『政策実施の組織とガバナンス』（東京大学出版会, 2020 年）

地方自治講義

2024 年 6 月 14 日　初　版

［検印廃止］

著　者　伊藤 修一郎
　　　　（いとう しゅういちろう）

発行所　一般財団法人　東京大学出版会

　　　　代表者　吉見俊哉
　　　　153-0041 東京都目黒区駒場 4-5-29
　　　　https://www.utp.or.jp/
　　　　電話　03-6407-1069　Fax 03-6407-1991
　　　　振替　00160-6-59964

印刷所　株式会社理想社
製本所　誠製本株式会社

© 2024 Shuichiro Ito
ISBN 978-4-13-032237-9　Printed in Japan

伊 藤 修一郎著	政策リサーチ入門［増補版］	A 5・2800 円
伊 藤 修一郎著	政策実施の組織とガバナンス	A 5・3900 円
秋 月 謙 吾著	行　政・地　方　自　治	四六・2800 円
新 藤 宗 幸著 阿 部　　齊	概説 日本の地方自治［第 2 版］	四六・2400 円
砂 原 庸 介著	領域を超えない民主主義	四六・3200 円
松 下 圭 一著	政　策　型　思　考　と　政　治	A 5・4300 円
佐 々 木 毅著	政　治　学　講　義［第 2 版］	A 5・2800 円
蒲 島 郁 夫著 境 家 史 郎	政　治　参　加　論	A 5・2900 円

ここに表示された価格は本体価格です．ご購入の
際には消費税が加算されますのでご了承ください．